# ファサードをつくる
PCaコンクリート技術と変遷

松村秀一・清家 剛 ○監修

プレコンシステム協会
「ファサードをつくる」編纂委員会 ○編著

プレコンシステム協会 ●発行
彰国社 ●発売

東京女子大学礼拝堂内部階段／アントニン・レーモンド（1938年）

目次 Contents

## ファサードをつくる—PCaコンクリート技術と変遷

**はじめに**
　PCaコンクリートの30年　　　松村秀一 …………………………… 4

　◎巻頭講演＋対談　21世紀の建築とPCa
　　PCaを考える　　　内藤 廣×松村秀一 ……………………… 8
　The PCa Works　主要建築施工例 ……………………………………25

**1. PCa 外壁構法の概史**　　　松村秀一 ………………………………50

**2. 黎明期のPCa建築**　　　清家 剛 …………………………………60
　「証言」PCaコンクリートカーテンウォールの生い立ち ……………………85

**3. PCaカーテンウォール技術の変遷**
　　　　　　　　　　　　PCSA技術部会編＋業界関係者
　（1）設計技術 ……………………………………………………………98
　　1.1 層間変位への対応／1.2 設計仕様と日米共同実大試験

　　資料1　阪神淡路大震災におけるPCaカーテンウォールの検証 ……………106
　　　　　兵庫県南部地震／被害状況／部材破損のメカニズム／フェイルセーフの耐震設計

　（2）コンクリート仕上げ技術 ………………………………………112
　　2.1 素材の軽量化／2.2 打放し・塗装・礫石／2.3 陶磁器質タイル打込み／
　　2.4 本石打込み

　（3）防水・気密技術 …………………………………………………139
　　3.1 ガスケット／3.2 シーリング材／3.3 オープンジョイント(等圧目地)

　　コラム1　PCaの未来に向かって　横田輝生 ……………………………150
　　コラム2　PCaの施工技術　相場新之輔 ………………………………154
　　コラム3　PCaへタイルを打込む技術
　　　　　　　　　　　　　　　　　山﨑健一 …………………………158
　　コラム4　PCaへ本石を打込む技術
　　　　　　　　　　　　　　　　　折戸嗣夫 …………………………162

**4. PCaカーテンウォールデザインの可能性**
　　　　　　　　東京大学大学院新領域創成科学研究科 清家研究室編 …166
　　PCa最新作品例／主要PCaディテール
　　資料2　年表1.2—仕上げの変遷／層間変位への対応・素材の軽量化 ……………194

# はじめに

## PCaコンクリートの30年

●

### 松村秀一
（東京大学大学院工学系研究科建築学専攻助教授）

【用語について】
＊本書で取り上げるプレキャストコンクリートはPCa（Precast Concrete）と表記し、プレストレスなどを用いる工法はPC（Prestressed Concrete）として区別した。

【凡例】
○3章の執筆内容については各編纂委員また執筆担当者の実績、資料にもとづき担当者を設定した。また、本文欄外に補足注をもうけ、主要箇所に［＊］記号をつけて本文との対応を図った。なお、記号上の傍線は編集側での解説注である。
○図版などについては原則として資料提供によるものを使用し、それを作図した。

　PCSAの前身であるプレキャストコンクリートカーテンウォール工業会（PCCA）が設立されたのは1974年である。

　1974年と言えば、前年に起きた第一次オイルショックの影響もあり、日本の高度経済成長期が終焉した年である。建設需要の急激な減少に伴い、それまで少品種大量生産による効率の追求を旨としてきた工業化構法は、大きな転機を迎えた。そして、この転機を象徴する例としてしばしば言及されてきたものの一つが、プレキャストコンクリートによる大型パネル構法である。

　1950年代後半より日本住宅公団が先頭に立ち、まさしく産官学連携によって技術開発が進められた大型パネル構法は、SPHに代表される公共住宅標準設計の拡充ともあいまって、1970年頃には、量産型の構法として本格的な展開が期待された。多くの建設会社が大量受注の継続を期待して生産設備に投資した。標準設計に沿った発注内容は、プレキャストコンクリートの配筋や型枠の種類を限定し、工場内の生産効率は予想通りの高さを示したことだろう。関係者が「あの頃は同じ型枠で次々に大型パネルを打設していました。今からすれば夢のような時代です。」と懐かしむ時代である。

　しかし、1974年、夢のような時代は終わった。住宅建設戸数が一気に前年の三分の二近くにまで落ち込むと同時に、「量から質へ」ということが語られ始めた。大型パネル構法による住宅生産の中核を担っていた公団住宅も「高・遠・狭」などと揶揄されるようになり、同じ内容の住棟、住戸を繰り返し供給することは許容されなくなっていった。その当然の結果として、従来の標準設計に沿って用意した型枠セットが使える注文は激減し、順風満帆に見えたプレキャストコンクリートパネル工場の経営は困難を極め始めた。

　そんな時期に、同じプレキャストコンクリートを用いたカーテンウォールの業界団体が結成されたの

である。私には、とても象徴的な出来事のように思える。

　同じプレキャストコンクリート製品、しかも同じパネル状の製品とは言え、集合住宅の構造躯体に用いられる大型パネルとカーテンウォールではその性格が大きく異なる。双方とも技術の源流はコンクリートブロックの類にあると考えられるが、前者が構造用に用いられるブロックの発展系として捉えられるのに対して、後者は化粧ブロックの発展系である。前者の技術開発が前述したように日本住宅公団を中心に進められたのに対して、後者の技術はル・コルビュジエや前川國男等著名な建築家の作品の実現に寄与する形で育ってきた。前者が現場打ちコンクリートでも実現可能な建築部位に適用され、コスト・ダウンを大きな狙いとしていたのに対して、後者は現場打ちコンクリートでは実現の難しい建築表現に寄与し、必ずしもコストダウンを主たる狙いにしてはいなかった。もちろん、両者の生産をともに手掛けた業者もあったが、長年後者の生産のみを手掛けてきた業者が多く、両者の業界地図を重ねて捉えることは難しい。

　プレキャストコンクリート製の大型パネルとカーテンウォール。一見同類のように思えるこの二つ。実は、工業化構法の両極近くに位置付くものなのである。一つは、大量生産によるコストダウンを目指す極であり、いま一つは工場生産によってしかなし得ない建築的な価値の実現を目指す極である。工業化構法と言われるものはこの二極の間に位置し、多かれ少なかれこの両方の性質を併せ持っている。そして、片方の極を象徴する大型パネル構法が壁にぶち当たった1974年に、もう一方の極を象徴するカーテンウォール構法の業界形成が本格化したことは、工業化構法の可能性の幅を再認識する上で重要な事実である。

　その後30年、大型パネル構法は衰退し、代わりに現場生産の合理化に寄与する形でのコンクリート工事の部分的なプレキャスト化が、現実的な手法として一般化していった。「複合化構工法」と呼ばれる手法である。そして、そうした新たな形の工業化構法は、超高層集合住宅の建設等の場において、単なる現場打ちコンクリートの代替ではない技術として大きな役割を果たし始めている。

　一方のカーテンウォール構法は、耐震性の強化、仕上げ材の多様化、防水設計法の拡充等、定石的な手法を確固たるものにしながら、高層ビルの外壁構法として一般化してきた。その中で、新しい建築的な価値の実現に寄与する機会よりも、むしろ一般的な建築の質を高めることに寄与する機会が多くなり、材料自体の軽量化等コストダウンに狙いを定めた技術開発も目立つようになった。

　つまり、30年前には工業化構法の両極にあった二種のプレキャストコンクリート技術が、ともに両極の中間的な位置に近づいてきたように見えるのである。そして、近年、「プレキャストコンクリートカーテンウォール工業会」が、躯体のプレキャスト化までを念頭に「プレコンシステム協会（PCSA）」と名称を変えた時代背景はここにある。

　それでは、2004年から先の30年はどうなのか？本書にまとめられた30年の技術蓄積が次の30年の展開の基礎となることは申すまでもないが、私としては、かつてのプレキャストコンクリートカーテン・ウォール構法が持っていた、工業化構法の一方の極としての特性、即ち他の構法にはなし得ない建築的な価値の実現を目指す極としての特性を、再度強く意識し直すことこそが、この業界に新たな夢と将来性を与えるのだろうと考えている。そうした技術の過去・現在・未来の位置付けの変化を意識しながら、本書に詳述されたプレキャストコンクリートカーテン・ウォール構法のこれまでの成長過程を振り返って頂ければと思う。

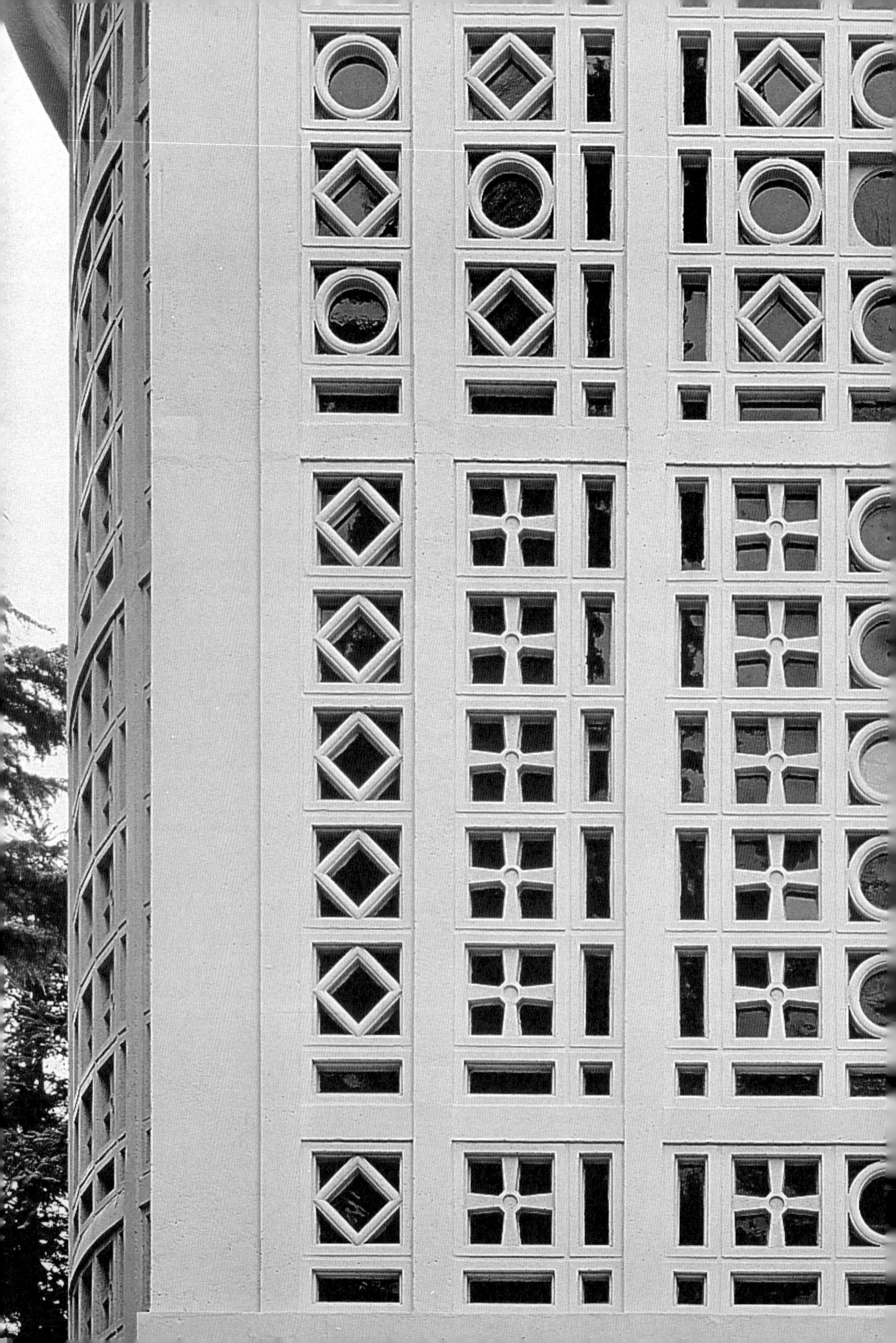

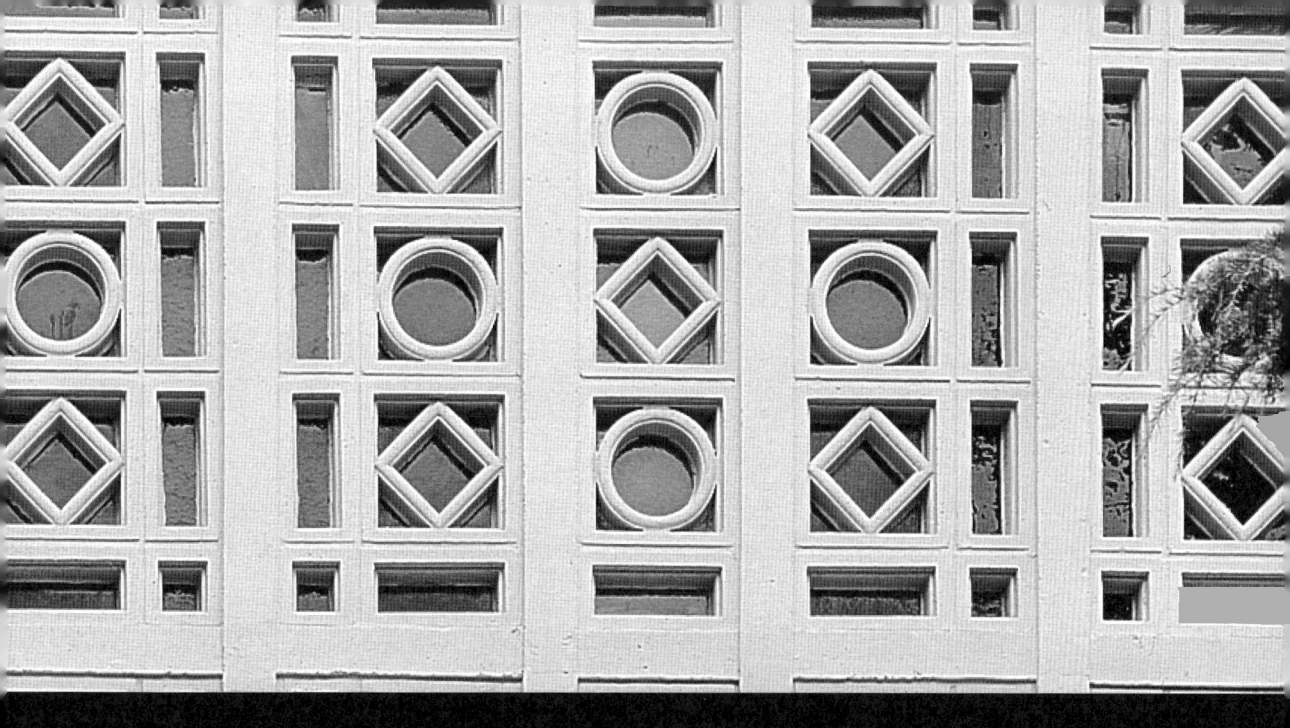

## A Story of Precast Concrete Work

It is weaker ,and it also goes into ramifications that perret had rejected, or could not achieve:such things as perfect concrete workmanship, parts of the walls covered by coloured sliced stone, delicate wrought-iron work, different proportions, etc. Despite its weaknesses, it serves its purpose extermely well, and is a tribute to japanese craftsmen.

ANTONIN RAYMOND

(前略) フランスのランシー教会のオリジナルそのものは弱く、私はペレーが拒否したか、または果たせなかった別の考えをたどった。つまり、それは完全なコンクリート工事であり、石の平板で覆った壁、細かい鉄筋工事、そしてそれぞれのプロポーションの違いでもあった。それらの弱さにも関わらず、この東京女子大学礼拝堂で意図を十分に達成できえたのは、日本の職人の貢献によるものであった。(後略)

アントニン・レーモンド

● 巻頭特集　[PCaを考える―21世紀の建築とPCa]

○本内容は、平成16年4月9日、東京ベイ有明ワシントンホテルにて行われたPCSA主催・第30周年全国大会・記念講演会「21世紀の建築とPCa」での内容を編集、加筆し再録したものである。

講演

# 内藤 廣＋松村秀一
# PCaを考える
## 技術的可能性と実力の展開を

内藤 廣
建築家・東京大学大学院教授（工学系研究科社会基盤学専攻）

松村秀一
東京大学大学院助教授（工学系研究科建築学専攻）

### PCaは中性的な材料・工法

内藤●建築材料という視点から語る場合、スティールが男性的な材料であるのに対して、コンクリートは女性的な材料だという印象があります。言ってみれば、施主や建築家のわがままをなんでも聞いてくれる。鉄筋コンクリート造（以下、RC）の建物というと、多少施主や建築家がわがままを言ってもなんとかなるんですよね。見えないところで鉄筋ががんばっている。私が修行を始めたころはもうそんなことはなかったですが、昔は、建築家が現場で「この柱とろうか」と言って、一本ぐらい柱を無くしても平気だったという話を聞いたことがありますよね。つまり、現場打ちのRCというのはかなりのことを受け入れられる材料だと思います。ある意味ではローテクノロジーですし、だからこそ、ここまで広まったんだろうと思います。しかしスティールはそうはいかない。勿論スティールもかなりのことはできますが、ある種のロジックにはめこまないといけないし、それを部分的に外したりすると、なかなか面倒くさい。そういう意味でスティールは男性的な材料だと言えるかもしれない。あることを構築的に考えて、その中で処理をするとうまくいきます。学生にもそんな考え方を教えています。

では、PCaはどうか。私は、構造体としてポストテンションを使った構造を随分やってきていますが、その感じで言うと、PCaはスティールとコンクリートの中間的な印象ですね。つまり部材を構成していくという意味ではスティールですけれども、現場の職人にとっては違うわけです。片方でコンクリートでもあるわけです。だいたいそういう中性的な材料だという印象があります。

私が初めてPCaを使ったのは1985年。今から20年くらい前です。それから、最後に使ったのが、2001年だったと思います。その間16年くらいたっていますが、PCaもプレストレストコンクリート（以下、PC）もほとんど変わっていないんですね。技術的にも製作プロダクトのレベルでも。逆に、自社工場をほとんどなくされて、アウトソーシングになってきた。僕にはこれはショックでした。業界の最大手であれば自社工場を持ってやるものかと思っていましたが、そこですらアウトソーシングにしてしまっていると聞きました。それでは、技術開発は進まないのではないでしょうか。やっぱりアウトソーシングをした段階で技術開発というのは内部留保できなくなるというのが、僕の印象です。

先程も会長さんの開会のご挨拶で、PCカーテンウォール業界もこれからもっと厳しくなってくるというお話を伺いました。他の仕上げ材、例えばガラスメーカーも、一時、大手も含めて軒並み不調な時期もありましたが、それなりに技術開発をしましたよね。アルミも一時エネルギーの問題で旗色が悪い時期がありましたが、それなりに技術開発をしてきました。PCaはどうなんでしょうか。これは僕の印象なんですが、僕は勉強不足ですから、逆にPCaもこんなに技術開発しているんだと反論をいただきたいために、今申し上げています。

　日本の超高層や大きなビル、マンションのディテールも、これから変わっていくでしょう。だけど見れば、コーキングばかりです。それで本当にいいのか。将来の建築に大きな疑問を抱いてしまいます。私の自己紹介を兼ねて、幾つかの仕事をお見せします。

## PCaは骨太な構造を構成できる「素材」

　初めに「海の博物館」（1992年）です（写真1）。この収蔵庫はPC（プレキャストコンクリート）のポストテンション組立工法でやりました（写真2,3）。これをやるなかで、PCってどんなものかとか、スティール型枠のあり方や、ポストテンションの問題だとかが判りました。構造は渡辺邦夫さん（構造設計集団[SDG]代表）にお願いしました。図1が組み立て図です。トレーラーサイズに部材を切り分けなければいけないということとか、オートクレーブ養生、定着端の問題であるとか、そういうものをほとんど原寸レベルで全部検討しました。図2は、1スパンの断面図でストランドが入っているのがわかると思います。この時、壁の厚みが構造体でないところで70mmくらいでも充分性能保持できるというのが、それまでに現場打ちのコンクリートしか知らなかった僕には、ちょっと驚きでした。これもカーテンウォールと言えなくもないわけですね。この建物では、構造とカーテンウォール的なものが組み合せているというように見ることもできます。

　次は茨城県北部の五浦にある「茨城県天心記念五浦美術館」（1997年）です（写真4）。延床面積で6,000m²くらいの規模です。その工期は、知事の在任中に仕上げるという、とんでもない命題付きでした。建築というのは、100年の計で建てると若い頃から考えていたのに、いざコンペに勝ってみたら工期は16ヶ月間。これまでもある程度の経験があったので、PCaでつくることに決め、結局すべてPCaでやりました。部材の種類は全部で1,200ピースありました。北海道からPCaメーカー5社くらいに分けて別々につくってもらい、船で搬入して、組み立てるという工程でした。ご存知のように、PC工法のポストテンションというのは、一部材ずつ全部板図が出てきます。ですから1200ピース分のチェックが必要になるわけですね。そういうコンテンツが今、一般の設計事務所にあるとは思えないんです、そこはひとつの問題だと思います。

　写真5は、内部空間です。一番飛んでいるところで24mスパンくらいあります。下の梁は幅が300mmで、梁せいが400mmくらいだったと思います。非常に細い部材構成でできています。図3が組立て図です。だいたいこんなものを組み合わせて全体を構成しています。

　皆さんは専門家ですから見慣れていらっしゃるでしょうが、事実かなりのノウハウが必要になります。つまり、PCaが高度化しすぎていると感じています。僕から言わせると、1970年あたりを境にPCa業界というのは、特殊部材や特殊加工へと特化してきている。たぶん、60年代の黎明期のPCaというのは、もっとプレハブ化をして、高い性能を持ったまま、RC

写真1　海の博物館（1992年）

写真2　海の博物館・収蔵庫・内観（1992年）

写真5　茨城県天心記念五浦美術館・内観（1997年）

写真3 海の博物館・収蔵庫屋根部PC建込み

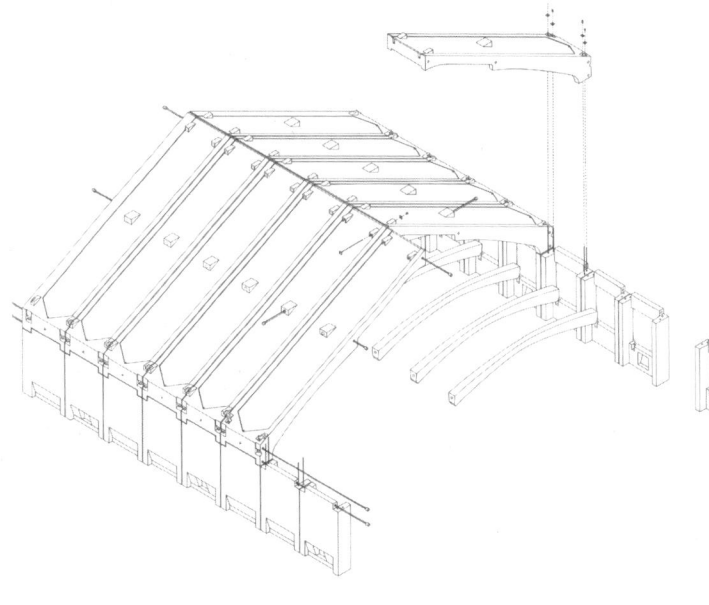

図1 海の博物館・収蔵庫PC構成図

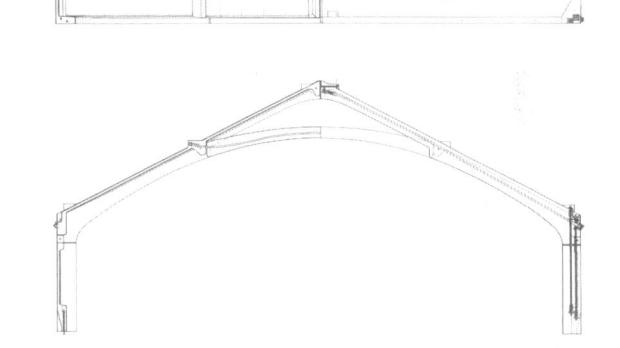

図2 海の博物館・収蔵庫PC単位ユニット

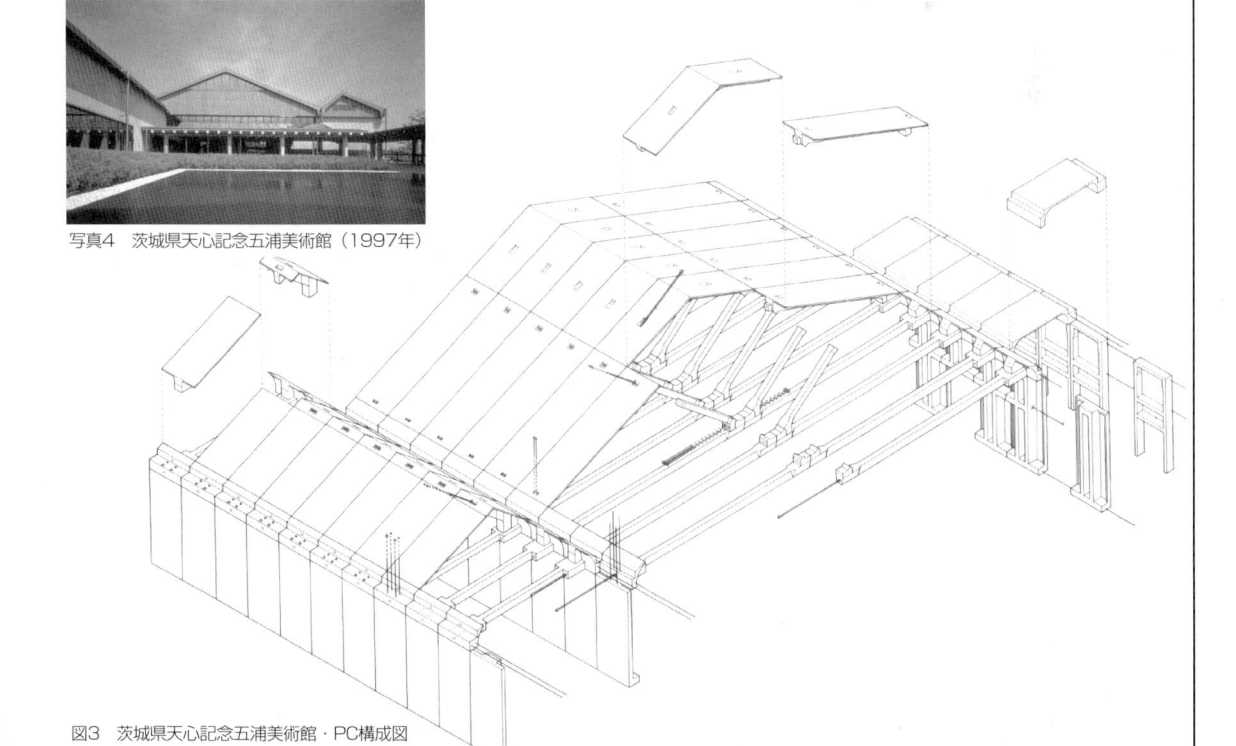

写真4 茨城県天心記念五浦美術館（1997年）

図3 茨城県天心記念五浦美術館・PC構成図

写真8　富士倫理研究所 富士高原研修所・内観（2001年）

のシェアを食っていくビジョンがあったと想像します。つまり、特殊構造物あるいは土木の分野にいきましょうとか、なんらかのコンセンサスがあったのではないかと思うわけです。その結果がむしろ、非常に特殊なもの、高性能なもの、高度なものにいき過ぎたのではないかと思います。もっとシンプルに考えていく必要があったのではないかと、考えています。

次に新潟県十日町市の「十日町情報館」（1999年）という図書館です（写真6）。ここは最高積雪記録が4.25mという豪雪地帯です。今はそんなに降りませんが、想定過重を屋根板で1t／m²くらい負わなければならない。それも偏心荷重まで想定しなければいけないわけです。そういう大きな屋根をつくり、下に図書館をつくっていく。これはPCaでなければできないと思いました。最大で18mスパンくらいの大屋根です。これもPCaのことはよくわかっていたので、うまくできたと思います。ここでは新しいことをやりました。柱を高強度・高流動化コンクリートというものを使ってやった初期のものだったと思います。PCa板を並べてポストテンションを加えて、合成板で屋根をつくることにより、堅い屋根をつくるという考え方です。

写真7は、静岡県御殿場市の「倫理研究所 富士高原研修所」（2001年）です。ほとんどは木造でやりました。集成材による構造体でなかなかおもしろいのですが、お見せするのはそこではなくて、部分的にPCa板を使っているので、そこをお見せしたいと思います。写真8は廊下の部分で、左側の方は梁状に扱ってポストテンションを入れて飛ばしています。そこから、カーテンウォール的な葉っぱ状の庇がで

て、それを右側の方で楊枝のようなピンジョイントで支えているという構造です。使い方によっては、いろんな造形ができると思います。

## 可能性を発揮する造形力、コンクリートの素材感。熱膨張率と層間変位による目地処理でガラスに対抗

これらの作品を通してPCaカーテンウォールについて、私が思うところを述べたいと思います。PCaカーテンウォールというのは、当然ですが重量はアルミよりも重いわけです。そのことについて、業界としてどう考えているのでしょうか？例えば免震、あるいは制震というような耐震構造的な機能を合わせて考えていったときに、アドバンテージは何かということですね。あまり思い浮かびませんね。これには重量が有効になるわけですね。そのところがひとつある。いや、だからこそ、PCaカーテンウォールは良いのだと、ある一定の重さを持つことによって、そういう構造的な性能も向上できるのだというようなことが言えるのだと思います。

高層建築物あるいはマンションでいつも思うのは、建物のカーテンウォールの目地というのは、二つの要素で決まるわけです。一つは熱による伸縮率です。アルミカーテンウォールの目地割というのは、熱の伸縮率で決まってくる。それに対してPCaは、熱膨張率ということに関していえば、なかなかいいのではないかと思います。

もう一つは、カーテンウォールの決定的な問題として、層間変位をどう考えるかということだと思います。層間変位と熱伸縮で目地幅が決まるわけです

写真6　十日町情報館・内観（1999年）

写真7　富士倫理研究所 富士高原研修所・講堂内観

が、その目地幅を処理するのが、ほとんどの場合、コーキングです。最近では、あまりコーキングに頼らないようなジョイントがありますし、アルミは等圧ジョイントをつくれます。PCaカーテンウォールでは、それに対抗できるようなオープンジョイントのようなディテールが完備されているのか、その辺が気になるところです。

僕は高層建築物、あるいは巨大建築物になればなるほど、高耐久性というのをそろそろ謳うべき時期にきているのではないかと思います。一にも二にも、耐久性能優先ではないかと思います。

松村●内藤先生ありがとうございました。この30周年のシンポジウムの相談を受けたときに、真っ先に内藤先生に来ていただきお話いただきたいなと思いました。

さて、これはPCaに限りませんが、これからの日本の建築生産全体を考えていくと、どの業界に行ってこういう話し合いをしてみても、かならず仕事が減ってくるという大前提で話がされざるを得ない状況になってきています。少し私の方からお話をさせていただきます。

### ストックを視野に入れた建築生産体制の強化を

例えばバブルの頃の建築投資は、80～90兆円くらいあったのが、今は53兆とか54兆くらいなんでしょうか（図4）。2006年には人口が減少に転じていくとも言われています。またその一方で、世界中をみても、日本の建物の寿命だけが非常に短く、スクラップアンドビルドを繰り返してきたということをここ10年くらい言ってきました。今は必ずしもそうでもない状況になってきています。そうなると、結局どうなってくるかというのは、ストックの量が安定してきた先進国の状況を見て想像するしかないわけです。

例えば、イギリスでは建築投資に占める新築以外の仕事の割合は67％です。新築はたかだか30％程度という数字です。イギリスでは新築があまりに少なくなったので、ブレア政権下で、住宅建設などいろんなことをもっと盛んにやろうじゃなかということで、多少新築が動いているようです。それでも、どんなに頑張っても半々というところではないかと思います。また、アメリカのように新築の市場が大きくみえる国でも、だいたい半々です。場合によっては新築が60％という年もあるんですけれどもね。そして、日本の現在の状況を見ると、おそらく80対20で新築の勝ちです（図5）。私の場合、住宅業界のことをよく議論する機会が多いのですが、これからは住宅の場合リフォーム市場だということが、20年前から言われています。平成3年頃と今、平成16年とを比べると、リフォーム市場は逆に小さくなってきている。新築が減って、新築じゃない仕事が増えているかというと、必ずしもそうではない。そこのところをなんとか刺激していくことで、新築以外の分野で環境的な価値を向上していく仕事に結びつけていく。それはPCaに限らずいろんなところで必要になってくる仕事だろうと思います。

一方、新築はどうなるのか。現在は、土地があれば建物が建つという時代と全然違います。今まで日本の新築を動かしてきたのは、土地を担保にしたファイナンスでした。土地さえあれば建物が建つ。どんな建物を建てようが、どんなに陳腐であろうが、事業として成り立てばいい。逆にきれいでも事業としてなりたたなくても、どんな建物であってもとりあえずプロジェクトが起こるという時代を長いこと続けてきたわけです。

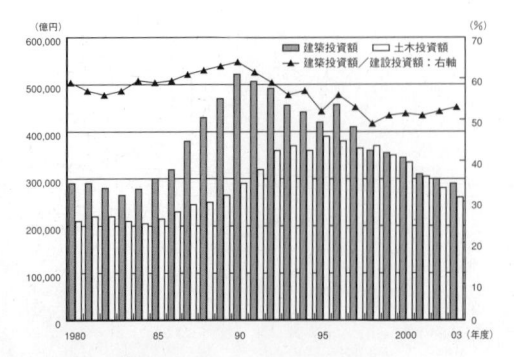

図4　日本の建設投資額の推移（国土交通省資料より）

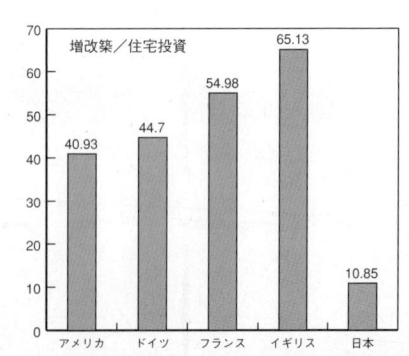

図5　各国による増改築投資の割合の国際比較（国土交通省資料より）

平成15年11月頃、アメリカにメタル建築を訪ね歩く旅に出たんです。前々からうわさには聞いていたのですが、スペイン・ビルバオのグッゲンハイム美術館のように、アメリカの建築家フランク・O・ゲーリーが、なんかぐにゃぐにゃしたものすごいものが建てているぞということで、うちの研究室でもこういう不思議な形をどうやってつくっているのかを調べている人もいることから、耳学問で知ってはいました（笑）。ちょうどロサンゼルスに行ったら、ウォルト・ディズニー記念ホール（写真8）というコンサートホールが建ち上がったばかりだったものですから、それを見に行きました。表面はPCaではなくて、金属で覆われているのですが、一枚一枚のパネルの曲がり方が全部違うわけです。全体はこんな具合です（写真9）。外壁がぐにゃぐにゃしてるんですね。フランク・O・ゲーリーが、このプロジェクトが始まった時に、バラの花かなんかを大きな製図版の上に持ってきて、ぽんっと置いて「これだ！」と言ったというような話を聞きました。そういうイメージを、実際にこんなに複雑な曲がり方をした曲面が、お互いに干渉しあうかたちで立ち上げるということは、おそらくちょっと前の技術ではできなかったことだと思うんです。これがいともたやすくアメリカで起こっていることには、大変驚きました。

## かたちを支配することは先端の技術

ところで、PCaは元々鋳鉄の変わりに使われてきたのではないかと、僕は思っています。鋳鉄が先にあって、鋳物で形を造形的につくっていく（図6）。19世紀の間、つまりコンクリートが出る前は、鋳鉄で、例えばギリシャのイオニア式とかコリント式とかいろんな形の柱頭をもった柱が鋳鉄でつくられています。その前はというと、石を刻んでいたわけですね。石を刻むのはあまりにも大変です。同じ形の柱が千本あれば、千本削り出していたわけですから。それが鋳鉄で非常に楽につくれるようになりました。でも、鋳鉄は大変な熱が要りますし、それから型自体は粉砕するとなくなっちゃうという性格を持っている。そこで、もうちょっといい材料がないかということで、コンクリートが出てきたんだろう、というのが僕の材料の歴史の捉え方です。それが正しければ、コンクリートは形を自由にできる。ゲーリーの作品のようなものは本来コンクリートでできていなきゃいけないんじゃないかという気がしました。これは金属でつくるのは非常に大変です。裏に全部フレームがついていて、曲面がしわも寄らずにできているというのは、かなり大変な作業だと思います。

イタリアの建築家アンジェロ・マンジャロティ（1921～）は、1950年から60年代くらいにいろんなプレハブによるシステムを考え、日本でもその頃には有名でした。彼の1957年ミラノの「バランザーテ教会」（写真10、図7）です。これがまさにPCaで組み立てられたとてもきれいな教会です。こういう剥き出しのコンクリートで、しかも断面形が美しくデザインされていて、それ自体が構造的かつ意匠的な表現になっているというような建物っていうのに、これからのPCaはどうやったら使われていくんだろうかと…。

時代がそうだったということもありますが、いろいろなことを考える建築設計者が、今ほとんどいないというのが寂しいですね。業界にも問題があるんじゃないかと思います。先ほど内藤先生も、一般の事務所じゃこんなことできないというお話をされました。それでは、一般の事務所がどうやったらこういうことができるようになるかということに対するサポート体制が必要ですね。カーテンウォール使うときも多分そうだと思います。どういうふうにつく

写真9　ディズニー・ホール（ロサンゼルス・2003年）

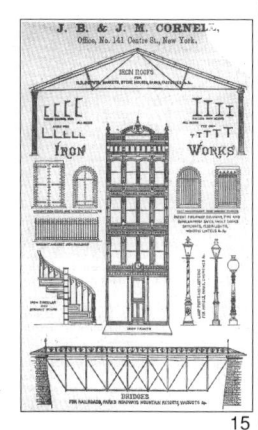

図6　鋳鉄によるビジネス（ニューヨーク1881年）

写真10　バランザーテの教会（ミラノ・1957年）

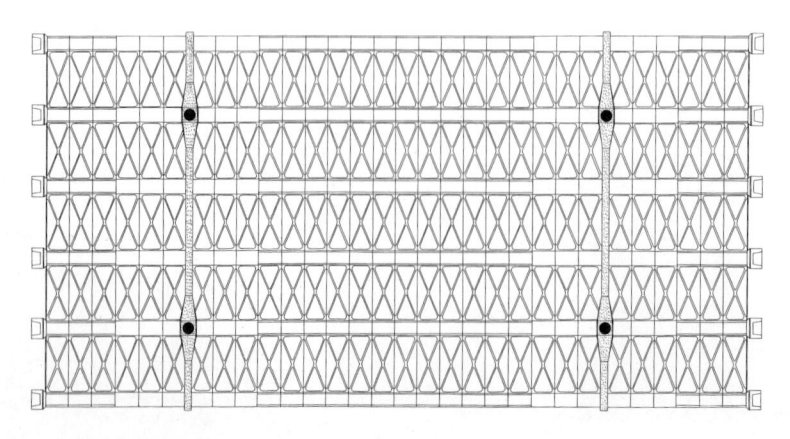

図7　同、教会のPCによる天井伏図

## アーキテクチュラル・コンクリートは無垢な原素材の意。仕上げも可能性は無限

需要が減少してきたときに、もう一つコンクリートで考えるべきことは、コンクリートが持っている表面の可能性ということだと思います。バブルの頃、楽しかった頃というか、まだ若かった頃、アメリカに行きました。野球界では野茂投手がまだアメリカの大リーグに行ったばっかりで、オールスターにも選ばれた年でした。翌年投げる球場がアトランタの新しい球場ということで、その現場も観に行ってたんです。写真でボール紙のように見えるところとピンク色に見えるところが、両方ともPCaなんですね。色も違うし、素材感も違う。あまりにも違うので聞いてみたら、当然違うと言う。ジョブ・コンクリートとアーキテクチュラル・コンクリートですから、というんですね。ピンクのところがアーキテクチュラル・コンクリートでボール紙のようにみえるところは、ジョブ・コンクリートと彼らは呼んでいました。

今使われているコンクリートブロックがそうですが、あるいは、昔の万代塀みたいなものもそうなんですが、単に塞ぐために使われる場合があるんですね。なにも形がきれいとか表面がきれいとかではなくて、ただ塞いでいくものとして使われるケースがあるんです。ジョブ・コンクリートというのが、それにあたる。単価もアーキテクチュラル・コンクリートと全然違うし、向こうの現場では、コンクリートという名前は同じだけれども、まったく別の概念なんです。

アーキテクチュラル・コンクリートがどこから出てきたかというと、ジョン・アーリーという石屋の五代目が1930年代に発明したと言われています（55頁参照）。彼が作った多色彩住宅というのがあるのですが、それはいろんな色がついたコンクリートの住宅なんですね。彼は後にこの功績でアメリカのコンクリート協会の会長にもなっていますし、ゴールドメダルみたいなものも最終的にもらっています。骨材を色で分けて、骨材をどんなふうにまぜるとコンクリートはどんな色になるかということを、この時代に一生懸命やっていた人なんです。それまでコンクリートの表面の色を意識的に操作するという考え方はなかった。この人がはじめてプレキャストコンクリートでこれをやったんです。

彼の工場には、200種類以上の色の骨材が常時ストックされていて、こんな色の表面にしたいというと、これとこれとこれをまぜてこういうふうにすればいい、ということをノウハウとして持っています。今でもそういう打ち方になると思いますが、表面は薄く打って、その後、裏打ちはどうでもいいコンクリートを打っている。そんなやり方でつくっています。最近日本でもカラーコンクリート、あるいは色の骨材を使ったものが出てき始めているということです。アメリカでは、1930年代ぐらいから延々とやっている。こういうのをアーキテクチュラル・コンクリートと呼んでいるわけです。

この色を素材感としてうまく出すために、洗い出しだとか、ショットブラストとか、いろんな表面を荒らしていくテクニックがこれにくっついて発展してきたという経緯があります。ただ日本では、洗い出し仕上げみたいなことをした場合に、すぐ汚れてしまうと、嫌われて、一時完全に消え去ったということもあったようですけれども。コンクリート自体が持っている素材感を活かして、表面を操作していく可能性というのは、もう少しあるんじゃないかな、という気がしています。これが新築関連の話ですね。

## コンバージョンによる生産システムの可能性は

今から3年くらい前に、コンバージョンの研究（図8）を始めるので、PCSAの方も興味があれば研究会に参加してくださいというようなお話をして、それ以降、PCSAの技術部会の方にも研究会に出ていただいたりしていました。なかなかPCaの活躍する場所が見つからないなんて話になっているかもしれませんけれども。

写真11・12は、シドニーで1971、2年に建ったエッソ本社だった17階建のビルです。これが完全にマンションに姿を変えています。完全にコンバージョンされている。どうなっているかというと、こうなっています。これはどんな工事かというと、まず、17階建が25階建くらいになっているんですね。上に増築した部分が徐々にセットバックしていって、このような頂部の形になっているんです。外壁に関し

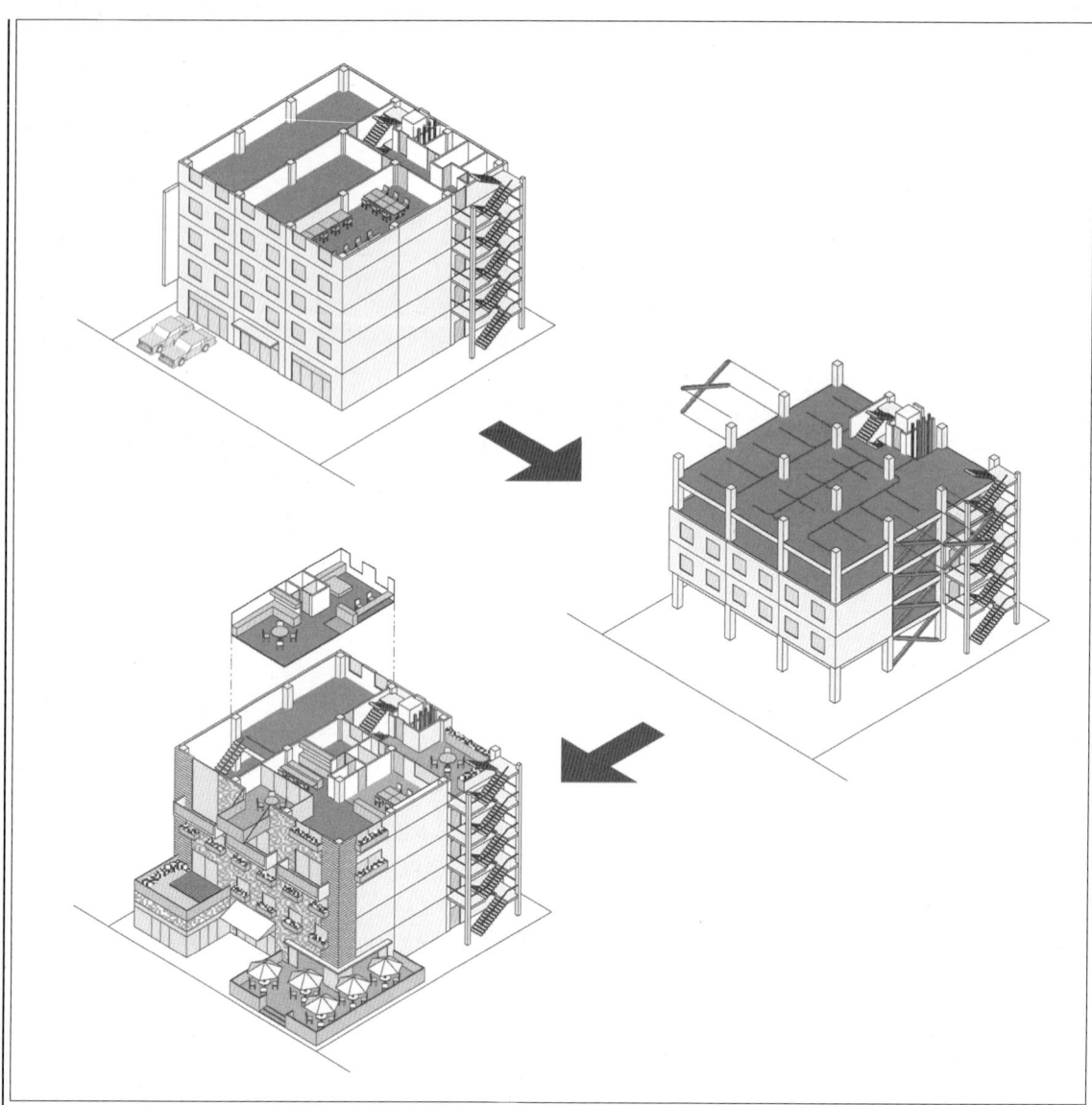

図8 コンバージョン研究の事例

写真11 マンションに姿を変えたオフィスビル・外観（シドニー）

写真12 同・内観（シドニー）

て言うと、前のカーテンウォールを全部とりはずしています。前のカーテンウォールはごく普通のオフィス用の1970年代という感じのものです。オーストラリアのマンションというのは、必ず大きなバルコニーをとるというのが普通のようでして、バルコニーもつけなければいけない。非常に大掛かりな工事で、コストもかなりかかっているのですが、その代わり内部は億ションになるわけですね。これは、立地を活かしたそういう事業計画だったことだから起こったものです。

これは非常に極端な例かもしれません。先ほど内藤先生からもご指摘がありましたけれども、今建っている建物のことに関して言うと、もう長期的にメンテナンスや耐久性は期待できない。だめになったものは取り替えるしかない。そのときにだましだまし使い続けるということもありますが、こういうように用途を思い切り変えて、ゼロになっていた建物の価値を、非常に大きな価値に変えて、もう一回売り出すとか貸すという事業が、世界中でされているわけです。

PCaでなくてもどの業界にも通じることですが、PCaにも当然そういう可能性があるということを冒頭に申し上げましたように、50％が新築じゃない仕事になってきたとしたら、こういうことは非常に重要になってきます。こういう仕事をするとしたら、従来のゼネコン、サブコン、孫請けという重層構造でやるかたちになるんだろうか、というのはまだはっきりしないところです。工事金額も大きい場合もあれば、小さい場合もあります。それから工事範囲も、外壁を取り替えれば済む場合もあれば、設備まで入ってこなければいけない、あるいは耐震補強も入ってくる。プロジェクトによって工事の範囲も全然違いますから、そのたびに従来どおりの総合請負というか一式請負が入ってきて、そこからサブコンになるのか、もうちょっとCM的なものが入ってきて、サブコンを随時プロジェクトベースで組み合わせて生産体制が組まれていくのか。メーカーあるいはサブコンがどこまでを職域にしていくかということを考えるときに、よく考えておかなければなりません。新築のように、ゼネコンが入って請けますということになっていくことが多いかもしれません。

既にマンションの大規模改修だと、防水工事屋がゼネコンになって受けているということが、既に起こっています。そういう意味では、生産体制全体に大きな影響を与える市場の移行だと思っていただいて、それぞれの分野での将来像を描いていく必要があるだろうと思います。

**【対談】**
# PCaを使い抜くこと
## 内藤 廣 ＋ 松村秀一

**松村**●最初に内藤先生に質問させていただく形から入らせていただこうと思っています。PCaの業界とつきあっていると、例えば、大手の組織事務所とカーテンウォールという結びつきなものですから、個人の名前で設計をされているような事務所との結びつきは弱いんですね。それを業界が求めているか求めていないか、僕にはまったくわからないんですけれども。僕自身の感じではもっと開かれた技術になっていく必要があるのではないかという気がしています。内藤先生ご自身は、どうやってそのノウハウを身につけたのですか？

### 挑戦は構造家との対話からはじまる

**内藤**●僕はたまたま渡辺邦夫（構造設計集団［SDG］代表）という構造エンジニアと一緒に仕事をすることになったのですが、彼は、PCaに関して詳しいわけです。木村（俊彦）先生のところにいた時代から、大高（正人）さんの千葉県立中央図書館を担当したりしていました。でも僕は僕でやはり納得いかない部分があった。最初のうちは教わる側にまわっていたんですが、ある時「ストランドの定着端は本当にこれでいいんですか？」と言ったりすると、渡辺さんのほうも本気で考えてくれるわけです。エンジニアと建築家との対話というのは、ある程度必要だと思いますね。

先ほどご説明した「海の博物館」でも、渡辺さんが提案してきた断面というのは、はじめは3倍くらいはあったんですね。とてもごついものでした。何故こんなごついんだと聞くと、「ここと、ここのストランドと、この鉄筋がこういうふうに組み合わさる。要するに足し算でごつくなっていくんだ」というんです。そうすると「それじゃ、これとこれを整理すれば、2、3割は減りますよね」と僕が言う。そういう対話をどんどんしていくと、半年とか一年経つ間にミニマムなストラクチャーができる。エンジニアとデザイナーがコミュニケーションするということが、おそらく、僕から言うと失礼な言い方になるかもしれませんけれども、エンジニアの側にとってもとてもいいトレーニングだったと思います。

もう少し言うと、建築家とエンジニアとプロダクトとが一緒になって、何かに挑戦しようとする。そういったチャンスが多ければ多いほど、いろんな新しいものがそこから生まれてくるし、可能性も生まれてくるんじゃないかと思います。業界的な予定調和でやっているとなかなかそうはならない。

**松村**●例えば「海の博物館」が話題になった時期の後、真似する建築家が出ていないですよね。ガラスとかだと、必ず真似するので表現として普及していったわけです。それは使うのが簡単だったからでしょう。内藤さんのように渡辺さんとやりあいながら、経験を積んではじめてできる技術は、逆に言うと、あんなふうにやりたいけれども、どうしていいかわからないから、誰も真似しようとしないのでしょうね（笑）。

### PCa関連の特殊な技術を標準化することが必要

**内藤**●やっぱりPC関連業界自体が、構造の場合、ストランドの技術だとかポストテンションの技術を囲いこんでいる気がします。要するに難しいノウハウがあるぞ、と。それがブランド力になって、シェアをキープしているという部分が少なからずあったんじゃないかと思います。これは難しいものだから、私たちにしかできないよということをやったんじゃないかと思うんですよね。もっと一般化できる話だと僕は思いますけど。

あと松村先生に言うのもなんですけど、大学の教育ですかね。だって普通教えないでしょう？大学でPCのポストテンションとか教えないですよね。そういうこともあるかもしれない。ちなみに僕は学生にちゃんと教えてますからね。

### 大学でのものづくりと専門教育のあり方

**松村**●北欧は、かならずしもPCではないですけれども、プ

レキャストコンクリートの普及率が非常に高いんです。フィンランドに行って、なんでこんなに皆がプレキャストコンクリートなのって聞いたら、大学の図面がそうなっていると。大学の建築学科でもPCaの割り付けやっているっていう話だったですね。また、一方で鉄骨はどうか。鉄鋼連盟でずっと話題になっているのは、大学教育でちゃんと鉄骨造を教えていないと。鋼構造はあるんだけれども、鉄骨の納まりなんていうと大変難しい。それを誰も教えていない。大学を卒業したら現場打ちのRCになって、3本斜線を引いておくとなんとかなるというふうに教育されている。それは問題ですよね。

**内藤**●僕もそれは問題だと思います。限られた時間なんで、若い人には全部は教えられないですからね。だけど、素材に対しての疑問だとか、素直な興味だとかっていうのは、分野に限らずもっと持ってもらったほうが、いいと思うんです。なぜPCaはこうなんだろうとか、なぜカーテンウォールはこの薄さでできるんだろうとか。壁構造なら壁厚は200mmくらいだけど、カーテンウォールだともっと薄くできるのは、何が違うんだろうとか。強度の問題とかいろいろありますね。素材に対して興味を持ってもらえれば、その興味のある人なりの勉強の仕方というか、自分で知っていくということになるんだと思うんです。

建設的な方向に話を持っていくと、大学向けの教材をつくったほうがいいんじゃないかとか、そういうことを教えられる先生なり、素材を提供したりとか。設計事務所向けの営業的な広報活動は盛んですが、ボディブローで効いてくるようなものは、あまりありません。興味を持ったら次はどうしたらいいか、導いてもらったら多分いいんでしょうね。

あと、絶対PCaカーテンウォールがいいんだということを、皆さんが素直に言えるかということもありますね。

**松村**●PCaはアルミより重い。アルミより重いのにいいと言える根拠は何なのかというと、やはり素材感、そしてコンクリートの方がコスト面でも格段に安くなっています。

六本木ヒルズの森タワーの腰壁のところも全部PCaのフッ素樹脂のメタリック塗装仕上げと聞いています（写真13）。そういう意味では、がんばっているんですね。基本的な技術開発というのはやはり素

写真13　六本木ヒルズ森タワー・PCa窓パネルの取付け（2002年）

材ですよね。PCaも超高層はオープンジョイントで納めているということも含めてのマーケティングが必要ですね。

**内藤**●僕がそういう質問を皆さんにするくらい、まああえて意識して話したところもあるんですが、多分マーケティングがうまくないんです。専門性が強ければ強いほどそうなるわけですね。私でさえ、皆さんが努力していることをあまり知らないということは問題だとは思いませんか？この業界での情報発信やマーケティングの問題がひとつあるんじゃないでしょうか。

**松村**●大きなビルのPCaカーテンウォールに、注意が集中しているように見えます。実態としてはどうかはわかりませんが。割と大きなプロジェクトではあそこは4社協同でやりましたとか、あそこで初めてこういう技術を使いました、とかあるんですけれども、ごく普通の集合住宅とかビルものとかにも部分的には使われているんでしょうが、それがあんまり表にでてこない。典型的にはALCと比較すると、それはALCのほうがいいと言っているわけではないのですが、ALCなんかどんな階数の建物でも使われているわけですね。それと比べるとPCaカーテンウォールとかカーテンウォールの板ものっていうのは、ある規模にならないと使えないんじゃないかという感覚が市場のなかにあるんじゃないのでしょうか。

**内藤**●あると思いますよ。スティール型枠のコストですよね。それからいつも思うのは、脱型までの時間と、そのストックヤードの確保とか。いわゆる量産のプロセスで一定の規模がないとできないんじゃ

写真14　蛇の目ミシン本社ビル（1965年）

ないかと思われがちなんですけれども、もうちょっと小出しに建築家たちをインスパイアするような商品開発や動き方が、あってもいいんじゃないでしょうか。例えば、『新建築』を見ると、20作品紹介があったならば1件くらいはPCaカーテンウォールでやったものが出たりしてくるようになると、あ、俺も使ってみようかな、っていうように裾野の広い展開ができるようになると思うんですけれども。

**松村**●内藤先生が若い頃、というか学生の頃なりまた修行時代なりに、ああ、PCaと思った建物はありますか？

**内藤**●丹下さんの「ゆかり文化幼稚園」とか、大高さんの「千葉県立中央図書館」とか、そのぐらいの頃ですね。彰国社の『プレストレストコンクリート造の設計と詳細』（絶版）を見ると、松村さんも言われたマンジャロッティのPCが出ていて、こんなことができるんだとか、僕によってはいい参考書でしたね。

**松村**●今、学生や設計事務所の若い人が冊子を開いてみても、PCaという素材を使うという必然性や根拠があんまりみえないですよね。

**内藤**●あるシンポジウムで、大野秀敏（東京大学大学院教授、アプル総合計画事務所）さんが、骨皮論という視点で、今の建築の最先端はどんどん「皮（スキン）」の建築になりつつあると言われました。つまり表層のみのスキン・デザインになっているんだと。それは、スキンと構造が一体化になっていると。僕はそっち側ではないのですが、世界的な建築の様子を見てそっち側になっているとすると、今度の北京オリンピックのスタジアム案などもそうですが、建物の外皮が構造体になってくる。そうなってくると、この業界もアイデアの出しようによっては、非常に素晴らしいんじゃないですか。通常は、力を負担しないカーテンウォールって思っているけれど、実は力を負担するカーテンウォールで、なおかつ全体の構造体に貢献するというような話があるわけです。そういうことをお考えになっているのでしょうか。

例えば、僕がこんなことをお願いに行ったら、他に相談して下さいとか言われそうですよね。でも、もういいじゃないですか、不景気なんだし。他も食い荒らしていかないと業界は生き延びられませんよ（笑）。

**松村**●そうなんですね。

### 生き残りをかけた業界の活動と情報発信が急務に

元々、プレキャストコンクリートカーテンウォール工業会（PCCA）といっていたのが、プレコンシステム協会（PCSA）になったときに、多少そういう意味合いを含んでたんですよね。PCカーテンウォールだけじゃなくて、工場の中で柱梁ものを打ってたり、バルコニーもやってるし、いろんな製品が出てきたので、プレコンシステム協会というふうに名前を変えられたんですね。でもやっぱり、PCaカーテンウォールが中心であるように思えますね。

今、話していて思い出したことがあります。前川國男事務所の作品で八重洲の蛇の目ミシン本社ビル（写真14・1965年）です。これはカーテンウォールではないですが、この作品のように構造が外部に露出して、それ自体がしっかりとしたデザインになっているようなものは、PCSAの仕事のはずだと前々から申し上げているのですが、なかなかそういうデザインの注文が来ていないということもあるのかもしれませんね。

**内藤**●可能性があると思うのは、多分いわゆる板もの、そして薄い皮ものですね。その技術を活かして、型枠コンクリート構造みたいな、型枠自体がPCa化で行くようなその道はあると思います。

現場打ちコンクリートとPCaをコンバインする。実は今、僕はそういうのを始めているんです。それは、PCa型枠の中にコンクリートを打込んで一体化するというのものです。これはPCaなのかPCなのかどっちに話を持っていったらいいのか。みなさんの技術の中にはそういうものが、存在するわけですよね。型枠的に積んでおいて、あとでコンクリートを流しこんだら一体化するというのは、本来は皆さんの側の仕事だと思うんです。そしたらそれをもっとPRする方法を考えてほしい。今、建築家はそういう

のはほとんどやらないですよ。実際、今は、壁はペラペラでテカテカですからね。次はちょっと違った流れになるんじゃないですかね。

**松村●**ヌルヌルとか、じめじめとか（笑）。今あまりにもガラスが多すぎる、ただガラスの表面をつくっておくと21世紀初頭の雰囲気が出てくるということになっている。単なる流行ですからね。それがPCaに変わったからといってPCaが10年続くかっていうと、5年で変わっちゃうかもしれませんけれども。透明っていうのは、飽きられていくのではないでしょうか。ただガラスが割と面白いのは、今は外壁が構造と一緒になるというお話でしたけれども、今度は外壁が空調と合体して、特にヨーロッパのガラスのダブルスキン系というのは、あの中でエアフローしてみたり、空調全体のシステムと外壁が一体のものとして機能するというのが非常に面白いと思っています。さっき内藤先生がおっしゃっているのを聞いて、やっぱりそうかと思ったのが、近代建築というのは、部位を機能で分割してきました。ですからPCaは構造に役に立たなくていい、外壁材ですから。そしてこれは空調システムです、これは構造です、ということをやってきたのが、今それらを統合しないと建築として突破できないということです。

それは、例えば環境問題です。あるいは表現の問題もあるかもしれません。もう一度ぐちゃぐちゃになっていく時期で、そういう意味ではカーテンウォールというものに縛られていると、遅れてしまうという感じがあります。

**内藤●**今、感覚としてガラスが仕上げ材ですけれども、もうちょっとしっかりしたもの。たぶん変わったのは、9.11のあの時になんかちょっと変わったんだと思いますね。建物というのは、もうちょっとしっかりと人の安全を守らなければいけないと。

W.T.C（ワールドトレードセンター）が何であんな崩壊の仕方をしたのかと、構造家の川口衛さんに伺ったことがあるのですが、川口さんは「あれは、バラックですから」って言ったんです。実はマンハッタンに飛行機が突っ込んだのはあれが3回目で、エンパイアステイトビルに突っ込んだこともあったそうです。そのときは、エンパイアステイトビルはなんともなかったわけです。あれはコンクリートのシャフトで、外壁もしっかりしていて、びくともしなかった。つまり、もうちょっと違う形態の建物のあり方というのに、皆がスイッチしたんじゃないかと思うんですね。まだ完全に変わりきっていませんけれども、この事件から次はもうちょっと人間が暮らす場所をしっかりと支えるというようなしっかりとしたイメージに変わってくるんじゃないかと思うんです。こういう透明感という時代は、だんだん遠ざかるのではないかと思っています。

ただ、そのマーケティングができるかどうか。つまり、むしろ業界がそういう新しい技術的な試みを後押しするとき、そういう姿勢がないと、別の業界がそれを食っていくということになるのではないかと思います。ひとつは技術開発とそれに対するマーケティングの方法です。建築家の側にプッシュするのか、それとも松村先生や清家（剛）先生みたいな方を裏で隠れてバックアップするいうことでしょう（笑）。何らかの仕掛けが僕は必要だと思います。

一時、集成材メーカーが出てきたときの話です。私も初期の集成材で構造体をつくったひとりですけれども、やはりかなりうまいマーケティングをやって世の中に出てきましたよね。それは法制上それを認めさせていくという一方で、集成材を使った建物でこれというものをサポートして世に送り出す。そうするとみんなが集成材に眼をやり、おもしろいんじゃないか、ということで使っていくわけです。その両方があるんだと思います。多分、超高層のカーテンウォールだけで飯を食うという時代ではなくなってきているとすれば、次の展開を考えた方がいいんじゃないかな、と思います。

**松村●**どうもありがとうございました。

先ほどのお話を伺うと内藤先生も2002年からはプレキャストコンクリートを使っていないようです。組織設計事務所の方以外で考えると、ここにお呼びしてPCaについてさまざまなお話できる方というのは、実は今はあまりいないんです。内藤先生が話されたことは、そういう面では協会はもとよりメーカーとして皆さんそれぞれの努力や活動が必要だというお話だったと思います。これからの時代に何が問われているかを含めて、総合的な視点が必要だとお判りいただいたことだと思います。

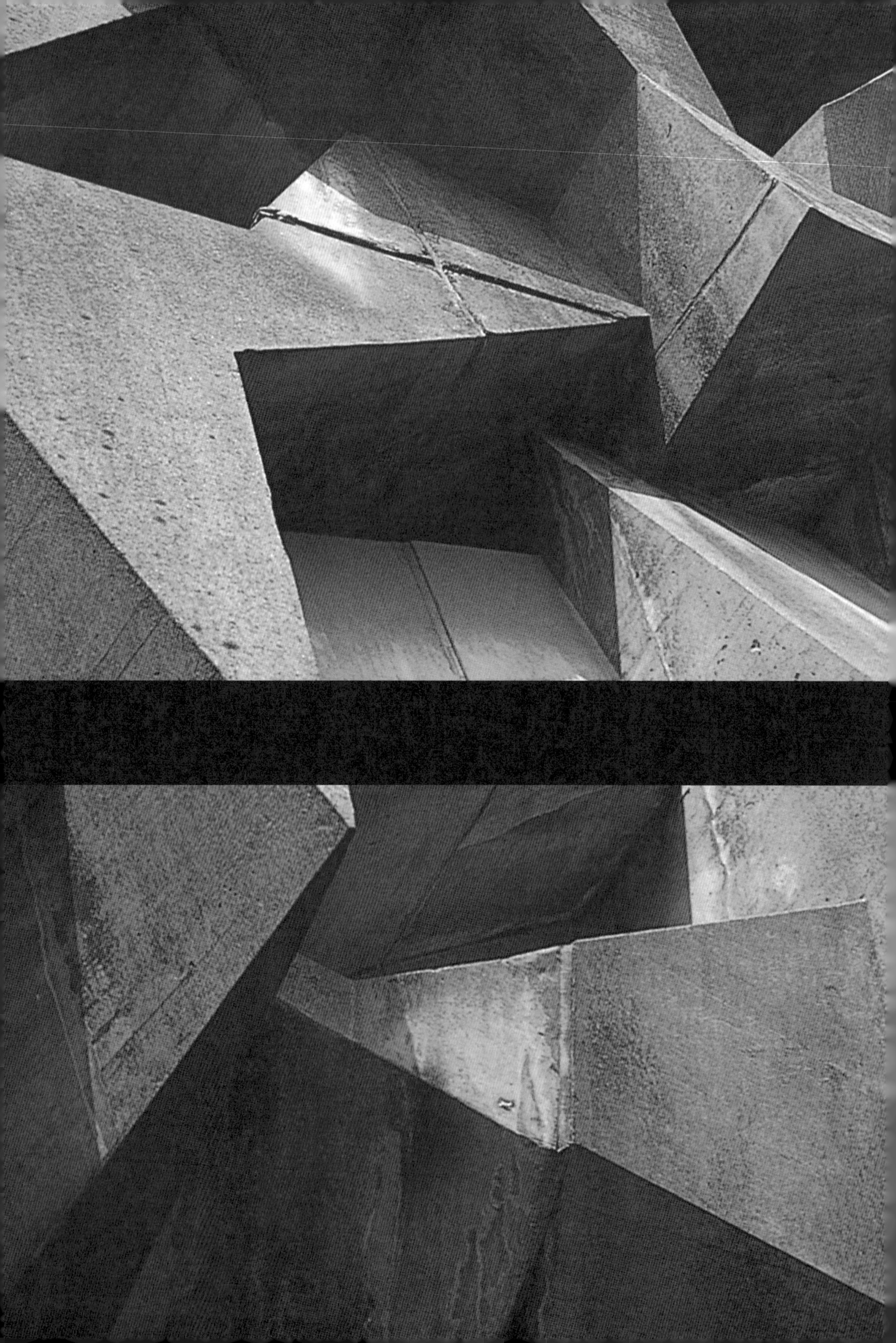

# The PCa Works

富山第一生命ビル／パネル・洗出し（1964）

京王プラザホテル／パネル・吹付けタイル（1971）

蛇の目ビル／十字型ユニットフレーム・吹付けタイル（1965）

宝塚市庁舎／柱・梁・洗い出し仕上げ（1980）
扉（前頁）平塚市庁舎議事堂／打ち放しレリーフ外壁（1963）

東京海上ビルディング（現、東京海上日動ビルディング）／柱・梁・磁気質施釉四丁掛タイル（1974）

新宿NSビル／パネル・磁器質45二丁掛ラスタータイル（1982）

新宿グリーンタワー／スパンドレル・磁器質45二丁掛ラスタータイル（1986）

日本興業銀行本店（現、みずほコーポレート銀行）／方立・パネル・花崗岩・本磨き（1974）

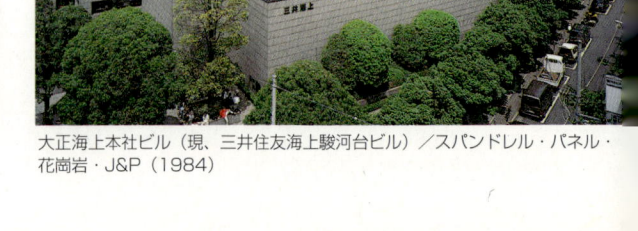

大正海上本社ビル（現、三井住友海上駿河台ビル）／スパンドレル・パネル・花崗岩・J&P（1984）

三和銀行東京ビル（現、UFJ銀行東京ビル）／柱・梁・花崗岩、J&P（1973）

JRタワー／パネル・磁器質タイル・花崗岩打ち込み（2003）

神戸市庁舎／方立・スパンドレル・花崗岩・水磨き（1989）

山王パークタワー／パネル・方立・花崗岩・本磨き・ウォータージェット仕上げ（2000）

JR京都駅ビル／パネル、打放し・塗装・磁器質モザイクタイル（1997）

大阪ビルヂング紀尾井町ビル／柱・梁・パネル・洗出し（1976）

コンクリート素材

# The PCa Works
## Texture & Design

①軽量一種コンクリート・小叩き　②稲田＋錆御影・ビシャン　③軽量一種コンクリート・ビシャン　④石灰石・ツツキ　⑤四国赤石・酸洗い　⑥稲田＋岡・模様型枠、酸洗い　⑦稲田＋浮金・研ぎ出し　⑧砂岩＋白セメント打込み　⑨コンクリート打放し叩き仕上げの上吹付けタイル

**玉石・砕石・本石・陶磁器質タイル**

①白大理石砕石（山口県産象牙）・埋込み　②土佐青玉石・埋込み　③稲田・ツツキ　④花崗岩（ポルトガル産シェニトモンチーク）・J&P
⑤磁器質乾式45二丁掛タイル　⑥せっ器質湿式押し出し二丁掛タイル

The PCa Works

複合カーテンウォール

大型陶磁器質タイル

⑦砕石洗い出し＋ガラス＋アルミ複合　⑧本石PCa＋アルミ＋ガラス複合　⑨本石PCa＋塗装＋ガラス＋アルミ複合　⑩本石PCa＋ガラス　⑪せっ器質大型陶板タイル　⑫磁器質大型タイル＋本石割り肌

新宿新都心周辺

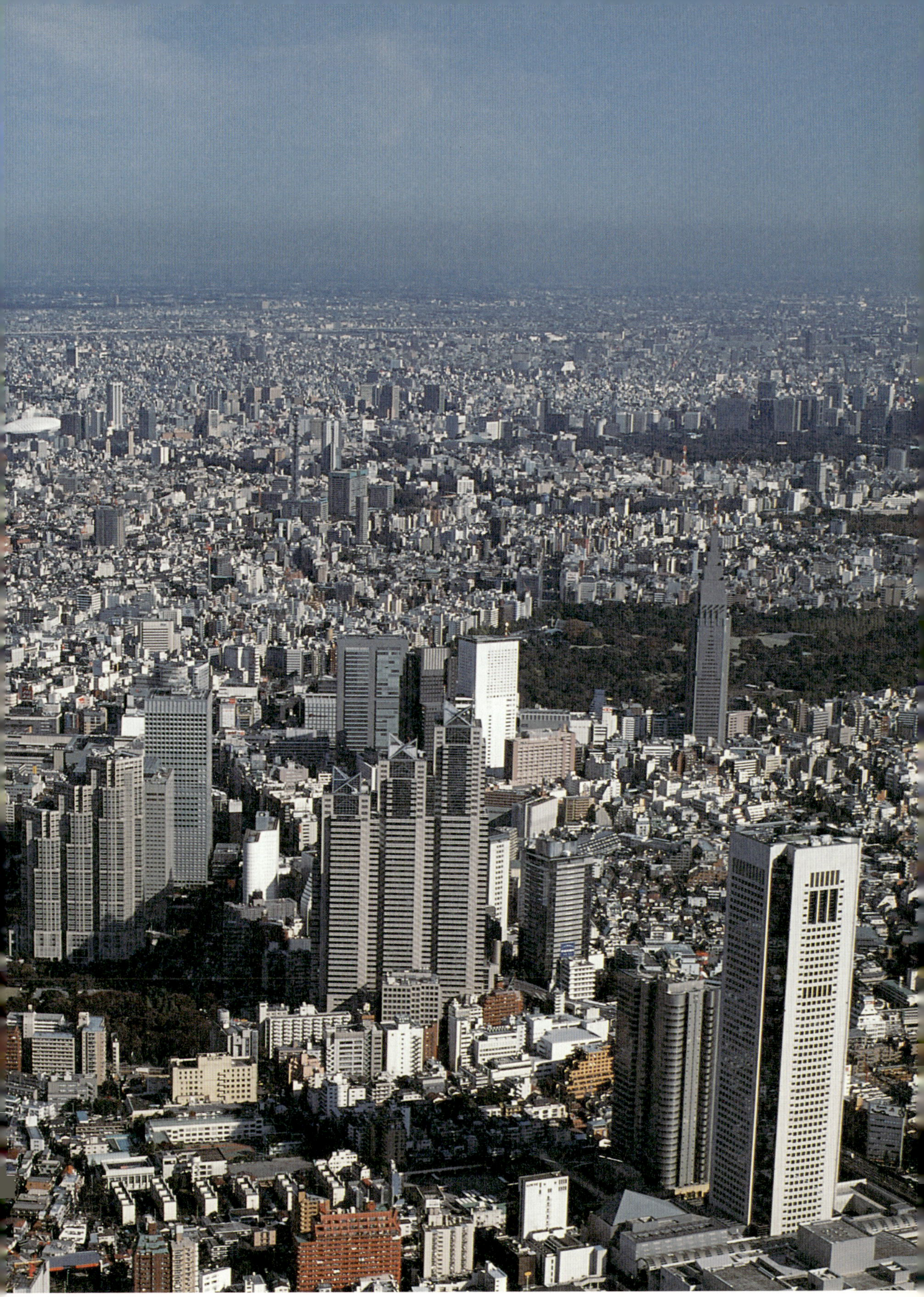

東京宝塚ビル／パネル・45三丁掛タイル打ち込み・フッ素樹脂塗装（2000）

霞城セントラル／パネル・カラーコンクリートフッ素樹脂クリアー塗装仕上げ（2000）

赤坂溜池タワー／スパンドレルパネル・フッ素樹脂塗装仕上げ（2000）

セルリアンタワー／パネル・スパンドレルパネル・45角薄釉せっ器質タイル。一部花崗岩打ち込み（2001）

横浜MM21周辺

パシィフィックセンチュリープレイス丸の内ビル／パネル・花崗岩打ち込み仕上げ（2001）

宇宙開発事業団（現、宇宙航空研究開発機構）総合開発推進棟／スパンドレルパネル・庇パネル、セラミックハイブリッド樹脂塗装仕上げ（2003）

セラミックパークMINO／パネル・打放し素地、レンガタイル打ち込み仕上げ（2002）

マルイト札幌ビル・ホテルモントレエーデルホフ札幌／パネル・無機有機複合型塗装仕上げ（2000）

ホテル日航ベイサイド大阪／パネル・低層部：花崗岩本磨、本石調大判タイル、高層部：磁器質二丁掛タイル打ち込み仕上げ（2002）

東京大学医学部附属病院新入院棟／パネル・せっ器質小口スクラッチタイル打ち込み仕上げ（2000）

東京家政大学板橋校舎百二十周年記念館／リブ部：大型レンガタイル、平部・92角せっ器質タイル打ち込み仕上げ（2002）

丸の内ビルディング／タワー部：リブパネル・ビニロン繊維補強コンクリートフッ素樹脂塗装、花崗岩打ち込み仕上げ、低層部：磁器質タイル打ち込み仕上げ（2002）

六本木ヒルズ森タワー（右）／六本木ヒルズレジデンス（左）

六本木ヒルズ森タワー／タワー部：窓パネル・フッ素樹脂メタリック塗装、低層部：一部花崗岩打ち込み（2003）

元麻布ヒルズフォレストタワー／パネル・フッ素樹脂塗装仕上げ（2002）

NTTデータ品川ビル（アレア品川）／柱・梁・一部花崗岩打ち込み（2003）

札幌プリンスホテルタワー／パネル・45二丁掛けタイル打ち込み、300角大判タイル打ち込み（2004）

ガーデン エア タワー・アイ ガーデン テラス／柱・梁・花崗岩JB仕上げ、一部本磨き打ち込み（2003）

ミューゼ川崎セントラルタワー／パネル・中高層部：磁器質タイル打ち込み、低層部：花崗岩打ち込み仕上げ（2003）

学校法人　金沢医科大学病院新棟／梁パネル・75角磁器質タイル・高耐候性フッ素樹脂クリアー塗装仕上げ（2003）

時事通信本社ビル／パネル・白色セメントフッ素樹脂・クリアー塗装仕上げ（2003）

品川インターシティ／自然石洗い出しオムニア版、アルミCW打ち込みパネル（1998）

丸の内日本生命ビル・ダブルマリオンPCa、梁型PCa・花崗岩打ち込み、J&P仕上げ（2004）

同ビル、ダブルマリオンPCa部材の建込み

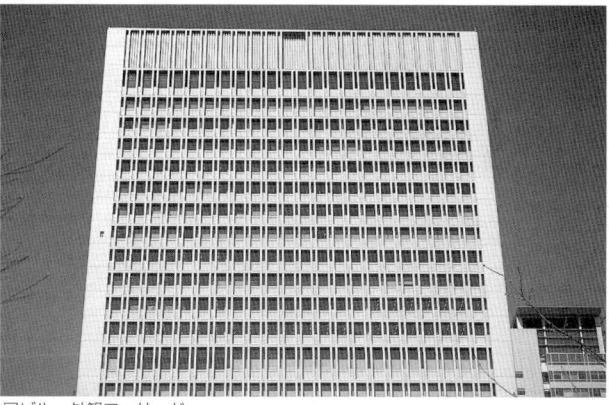

同ビル、外観ファサード

上・同ビル、ダブルマリオン部材の製造
右・同ビル、ダブルマリオン部材の配筋状況
（＊P.179参照）

## PCa外壁構法概史

# 1 コンクリートを建築の顔に仕立てる技巧

松村秀一　　　　　　　　　　　東京大学大学院工学系研究科建築学専攻 助教授

## 0 はじめに

　外壁、とくに「ファサード」と呼ばれる正面部分は建築の顔である。一方、コンクリートは元来、顔を飾るにはやや無骨な材料である。
　しかしながら、今日の高層建築のファサードの多くはコンクリート製のカーテンウォール（PCaカーテンウォール）で形作られている。これは、コンクリートを、建築の顔に仕立てる技巧の数々が、日本の内外で何十年にも亘って積み重ねられてきたことの成果に他ならない。

## 1 カーテンウォールとPC、それぞれの道

### ●カーテンウォールの原型

　多層建築において、建物の荷重を負担しない外壁という意味でのカーテンウォールの原型が初めて登場したのは、今から120年前、1872年のフランスにおいてである。パリ近郊に建つムニエのチョコレート工場（写真❶）、ジュール・ソルニエの設計したこの建築において、鉄骨軸組による多層構造と、それとは分離された外被としての広義のカーテンウォールが同時に発生したのである。それは、1871年の大火以降に建設されたシカゴの鉄骨造摩天楼に先立つものである。マルヌ河の河床に設けられた4本の石の水門を土台として、その上に箱型断面をもつ大きな組立鉄梁をわたし、更にその上に3層の鉄骨構造が載せられている。その軽量な構造の内、アングル等の単純断面を組み立てた柱と、その間を繋ぐI型断面の斜材が、建物の外観に現れている。
　外壁は、そうした骨組に取り付けられた複数の色調の薄い空洞煉瓦と鉄製の窓から構成されている。同時代のものと比較して、この外壁の特筆すべき点は、第一にそれが構造体から明快に分離された広義のカーテンウォールであること、第二に水平・垂直方向に何の突起物もないフラットな面を構成していることの2点である（写真❷）。

### ●コンクリート外装材の原型

　一方、コンクリート製の板を建物の外壁に用いるという発想が現れたのがいつかと言うと、やはり120年程前の1875年である。
　鉄筋コンクリートの発明はそれから更に20年程遡るが、当初より自然石を模した礙石としての利用法が想定されていた。元来石材は組積造として用いるのが一般的であったが、石置屋根のように薄板状の石を面材として用いる用法もあったわけだから、比較的早い時期に、板状の鉄筋コンクリート部材とい

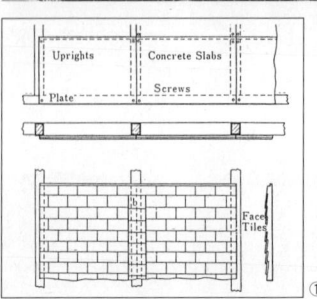

❶ ムニエのチョコレート工場
❷ ムニエのチョコレート工場外壁
❸ クリスタルパレス
① ラッセルズの特許説明図
② コルビュジエの「建築は採光された床」

う発想が生まれたのもそう不思議な事ではない。

その発想の最初のものは、イギリスのラッセルズという人物による特許に見られる（図①）。これは、約90センチ間隔に立てた木製の間柱に対して、厚さ2.5センチ程の鉄筋コンクリートの薄板を木ねじで取り付け、水平接合部だけに目地モルタルを詰めるという内容のものであった。しかし、この外壁構法は、その内容からして低層建築物用の簡易構法の域を出るものではなく、建築の顔としての外壁からは少々距離のあるものであったと言える。

このように、多層建築の顔をつくる手法としてのカーテンウォールの原型と、プレキャストコンクリート（PCa）版を外壁に用いるという発想とは、奇しくもほぼ同時期に姿を現したのだが、両者が結び付いて高層建築の顔を飾るに相応しいPCaカーテンウォールが実用化するまでには尚80年以上もの年月が必要であった。

●カーテンウォールの辿った道

ムニエのチョコレート工場以降、建物の荷重を支えることから解放された多層建築の外壁は、室内により多くの光を導く方向へと進化する道を辿った。そして、その究極には金属製の枠で支えられたガラスのカーテンウォールがあった。

多層建築に限らなければ、1851年ロンドン万博の際に建設されたクリスタルパレス（写真❸）のように、かなり早い時期からガラスのカーテンウォールは存在したが（但しクリスタルパレスでは木製枠）、多層建築での先駆的な例は1918年のサンフランシスコ・ハリディビル（写真❹）あたりであろう。庇のように張り出したコンクリートのスラブに取り付けられたこのガラスの壁は、名実ともに今日的な意味で「カーテンウォール構法」と呼び得るものである。

建物の荷重を支えることから解放された外壁のとるべき方向は、こうした実作の他に、ル・コルビュジエの「建築は採光された床」（1914年・図②）や、ミース・ファン・デル・ローエの「ガラスの摩天楼計画」（1922年、写真❺）など近代建築の先導者達が提示したモデルの中にも表現されており、それらの多くがガラスのカーテンウォールを暗示していた。そして、アルミニウム方立ての国連ビル（1950、Wallace Kikman Harrison、Max Abramovitz、Le Corbusier他設計、写真❻）、ステンレスのレバーハウス（1952年、SOM設計、写真❼）、ブロンズのシーグラムビル（1958年、ミース・ファン・デル・ローエとフィリップ・ジョンソン設計、写真❽）と続く、1950年代米国のモダニズム超高層建築群の中で、そうした構想が現実のものとなっていった。

●PCa外装部材の辿った道

一方、PCaによる外装部材は、カーテンウォールの辿った道とは少々異なる道を歩み始めていた。PCaのとった道は、あくまでも礫石としての素姓に忠実なものであり、石を代替する小型の外装部材、或いは安価な塞ぎ材といった用法への道であった。

小型の外装部材としての用法の初期の例は、鉄筋コンクリート造建築のパイオニアとして名高いフランスの建築家オーギュスト・ペレの代表作に見られる。中でも、フランクリン街のアパート（1903年、写真❾）やランシーのノートルダム教会（1922年、写真❿）

❹ ハリディビル
❺ ガラスの摩天楼
❻ 国連ビル
❼ レバーハウス
❽ シーグラムビル
❾ フランクリン街のアパート

に見られる窓台等開口部廻りの枠材や日除けを兼ねた装飾部材は、その後のPCa部材の用法に少なからぬ影響を及ぼしたものである。

ペレの用法の発展形とも考えられるル・コルビュジエのブリーズソレイユ（日除け部材、写真⓫）や、構造材を兼ねたものではあるが装飾性の強いフランク・ロイド・ライトのテキスタイルブロック（1920年代、写真⓬）等も、建築界全般への影響力という点から見て、小型部材の代表例と呼べるものである。

後章で紹介するように、戦後の日本でも「化粧ブロック」と称して、窓枠や日除け、あるいは笠木等種々の外装部材として小型PCa部材が用いられたが、上述のような海外の先駆的な用法の影響を過小評価するわけにはいかない。

他方、安価な塞ぎ材としての用い方については、側溝の蓋や万代塀など、建築以外の分野でも類例を指摘することができるが、建築の外装向けとなると各種のブロックがその代表例と言えそうである。ブロックにも大小様々な寸法が見られたが、大型化すると今日のPCaカーテンウォールに近いものになる。しかし、これらはあくまでも塞ぎ材であり、建築のファサードを飾る主役の座にはそぐわないものであった。

たとえば、オーギュスト・ペレの作品の中でも、ブロックを面材として用いているが、ファサードにおいてはあくまで補助的な扱いであるし（写真⓭）、前川事務所の代表作日本相互銀行本店（P61参照、1952年）に用いられ、最初期のPCaカーテンウォールとも言われるブロックも、大型ではあるが、妻壁を構成しているにしかすぎず、ファサードを飾る今日のPCaカーテンウォールとは少々趣きを異にしている。

## 2 コンクリートに関する技巧の洗練

### ●「建築的コンクリート」の発明

以上のように、カーテンウォール構法とPCa外装部材とは、1870年代以来それぞれの道を歩んでいたわけだが、この2つの道が合流し、建築の顔としてのPCaカーテンウォールを誕生させるには、コンクリートを扱う技巧の洗練が必要であった。そして、そうした洗練の第一歩として現れたのが、種々の骨材の計画的な調合によって色彩豊かなコンクリートを実現する技法である。

この技法の生みの親は、ジョン・アーリィ（1881～1944）、アイルランドから移民した石工の5代目として人生をスタートしたアメリカ人である。アーリィは、1910年代から20年代にかけ、メタルラス上に仕上げたセメントスタッコのひび割れ現象の研究に着手した連邦標準局から依頼を受け、多種多様な調合の試験用パネルの製作に従事していた。この折の貴重な経験に基づき1920年頃開発されたのが、豊かな色彩の表面を持つPCa版製作の技法「アーリー式製法"Earley Process"」（1936年米国で特許取得）である。

この技法は、様々な色調の骨材を使い分け、表面仕上げ用のコンクリートと裏打ちコンクリートを別々に打設し、表面仕上げ用のコンクリートについては余剰水を新聞紙で取り除き、十分に硬化させた後、ブラシがけを施すというもので、特許にはコンクリートの調合法も規定されている。アーリィ自身が「建築的コンクリート"Architectural Concrete"」と呼んだその製品は、各種建築の内外装に面材や被覆材

⓾ ランシーのノートルダム教会
⓫ マルセイユのユニテ
⓬ テキスタルブロックを用いたエニス邸

として用いられた（写真⓮）。ちなみに、当時のアーリィ自身の工場には200色にも及ぶ骨材が、マンセル法に従って分類、貯蔵されていたという。

アーリィは、この技法の開発と質の高い製品の供給を認められ、1934年には「コンクリートを建築的手段に成し得た」功績によって米国コンクリート協会ターナー金メダルを、1936年には米国建築家協会から記念メダルを贈られている。また、1938年には職人出身者としては初のコンクリート協会会長に選出されている。

● PCaカーテンウォールの夜明け前

その後、アーリィは、この「建築的コンクリート」で階高分のPCa版を製作し、カーテンウォールとして用いる構法を、平屋建ての「多色彩住宅"Polychrom House♯1"」（1934年、写真⓯）で実用化している。これは米国の在来構法で木製のフレームをつくり、そこに幅1.2～2.4メートル、高さ2.7メートル、厚さ5センチのPCaカーテンウォールを取け付ける方式の住宅であった。アーリィ自身は、芸術性豊かな住宅を安価に生産供給することを目標にこの構法を開発したのだが、米国のある建築史家も指摘しているように、ここに実用化されたPCaカーテンウォール構法はむしろ高層ビルの分野で現実のものになっていった。

以上その概要を述べた開発物語の中で象徴的なのが、アーリィ自身の用いた「建築的コンクリート」という名称である。この名称は、暗にそれまでのコンクリートが「建築的」でなかったことを意味している。アーリィ式製法に代表される技巧の洗練が、コンクリートという無骨な素材を「建築的」なものに成し得たのである。昨年訪れた米国の建設現場では、やはり"Architectural Concrete"とそうでない"Job Concrete"という2種類のPCaを明確に分けて認識していたが、こうした概念の発生が、国の別を問わず今日のPCaカーテンウォールの成熟に大きく関わっていることは疑う余地がない。勿論、コンクリートに関わる技巧の洗練が一人アーリィに負っていたというわけではない。オーギュスト・ペレの用法に代表される小型の外装部材や塞ぎ材としてのPCaの扱い等においても、様々な地域の人々による試行錯誤が積み重ねられていたのであり、そうした経験の蓄積が、コンクリートという無骨な材料を建築の顔に仕立てる技巧を徐々に磨いてきたのだと言ってよいだろう。そして、第二次世界大戦が終わり、世界経済も上昇気運を見せ始めた1950年代後半になって、遂に高層建築のファサードを飾る本格的なPCaカーテンウォールが姿を現したのである。

## 3　多彩な表面を得る技巧
● 最初のPCaカーテンウォール

クリスタルパレスにせよ、ムニエのチョコレート工場にせよ、カーテンウォール構法の原型は19世紀のヨーロッパで現れたが、本格的な展開は摩天楼の国、20世紀の米国においてであった。とくに1950年代に入ると、先述した国連ビルやレバーハウスを皮切りに、金属製のカーテンウォールでファサードを飾った超高層建築が矢継早に建設された。しかし、'50年代の後半に入ると、早くもそうしたカーテンウォールのファサードが飽きられ始める。

たとえば、当時の有力な建築雑誌"Architectural

⓭ フランクリン街のアパート
⓮ アーリィのコンクリート製品で作った天井
⓯ 多色彩住宅

Forum"誌では、1959年にカーテンウオールの特集を組みその画一的な表現からどのようにして逃がれるかを主題としている。この特集の冒頭で、ある評論家が次のように語っている。

「カーテンウォールが誇りある職能の眼で扱われない限り、私達の眼前にはとんでもなくつまらないパノラマが展開することになるだろう」。

こうしたいわば金属製カーテンウォールのステレオタイプ化という状況にあって、PCaカーテンウォール出現の機は熟していたと理解してよい。

時期は前後するが、もう一つの有力誌である"Architectural Record"誌1958年9月号に、「最初のPCaカーテンウォール」という見出しで、ある高層ビルが紹介されている。ワショビア銀行（写真⓰、⓱、図③）である。高層ビルのファサードに用いられた「最初のPCaカーテンウォール」は、高さが階高の半分（約1.8メートル）、幅が約1.6メートルと0.8メートルの2種類、厚さが6センチの無開口パネルで構成されている。約1.6メートル幅のパネルの断面は「ヘ」の字型であり、これを上下に1/2モデュールづつずらして配置することで、規則的な凹凸を持つ独特のファサードを構成している。こうした立体的な構成は、洗い出し仕上げの演出する素材感とともに、金属製カーテンウォールに対するPCaカーテンウォールの独自性を強く主張するものとなっている。紹介記事の中の解説には、このカーテンウォールの他の特長として、石よりも軽量であること、金属よりも断熱性に優れていることが唱われている。

この最初の適用例以降の動きは速い。1960年代に入ると、同誌でも毎月のようにPCaカーテンウォールを用いた超高層建築が取り上げられるようになるし、太平洋の対岸に位置するここ日本においても、ほぼ同じ時期から中高層建築での適用が見られ始めたのである。

● 表面の色彩と質感

当時すでに広く普及していた金属製カーテンウオールに決して見ることのできなかったPCaカーテンウォールの特徴としては、先ず表面の色彩と質感があげられる。それは、かつてアーリィがコンクリートを「建築的」なものに変えた折に得た属性である。色彩について言えば・PCaカーテンウォールは骨材の選択によって金属やガラスでは得ることのできない多様な色彩を実現することができた。たとえば、早い時期からPCaカーテンウォールのデザインに取り組んだ建築家ミノル・ヤマザキは、1950年代末のミシガン連合ガス社屋の設計にあたって、金属製カーテンウォールに見られなかった白という色彩を得るためにPCaカーテンウォールを選んだと語っている。実際の建設では、白色の石英質骨材を用いることで、設計意図に沿った白く繊細なPCaカーテンウォールを実現している（写真⓲）。

質感に関して言えば、金属やガラスにはない自然石に似た材質感こそ初期PCaカーテンウォールの特徴である。従って、初期PCaカーテンウォールの表面仕上げは、洗い出しや叩き仕上げ等の「礫石仕上げ」がほとんどである。しかし、コンクリートという素材にはもっと多様な表面仕上げの可能性が残っていた。

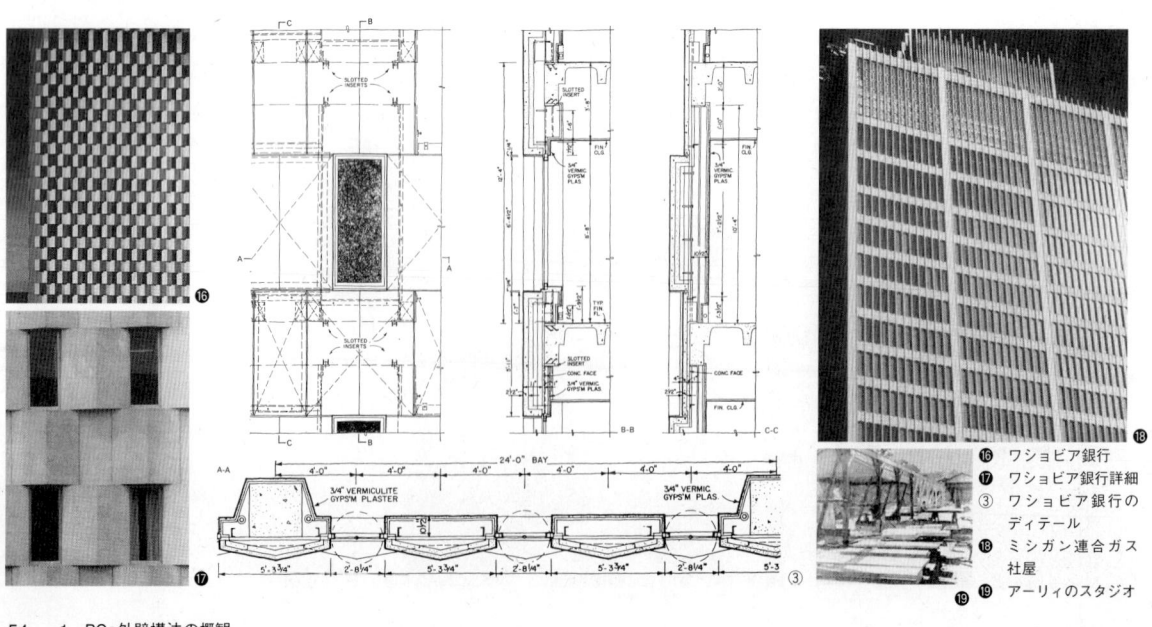

⓰ ワショビア銀行
⓱ ワショビア銀行詳細
⓱ ワショビア銀行のディテール
⓲ ミシガン連合ガス社屋
⓳ アーリィのスタジオ

擬石仕上げのPCa版は「アーリィ式製法」の時点から、仕上げコンクリートと裏打ちコンクリートを分ける「2度打ち」によっていた（写真⑲）。つまり、PCaカーテンウォールは、その誕生時から、表面仕上げ層だけを分けて製作し、裏打ちコンクリートに打込む方法をとっていたわけであり、仕上げ部分には本来独立した自由度が残されていたことになる。擬石仕上げに続いて現れるセメント系吹付け仕上げ、タイルや本石の打込み仕上げは、こうした生来の仕上げの自由度を反映したものである。

この点は、特に日本でのその後のPCaカーテンウォールの発展に関わりが深い。長年慣れ親しんだ石の素材感に近いことから、今日でも擬石仕上げがよく用いられる欧米に対して、日本では、気候条件の違いによる汚れの問題もあって擬石仕上げは比較的早く廃れ、吹付け仕上げ、タイルや本石の打込み仕上げといった表面仕上げの多彩さこそが、PCaカーテンウォールの一般化を促したのだと言える（写真⑳、㉑、㉒）。

今日日本で通常となっているタイル貼りも石貼りも、決して他国で見られない仕上げではない。しかし、石貼りの場合は、PCa版への打込みよりも金属製フレームに石の薄板を取り付ける方式が多く見られるし、タイル貼りは日本ほどポピュラーな仕上げとは言えない。従って、この二種の仕上げに関する技巧の蓄積は、日本に相当の厚みがあると判断できる。逆に、コンクリートの地肌で勝負する擬石仕上げが一般的な欧米には、日本では知り得ない技巧の蓄積がある。一昨年訪ねたアメリカの工場では、木製型枠を非常に丁寧に作り、コンクリート打設も一旦型枠全体にまんべんなく打った後、均等にバイブレーターをかける方法をとっていた。水漏れや打継ぎを防ぐためであろうが、タイル貼りや石貼りに慣れた日本の工場とは随分様子の違うことが印象に残った（写真㉓）。

このように地域による文化の違いが、製造工程の違いにまで反映される点に、PCaカーテンウォールの興味深さがあり、それは正に多彩な表面を得る技巧の幅の広さに根差していると言える。

## 4　開口部を形作る技巧
### ●3つの系統

高層建築の顔を飾る構法としてのPCaカーテンウォールには、先輩格に当たる金属製カーテンウォールでは得難い表現の可能性が求められた。その一つが上述した表面の色調や質感であったわけだが、いま一つがコンクリートの量感や造形性であった。そうしたコンクリートという素材ならではの表現の可能性を活かすには、外壁面をいかに構成するか、とくに開口部をどう形作るか、その意匠上の扱いが重要になる。この点に関しては、大別して三つの系統があると考えられる。一つは「厚板の系統」、二つは「窓枠部材の系統」、三つは「構造部材の系統」である。

### ●厚板の系統

厚板の系統は、先述したコンクリートならではの色彩や質感を全面に押し出すことでPCaカーテンウォールらしさを表現する系統で、単純な矩形の立面を持つ板で外壁を構成しようとするものである。流れ

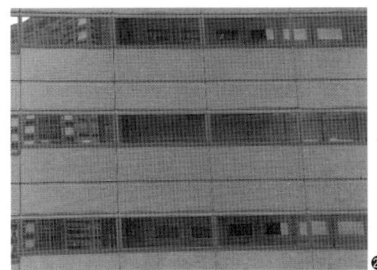

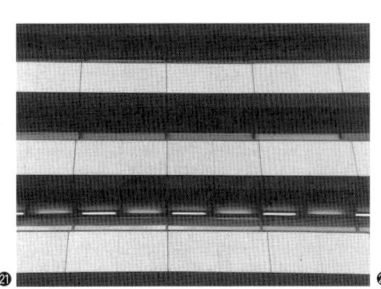

⑳　タイル打込みの例
㉑　本石打込みの例
㉒　本石打込みの例
㉓　アメリカのPCa工場

としてはブロックに代表される塞ぎ材の延長線上に位置付けられる。この場合、開口部の作り方としては、ある間隔を設けて版を配置し、その間隔を開口部として利用する方法と、版に孔を穿ち開口部とする方法の2種類がある。

「最初のPCaカーテンウォール」と紹介されたワショビア銀行のカーテンウォールは前者の典型的な例であり、版自体を「ヘ」の字型断面にすることでコンクリートらしい量感を得ている（写真⑰）。しかし、このような開口部の作り方はどちらかと言えば珍しいもので、版どうしの間隔を利用する方法としてより一般的なのは、PCaで腰壁を構成し、横に連続した開口部を得る方法である（写真㉔、㉕、㉖）。勿論、適当な間隔で塞ぎ材を配置することによって横連窓以外の開口部を形作ることもできる。

一方、板に穿孔したような形で開口部を得る方法も一般的に見られるもので（写真㉗）、1980年代の日本で流行った「ポツ窓」と呼ばれる意匠はこの代表例である（写真㉘、㉙）。

これら厚板の系統は、殊にタイル貼りや石貼り等、仕上げ面を大きく見せたい場合には、効果的な方法であり、そうした仕上げの多い近年の日本では厚板の系統が主流と言える。

● 窓枠部材の系統

窓枠部材の系統は、かつての小型外装部材の流れの延長線上に位置付けられるもので、立体的な開口部の扱いにどのようなコンクリートらしさを見せるかが意匠上の創意となる。

その結果、私達は実に様々な形態の実例を見ることができる。この系統の先駆者の一人であるミノル・ヤマザキの「PCaが再び建築物にフォルムをもたらす」という発言は、この意匠上の重要性の証左とも言える。ここで幾つかの代表例を見ながら、窓枠部材の系統の典型を整理しておきたい。

一つは、デンバーのヒルトンホテル（I.M.Pei設計、写真㉚）やフィリップス石油ビル（Welton Becket and Associates設計、写真㉛）に見られるように、窓枠自体に奥行きをもたせ、多くの場合ガラス面を下げることで日除けの効果をも得るような処理法であり、前川事務所設計の西原衛生工業所（写真㉜）、岸記念体育会館、圓堂事務所設計の赤坂中央ビル（写真㉝）、竹中工務店設計の富山第一生命ビル（写真㉞）等、初期PCaカーテンウォールの代表作の多くがこの方法を採用している。1960年代の日本で、「PCaカーテンウォール」ではなく「プレコンサッシ」という呼称が用いられていたのも不思議ではない。この方法の中には、PCaとガラスの間に金属製のサッシを介さず「ジッパーガスケット」を用いて直接納めた文字通りの「プレコンサッシ」が見られもした（図④、⑤）。

いま一つは、方立てタイプの金属製カーテンウォールを範とした開口部の扱いで、垂直方向の線を方立てよろしく突出させ強調したものとなるのが一般である。初期の代表作であるミシガン連合ガス社屋（ミノル・ヤマザキ設計、写真㉟）やパンナムビル（現、Met Life Build-ing、Walter Gropius他設計、写真㊱）などはこの処理法の典型例であり、日本でも東京工業大学清家研究室設計の埼玉県農林会館（写真㊲）あたりを皮切りに類例には事欠かない。

ただし、こうした窓枠部材の系統は、厚板の系統

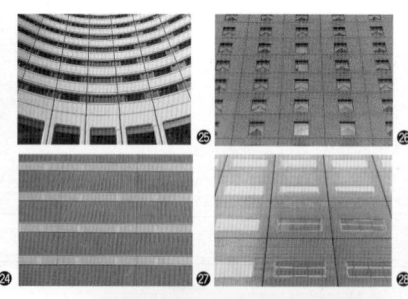

㉔ インターナショナルビル
㉕ 横連窓の例
㉖ 横連窓の例
㉗ ティッシュマン615ビル
㉘ ポツ窓の例
㉙ ポツ窓の例
㉚ デンバーヒルトンホテル

㉛ フィリップス石油ビル
㉜ 西原衛生工業所
㉝ 赤坂中央ビル
㉞ 富山第一生命ビル
④ フィリップス石油ビルのディテール
⑤ 清水商工会館の窓廻りディテール

と比べるとPCaの見つけ面が小さく、タイル貼りや石貼りよりは礫石仕上げに向いていることもあってか、今日の日本ではあまり見られなくなっている。特に、方立てタイプに近いものは、ポツ窓の幅を大きくし、両袖の壁面を狭く押さえることで厚板の系統でも実現でき、日本ではむしろこの系統の方立て風意匠が目に付く。この場合、開口部廻りの印象はどうしても平板なものになりがちだが、京王プラザホテル（写真㊳）のように、曲面の利用等によって袖壁部分に方立て風の立体感を付与している例も見られる。

●構造部材の系統

最後は構造部材の系統である。そもそもカーテンウォールは非構造部材なので、「構造部材」の系統などと言うのはおかしいのだが、PCaをファサードに用いる有力な方法として、外殻構造と結び付いた構造表現が一世を風靡した時期があった。X字型PCa部材を組み合わせた外壁面で有名なアメリカンセメントビル（写真㊴）や十字型PCa部材で同様の外壁意匠を狙ったランベルト銀行（写真㊵）、わが国でも蛇の目ビル〈写真㊶〉等々、その例は'50年代後半から'60年代に集中している。

こうしたファサードにおける構造表現の流れをくむPCa製非構造部材が、柱や梁といった構造体の存在を際立たせる「カバー方式」であり、開口部は構造体に囲まれるように形作られる。日本での代表例としては、鹿島建設本社ビル（写真㊷）、日本IBM本社ビル（写真㊸）、東京海上ビルディング（写真㊹）、日本興業銀行本店（写真㊺）等があげられる。この場合、同じ構造体を前提としても、柱を強調するか、梁を強調するかによって、ファサードの表情を変えることができ、日本興業銀行本店のように一方だけをPCaカーテンウォールによりカバーすることで、素直な構造表現とは異なる効果を得ることも可能である。

このようにいわば単なる化粧部材として何かをカバーするPCa版の用い方は、古くは西洋美術館の外壁（写真㊻）、近年では丸ビルの改修工事（写真㊼）や新高輪プリンスホテルでの捨枠兼用カバー等、構造部材の系統からは離れたところでも見られる。こうした用法は、カーテンウォールという概念や開口部を形作る技巧という観点からは少々離れたものであるが、明らかに定着したPCa外装部材の用法である。

## 5 カーテンウォールの「温故知新」

以上コンクリートを建築の顔に仕立てる技巧は、一世紀の長きにわたり、世界的な拡がりの中で積み重ねられてきた。これからどの様な新しい技巧が生まれてくるかを予知する能力など、私には備わっていないが、材料面での革新を除けば、新しい技巧の種はほぼこれまでの経験の中にあると言ってよいのではないだろうか。事程左様に様々な技巧が既に提案され、試みられてきた。

近年流行しつつある技巧に、異種材料との組み合わせ（写真㊽）や、様々な開口パターンの複合（写真㊾）といったものがある。しかし、それらも過去の提案や実践の中に前例を見い出せないものではない。

たとえば、金属製カーテンウォール等異種材料との組み合わせは、すでに30年前、本石打込みPCaの柱カバーとアルキャストの腰壁を組み合わせた日本興業銀行本店（前出）に見られたし、一つのファサード

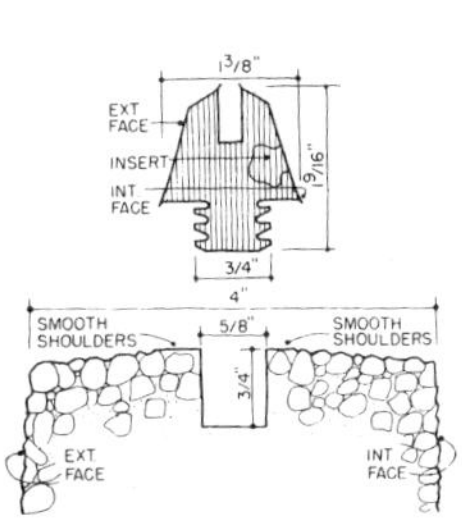

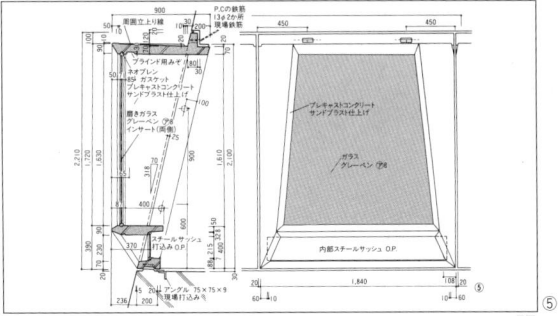

㉟ ミシガン連合ガス社屋PCa板取り付け工事
㊱ パンナムビル
㊲ 埼玉県農林会館
㊳ 京王プラザホテルPCa版取り付け工事
㊴ アメリカンセメントビル
㊵ ランベルト銀行

㊶ 蛇の目ビル
㊷ 鹿島建設本社ビル
㊸ 日本IBM本社ビル
㊹ 東京海上ビルディング
㊺ 日本興業銀行本店
㊻ 国立西洋美術館
㊼ 丸ビル改修後のパネルカバー
⑥ コルビュジエの「アルジェ摩天楼計画」

58　1　PCa外壁構法の概観

面に様々な開口パターンを複合する意匠は、半世紀以上も前に、ル・コルビュジェがPCa部材の使用を前提として計画した「アルジェの摩天楼」（1939年、図⑥）などの先例がある。

最近の日本では、タイルや本石を打込んだ厚板系のPCaカーテンウォールが主流だが、20年程前のヨーロッパで注目を浴びたのが、局度な石工の仕事を思わせるディテールと量感を持つPCaカーテンウォールやPCa部材の適用例（写真❺、❺1）である。日本からも多勢の設計者や技術者が現地を訪れた。いつか自分の仕事の中でもああいうものを、と考えた人も少なくないだろう。しかし、こうしたPCaの使い方は正に礎石としてスタートしたPCa部材の原点であり、技巧として新しいものではない。先述したような気候条件の違いがあり、礎石仕上げでは苦い思い出のある日本ではあるが、タイルや本石にやや飽きてくれば、欧米的な原点への回帰現象が起こらないとは言えないだろう。かつての小型PCa部材時代の技巧が再び脚光を浴びることも十分考えられる。

ここ30年程のPCaカーテンウォールと言えば、高層ビルのファサード一辺倒で来たわけだが、最近になって適用領域の拡がりが見られる。工業化住宅や中層オフィスビルの外装材として規格化された模様付きPCaカーテンウォールが適用されている例（写真❺2）、前述した改修工事にカバー方式のPCaカーテンウォールが用いられた例（前出の写真❹7）等は、新しい分野の拡がりとそれに対応する技巧の洗練を予感させるものである。しかし、これとて過去に先例がある。

そもそも中小規模建築向けの規格化されたPCaカーテンウォールとしては、アーリィの「多色彩住宅」（前出）があるし、1960年代には米国の建築家エリオット・ノイズが中層建築向けPCaパネルシステム "assembled wall"（写真❺3、❺4）を開発、適用している。カバー方式による外装改修工事も、すでに1930年代の米国で行われた例がある（写真❺5、図⑦）。

だからと言って、新しい技巧が必要ないと言う訳ではない。それぞれに現代的な意匠上のアレンジや技術上の改良が必要であり、それらは明日を切り開く挑戦的な仕事であるに相違ない。しかし、日本の内外でこれだけ多くの人が数限りなく技巧を重ねてきた分野である。自らの歩んできた道を振り返り、自らの潜在力を再確認すること、そしてその中にPCaカーテンウォールの明日を見ること。

PCSAの30周年を機に、このことの重要性に思いを巡らせてみたい。

「温故知新」、言い得て妙である。

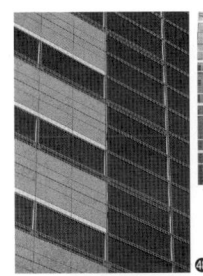

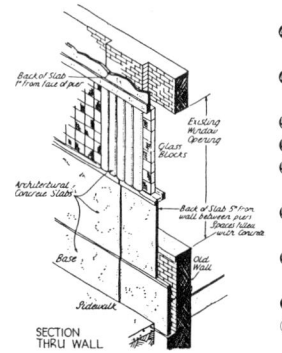

❹8 組合せパターン複合カーテンウォール
❹9 組合せパターン一複合カーテンウオール
❺0 パレ・アブラグサス
❺1 ピカソアリーナ
❺2 工業化住宅に用いられたPCaカーテンウォール
❺3 エリオット・ノイズのPCaパネルシステム
❺4 エリオット・ノイズのPCaパネルシステム
❺5 1930年代の改装用PCa版
⑦ 1930年代の改装用PCaパネル構法

## 2 黎明期のPCa建築

清家 剛 ……………… 東京大学大学院新領域創成科学研究科環境学専攻 助教授

### 1. 化粧部材としてのPCa

#### 建築におけるPCaのスタート

　日本におけるPCaの技術は、道路の側溝や擁壁などの土木の世界では、戦前から本格的に採用されていたが、建築でも幾つかの事例を見ることができる。大正初期に電信柱や枕木などの鉄筋コンクリートを用いた各種部材を考案していた伊藤為吉[*1]は大正7（1918）年に上野で行われた電気博覧会で、PCaを組み合わせた構造「組立混礫石建築」を考案している。そして実際に「許容式コンクリート造」として日本橋付近に食堂を建設し、関東大震災に耐えたという。またPCaの一つの形である「コンクリートブロック」についても、やはり大正期に中村鎮らによってL型ブロックなどが開発され、幾つかの建物に適用されている。[*2] また、建築の主体構造以外の利用としては、昭和13年に完成したA・レーモンド設計の東京女子大学礼拝堂（写真❶）において、格子状の外壁コンクリートをPCaのブロックによって製作したほか、階段の手摺などを軽量コンクリートのプレキャストで製作している。また前川國男建築設計事務所でも、昭和15年頃PCaを採用したという記述が見られる。[*3] しかしPCaの建築における本格的な採用は、戦後の住宅不足の際に、これを大量に供給するための手段として登場する。昭和10年代から田辺平学[*4]らによって開発が始められた組立式鉄筋コンクリート構造「プレコン」[*5]は（図①）、コンクリートによるプレハブ住宅のはしりであり、昭和23年に組立耐火建築を設立してその供給を開始する。また、コンクリートブロック造の住宅も供給され始め、住宅の大量生産の手段としてのPCaが位置付けられていく。

　これらは基本的に構造体のプレハブ化を目指して発展していくが、一方で東京女子大学礼拝堂に見られたような非構造部材としてのPCaも、戦後発展することになる。こちらは、穴あきブロックや手摺等の建築のデザインに関わる部分で徐々に採用され始め、

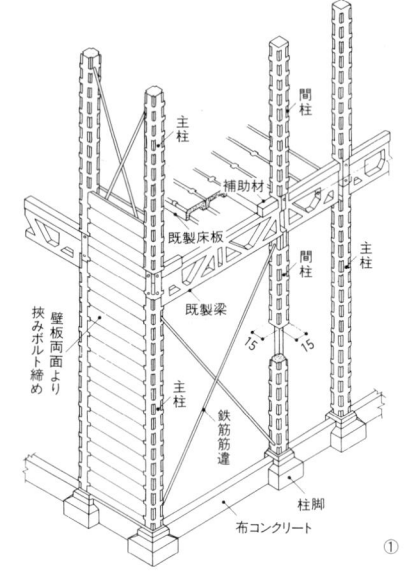

❶ 東京女子大学礼拝堂/昭和13（1938）年、A・レーモンド（杉山雅則），清水組施工．
① プレコン式組立鉄筋コンクリート造

[*1] 伊藤為吉（1864～1943）明治期には教会建築を手がけ、大正期には鉄筋コンクリート部品の量産計画を行い、晩年は永久動力機関の発明にとりつかれた異色の建築家。組立混礫石建築はその後発展がなく、万代塀にその面影を見ることが出来る。
[*2] ブロック建築自体は明治中期，浅野セメント東京事務所が発祥とされている。
[*3] 前川事務所におけるPCa部材の使用は、資料によると1939年の上海の華僑商業銀行のらせん階段が最初だったという。（「硬いプレキャストから軟らかいプレキャストへ」後藤伸一，"ProcessArchitecture 43", 〈前川國男：近代日本建築の源流〉による）
[*4] 田辺平学（1898～1954）東京大学を卒業し、東京工業大学で教鞭をとった。都市の不燃化を唱えていた．
[*5] プレコン（PRECON）プレコンとはPrecast Rein-forced Concrete Truss Constructionの略称として昭和（1949）年に採用された名称。当初，商品名であったが昭和30年代初期には，プレキャストコンクリートの略称に使われるようになる［詳しくはP.86を参照］。

やがて外壁の全面を構成するものが登場する。

本章で扱うのは主にこの非構造部材としてのPCaであり、その中でも特に外壁材を中心としている。

### 最初の化粧PCa

昭和27年に建設された銀座露天商組合ビル（写真❷）は、銀座三十軒堀跡に丹下健三が設計した4階建てのビルであり、記録に残っている中では最も早くPCaを外壁材として使用した建物である。これは丹下氏がアメリカで見たPCaを日本でも実現しようとした意欲的な作品であった。当時、外壁材に使うPCa部材を製作するメーカーなどは存在しなかったため、最も近い職種としてテラゾーメーカーである稲垣テラゾウと湊建材工業（現、ミナト建材）が担当している。当時湊建材工業は道路用の平板やU字溝の製造を手掛けており、施工担当の清水建設からの勧めでPCaを手掛けることとなった。しかし当時の日本ではほとんど実例がなく、製作者にも全くノウハウがなかったため、アメリカの書物を読んだりしながら試行錯誤をくり返して製作している。またこのとき使われた型枠は、アメリカではベニヤ板を採用しているとのことだったが、当時の日本ではまだ入手不可能であり、一寸一分の檜の平板を採用して製作した。またPCa版を動かす揚重機もなく、1トン近い部材を簡単な道具と人手で運んでいる。この頃重量部材の揚重技術に関しては石工が進んでおり、取り付けは彼らが行った。このように製作についても施工についても手探りの状態であったが、化粧部材としてのPCaが日本に登場する運びとなった。

### 本格的なPCa版の採用

銀座露天商組合ビルとほぼ同時期の昭和27年に、日本の建築界にとって非常に重要な建築となる日本相互銀行本店ビル（現、三井住友銀行呉服橋出張所）が、前川國男の設計で建設された（写真❸、図②.③.④）。この作品は日本で初めての純鉄骨造の建築であると同時に、建物全体の軽量化を達成するためにPCaを外壁材に本格的に採用した最初の建物でもある。日本相互銀行本店ビルは、2階以下の下部構造部と3階以上の上部構造部とのまったくスケールの異なる2つの構造体系の組合せから成っている。3階以上9階に至る上層部は多くの事務室床をとるため、階高も柱間も比較的小さいスケールの架構によって構成される。2階以下は1階の銀行営業室を内部柱のない広い空間として形成するため、スケールの大きな架構によって構成されている。2階の構造空間によって上部の構造を支持することから上部の軽量化が求められ、純粋の鉄骨構造が採用された。さらに軽量化を達成するために、あらゆる新技術が導入された。耐火被覆は軽量コンクリート、床は鉄筋軽量コンクリート床版、サッシとスパンドレルには軽金属が使用された。そしてサッシ面以外の外壁には、標準化されあらかじ

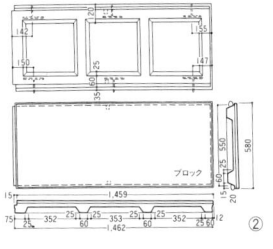

❷ 銀座露天商組合ビル/昭和27（1952）年、丹下健三設計、清水建設施工、PCa版製作は湊建材工業、稲垣テラゾウ。
❸ 日本相互銀行本店ビル/昭和27（1952）年、前川國男建築事務所設計、清水建設施工、PCa版製作は熊取谷石材。
② 日本相互銀行本店ビル―外壁ブロック詳細図
③ 同一般外壁の構成
④ 同外壁断面図、立面図

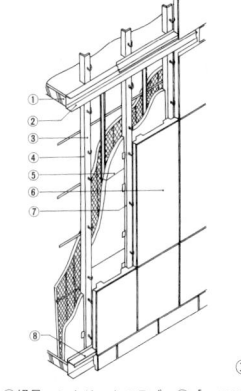

①軽量コンクリートスラブ ②［-150×75×6.5 ③鉄骨スタッド（L-75×75×9） ④内壁リブプラス下地プラスター仕上げ ⑤1½厚岩綿板 ⑥外壁用軽量コンクリートブロック、表面人造石小叩き仕上げ ⑦外壁ブロック取付け用フック（スタッドに溶接） ⑧鋼板雨押え

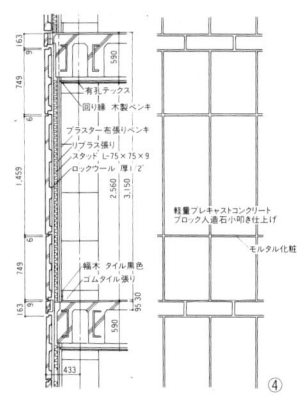

め工場生産されたPCa版が使用されたのであった。このような技術の採用によって、建物の重量は普通の鉄骨鉄筋コンクリート構造を用いた場合の約40パーセントになっている。純粋な全溶接鉄骨構造が採用されたのも、本格的なアルミのカーテンウォールが用いられたのも、日本ではこの建物が最初であった。

外壁のディテールは前川國男建築設計事務所の設計であるが、外壁でのPCaへの取り組みはこれが初めてであり、かなりの苦労を要したようだ。PCa版は標準化して工場生産し、山形鋼のスタッドに取り付け、その内側にグラスウールの断熱版を貼り付けて内部をプラスター仕上げする方式が採用された。また、目地にはモルタルを充填している。パネルには軽量コンクリートが用いられ、表面は耐水性が要求されるため礎石による小叩き仕上げとなっている。当時の資料によると「洗出しコンクリートブロック」と称されており製作はテラゾーや礎石ブロックを作っている愛田石材が担当した。

ここでPCa版が採用されたのは、徹底的に建物の軽量化を追求した結果であった。しかし当時の設計担当者によると、標準化したといってもそれは外側のことであり、内部の取り付けに関わる部分はそれぞれ異なるディテールとなっているため、結局かなりの種類の版を製作したようだ。また、施工手順としては下から順に取り付けて目地にモルタルを充填していったため、途中のパネルが割れても交換は非常に難しいものだったという。

この建物では、先駆的な建物にはよくあるように、竣工後幾つかの問題点が起きている。特に問題だったのは、PCaパネルの目地の処理である。目地にはモルタルを充填していたが、これがひび割れて水が入り、内部への漏水が起こった。そのため後にモルタルを落としてコーキング材を充填することとなったが、その後の漏水はまったく見られない。それ以外にも、スチールスタッドとコンクリートパネルの耐用年数のアンバランスや、目地の直後にジョイントがあるため、目地から漏水がある場合ジョイントに直接影響を及ぼす事など設計上の不整合が幾つか指摘されている。これらは設計者自らが再検討し、その後の一連のPCaの作品に生かされていく。

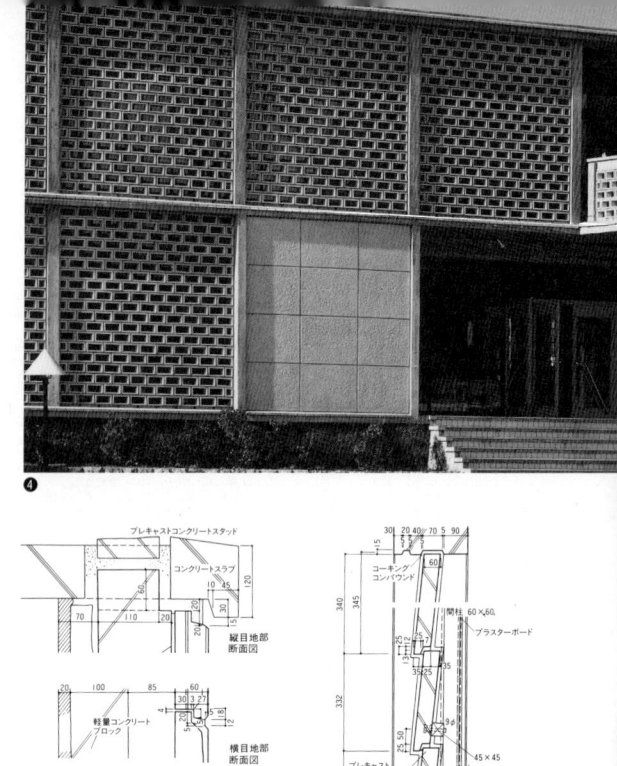

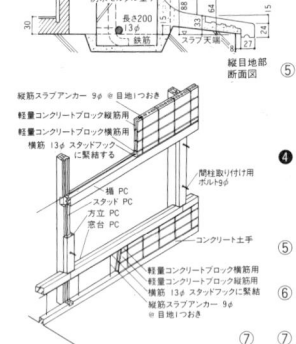

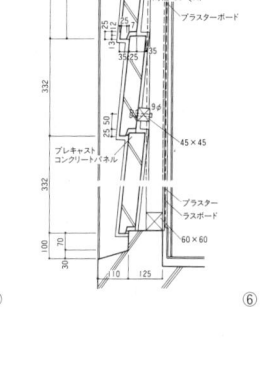

- ❹ 神奈川県立図書館音楽堂/昭和29(1954)年、前川國男建築設計事務所設計、大成建設施工、PCa版製作は熊取谷石材。
- ❺ 神奈川県立図書館音楽堂・外壁用ブロック断面図
- ❻ 日本相互銀行亀戸支店・外壁矩計詳細図
- ❼ 神奈川県青少年センター・一般外壁の構成図

### 化粧部材としてのPCaの確立

日本相互銀行の成功を受けて、前川國男はその後PCaを化粧材として採用した一連の作品群を設計している。この中で設計上あるいは製作上のノウハウも蓄積され、取り付けディテールなども確立していく。

昭和29年の神奈川県立図書館音楽堂のディテールは、日本相互銀行本店の延長上にあり、幾つかの点で改良された(写真❹、図❺)。その構成としてスタッドはPCaとなり、パネルとのジョイント部分は目地から離した。目地からの浸水に対しては、目地裏にエアクッションを設けることによって解決した。万一雨が浸入しても、このエアクッションの竪樋を通って最下部から外へ出される仕組みである。また、昭

和32年の日本相互銀行亀戸支店では、PCaパネルを使った「万代塀システム」が採用された（図⑥）。万代塀システムとは、PCaのスタッドをスラブ間、またはスラブから梁へと建込み、その間にPCaパネルを取り付けるもので、この方式は施工が極めて簡単であるところに特色があり、パネル形状の簡易化・施工の簡略化・壁体重量の軽量化などが図れるユニークなものであったが、その後の適用例は見られない。

昭和30年の国際文化会館や昭和37年の神奈川県青少年センター（図⑦）では、PCaで方立や窓台、楯（まぐさ）等の部材を組み立てて、それにサッシュを取り付けている。この方式では、PCaはパネルではなく様々な形状の部材として扱われているため、壁面の表情の自由度は高くなっている。

鉄筋コンクリートの壁面があり、機能的には単なる仕上げ材として用いられている。建物の用途上十分な遮音性能が壁に必要であり、PCaパネルだけでは重量的にも軽く、また目地が存在するのでその部分での遮音性能が低下するなど、どうしても内部にコンクリート壁を必要としたからである。

国立西洋美術館（写真❺、図⑧）はル・コルビュジエ[*6]の設計で、その監理は坂倉準三、前川國男、吉阪隆正らが行った。ここでは開口部の少ない大きな壁面の仕上げ材としてPCaパネルをコンクリート壁の外側に取り付けている。仕上げは土佐青玉石埋込みという特殊なもので、コンクリートを打設した後に上に薄くモルタルを敷き、さながら田植えのように手で青石を一個づつ並べてゆき、振動をかけて落ち着かせるという方法で製作された。取り付けは、PCaパネ

❺ 国立西洋美術館/昭和34（1959）年、ル・コルビュジエ設計、坂倉準三、前川國男、吉阪隆正監理、清水建設施工、PCa版製作は湊建材工業。

❻ 東京文化会館/昭和36（1961）年、前川國男建築設計事務所設計、清水建設施工、PCa版製作湊建材工業。

*6 ル・コルビュジエ（Le Corbusier・1887-1965）建築界の巨匠と呼ばれるフランスの建築家。監理を担当した坂倉、前川、吉阪らはいずれもコルビュジエに学んだ。

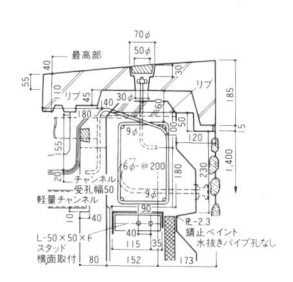

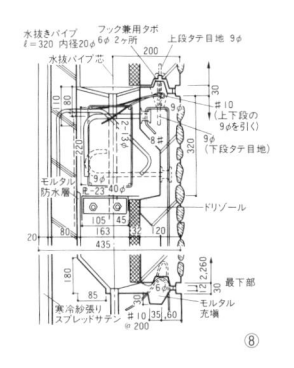

## 石を並べた化粧パネル

このような前川國男の一連の作品群の中で、代表的な2つの建物である国立西洋美術館と東京文化会館についてここで取り上げる。これらは洗出し仕上げの表情を実現するために、石を並べたPCaパネルを採用している。

上野に並んで建つ昭和34年の国立西洋美術館と昭和36年の東京文化会館では、PCaパネルにより豊かな表情を演出しているが、パネルの裏側には

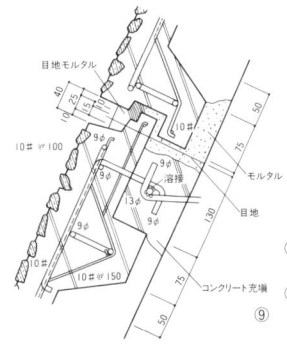

⑧ 国立西洋美術館/笠木部および一般部断面詳細図
⑨ 東京文化会館/PCaパネル断面詳細図

ルに取り付けた鉄筋をコンクリート壁から出した鉄筋の梁型に止め、コンクリートを後打ちしている。パネルの目地などから万一水が入っても支障がないように、二重壁にして水抜きを設けてある。

東京文化会館（写真❻、図⑨）に用いられたPCaパネルは、仕上げから形状・寸法・取り付け方法に至るまで、西洋美術館の外壁の影響を受けている。ただ

## 日本的デザインへの適用

このようなパネルとしてのPCa技術を追求する一方で、コンクリートによる日本的で木造的なデザインを造るための利用も開始された。もともと鉄筋コンクリート造の木造的なデザインは、岡田信一郎による大正13（1924）年の歌舞伎座の頃から見られる手法である。その後近代建築のデザインでも採用されているが、これ以外にも社寺建築、あるいはその関連の施設で同様のデザインが採用され、その中でPCaが使われ始めた。

菊竹清訓設計の昭和38年の出雲大社庁の舎（写真❼、図❿⓫）はこのような例のひとつであり、神域での現場作業を減らすために、様々なPCa部材が用いられている。図は妻側階段室の外壁で、仕上げ材としてコンクリート壁に取り付けられているものである。PCaパネルは型枠を細工することにより、パターンをつけて、印象的な外観を造りだしている。

竹中工務店設計施工の昭和41年の熱田神宮文化殿（写真❽）では、校倉造りの外壁をPCaで実現している。PCa版の製作は大和建材店（現、ダイワ）であったが、同じ業者の組合せで同年に国立劇場が完成した（写真❾）。ここでもPCaによる校倉造りのデザインが採用されたが、表面はコンクリートのアルカリと反応するケミカルステインを塗布することにより、黒に近い灰色の仕上げとなっている。部材は校倉の横材4本を1ユニットとして縦1,200、横4,000、厚さ355ミリの大型版2,025枚で施工された。

また同時期の建築で昭和41年5月に完成した国立京都国際会館（写真❿）も、台形状の立体格子と架構による層状構成で伝統的民家に見られるの日本的デザインを実現しており、ここでもPCaが多用されている。

このような日本的で木造的デザインへのPCaの適用は、現在も社寺建築で採用されている技術である。

## プレストレストコンクリートの流れ

建築におけるPCaを語る

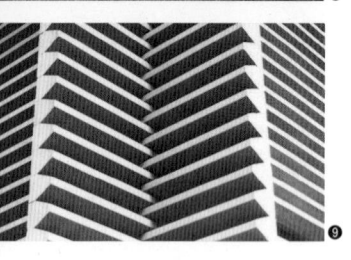

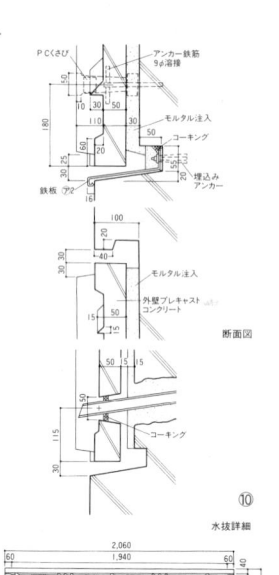

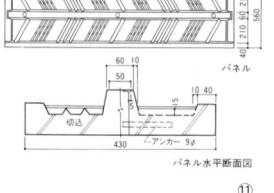

異なる点は、埋込まれた石が白大理石の砕石ということと、取り付け方法が簡略化されているということである。ここでの仕上げ材としてのPCaパネルの使用は、日本相互銀行で見られた軽量化や工業化を目的としているというよりは、むしろ造形性を追求したものとなっている点で注目すべきものである。

中で、忘れる訳にはいかないのが「プレストレストコンクリート」である。学術用語上はこちらをPCと略すため、プレキャストコンクリートをPCaと略すことが多い。本書では便宜上プレストレストコンクリートのことをPCコンクリートと呼ぶことにする。これを仕上げ材として使うメリットとしては、ストレスをかけてコンクリートの強度を上げるため、パネル厚を薄くすることが可能となり、軽量化を図れるという点である。そして、PCだろうがPCaだろうが結果として仕上げ面にでてくるのはプレキャストされたコンクリートの面であり、外壁のデザインから考えると同等のものである。

この代表的な例は昭和29年に坂倉準三の設計した東急会館（写真⑪）である。外壁にPCコンクリートパネルを大量に用いており、約30×40メートルの大きな曲面壁が、3,695×590ミリのパネルで構成されている。この建物では既存の基礎に対して予定より高い建物を建設することとなったため、5階以上の構造体に軽量コンクリートを用いており、外壁でも軽量化を第一の目的としてPCコンクリートパネルが用いられた。150ミリ厚の軽量コンクリート壁と比較して、1:1.83の比率で軽くなっているという。PCコンクリートパネルにはPCaと比べて「むくり」や「ねじれ」などの問題があり、何回も試作実験を行ってから実施した。仕上げは表面杉板型枠による打放しになっており、床あるいは梁の上下に取り付け用の山形鋼を固定し、これにPS版をボルトで締め付け、さらに各版相互にボルトで締め付けている。

PCコンクリートによる化粧パネルの製作は、軽量化という大きなメリットがあるにも関らず、その後

⑩ 出雲大社の舎・断面詳細図
⑪ 同PCaパネル詳細図
⑦ 出雲大社の舎/昭和38（1963）年、菊竹清訓建築設計事務所設計、清水建設施工、PCa版製作は湊建材工業。
⑧ 熱田神宮文化殿/昭和41（1966）年、竹中工務店設計施工、PCa版製作は大和建材店。
⑨ 国立劇場/昭和41（1966）、竹中工務店（岩本博行）設計、竹中工務店施工、PCa版製作は大和建材店。
⑩ 国立京都国際会館/昭和41（1966）年、大谷幸夫設計、大成建設施工。
⑪ 東急会館/昭和29（1954）年、坂倉準三建築研究所設計、清水建設施工、PC版製作はPSコンクリート。
⑫ 厚生年金湯河原整形外科病院・窓部分断面図、平面詳細図
⑬ 同外壁立面、平面図
⑭ 神奈川県立川崎図書館・外壁断面詳細図

＊7 岡田信一郎（1883-1932）和風の歌舞伎座から様式建築の代表作である明治生命館（1934）まで手掛けた、大正から昭和初期にかけての代表的な建築家。

あまり普及しなかった。その理由としては、版の変形に対するデメリットや、PSを採用するなら構造体としたほうが有利であること、あるいは仕上げ材打込みへ対応しにくい点などが考えられる。しかしこのころPCコンクリートで床、壁、柱、梁、屋根をトータルで建設する事例が幾つも登場している。これらは外壁の表現としても注目すべきものもあったのでここでその幾つかを紹介する。

前川國男による昭和39年の世田谷民芸資料館（写真⑫）は、壁を覆っているプレストレストコンクリート材が基本構造体も兼ねている。断面はPCコンクリート版の床材として一般的な「ダブル丁型」で、これを壁材として用いたため、構造材独特の表情をつくり出している。

海老原建築設計事務所による同年の日本電子昭島研究所（写真⑬）では、3階建ての建物の上部2層を開口部のある柱付きPCパネルで施工した例だが、その外観はまさしくPCaカーテンウォールとしての表情を持ったものだった。この構造は1階のRC造の上にPCのロの字型のユニットが連続して載っており、長手

⑫ 世田谷民芸資料館/昭和39（1964）年、前川國男建築設計事務所設計、PC製作はオリエンタルコンクリート。
⑬ 日本電子昭島研究所/昭和39（1964）年、海老原建築設計事務所設計。

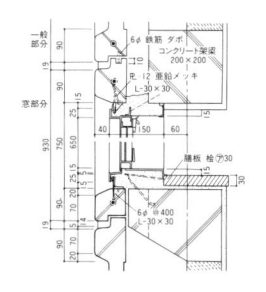

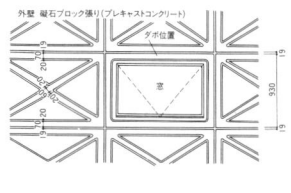

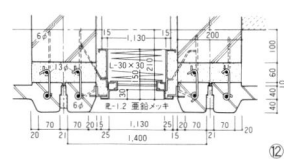

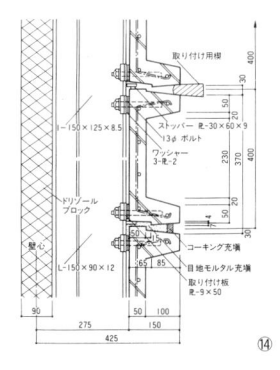

方向はポストテンション方式で緊結している。これは後述するPCaカーテンウォールの登場とほぼ同時期であり、外観もカーテンウォールと同様のものとなっている事例である。

### PCaの様々な適用

これまでPCa技術による表現の大まかな流れを示してきたが、ここでは同時期の様々な適用例をまとめて示すこととする。

日建設計工務による昭和31年の厚生年金湯河原整形外科病院では（図⑫⑬）、縦930、横1,400ミリのブレースが浮き出たPCaパネルをスタッドにより固定している。表面は礫石ツツキ仕上げとなっている。

創和建築設計事務所による昭和33年の神奈川県立川崎図書館は（図⑭）、立地的に騒音の大きな場所に建つことから、特に目地が外壁の遮音性能上の弱点とならないように施工上も注意が払われている。PCaパネルは縦400、横3,000または5,000ミリの横長の部材で、柱に合わせたアングル及び中間の型鋼の方立に溶接して取り付けている。さらに金物をすべてラスモルタルで被覆し、内部に豆砂利コンクリートを流し込み、防錆・遮音を図っている。

丹下健三による昭和35年の倉敷市庁舎（写真⑭）は、巨大な鉄筋コンクリートの架構の中に小さなスケールのPCaブロックをはめ込むデザインで、コンクリートの地肌の美しい外観は圧巻である。

前川國男による昭和35年の学習院大学大教室（写真⑮）は、ピラミッド形式の特殊な形状をしており、傾斜屋根にPCaパネルが使用されている。パネルの下には防水の役目を果たす鉄筋コンクリートのスラブがある。取り付けは斜面スラブにアンカーされた鉄筋とパネルのフックを溶接し、パネルのリブ間にコンクリートが打込まれて固定される。

海老原建築設計事務所による昭和36年の日本バイリーン滋賀工場（写真⑯）では、縦4,200、横1,200ミリの縦長のPCaパネルを工場の外壁材として使用している。アンカージョイントは溶接でモルタルグラウトの上コーキングして、重量はスラブが支持する。

前川國男による西原衛生工業所（写真⑰）は、ルーバーの役目を持った奥行きのある中空のコンクリートフレームが基本となり、内部に金属サッシュやコンクリートパネルが互換性を持って取り付けられて

⑭ 倉敷市庁舎/昭和35（1960）年、丹下健三研究室設計。
⑮ 学習院大学大教室/昭和35（1960）年、前川國男建築設計事務所設計、大成建設施工、PCa版製作は湊建材工業。
⑯ 日本バイリーン滋賀工場/昭和36（1961）年、海老原建築設計事務所設計、竹中工務店施工、PCa版製作は熊取谷石材。
⑰ 西原衛生工業所/昭和田（1954）年前川國男建築設計事務所設計、戸田組施工、PCa版製作は第1期―熊取谷石材、第2期―湊建材工業。

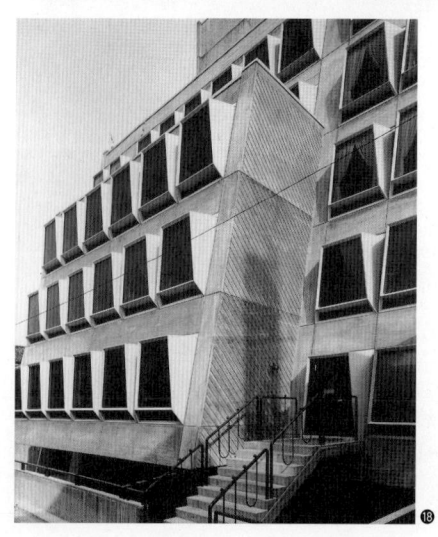

いる。主要な構成材であるコンクリートフレームに影響を与えることなく壁面機能の変更が可能なことは、優れた特徴と言えよう。また、基本フレームにより作り出される外観も多様性を持ちうるであろう。

日建設計工務による昭和40年の清水商工会館（写真❽、図はP.57を参照）は、斜線制限によるセットバックを利用したやや傾いた壁面にPCaの窓ユニットを使用している。また、窓ガラスはネオプレンガスケットによって直接コンクリートに取り付けられている。窓ははめ殺しとなるため、窓下に小さなスチールの換気孔を設けている。

以上、ここで取り上げたのは、主に著名な設計者による建築作品で主要な外壁面にPCaが積極的に採用された例である。これ以外に注目すべき同時期の建築としては、日本電電公社建築局による外壁を含む様々なPCa化への取り組みが、幾つかの電話局等で盛んに行われ、PCa化技術を発展・普及させていたことも見逃せない。また手摺やルーバーなどへのPCaの採用は、様々な建築で盛んに行われていた。手摺で代表的なものを幾つかあげると、昭和33年の東京都庁舎（写真❾）、昭和33年の晴海高層アパート（写真❿）、昭和36年の国立国会図書館（写真⓫）などが著名な作品としてある。またルーバーや階段の段板などの適用例は把握できないほどあった。

## 建築用PCaメーカーの登場

戦後間もない頃のPCa部材の製作者に着目すると、昭和27年の銀座露天商組合ビルではテラゾーメーカーが採用され、日本相互銀行では石材メーカーが採用されている。また、PCコンクリートメーカーが採用された場合もある。つまりこの時代は建築用のPCa製造メーカーがまだ確立しておらず、苦労して製造していたメーカーは、様々な業態であったことがわかる。現在のPCaカーテンウォールメーカー

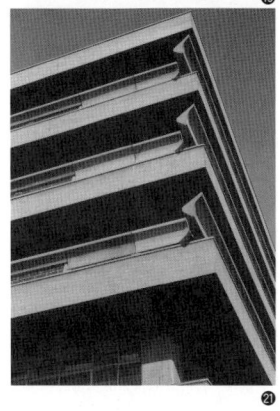

⓱ 清水商工会館/昭和40（1965）年、日建設計工務設計、三大工業施工、PCa版製作は湊建材工業。
⓲ 旧東京都庁舎/昭和33（1958）年、丹下健三研究室設計、PCa部材の製作は湊建材工業。
⓳ 晴海高層アパート/昭和33（1958）年、前川國男建築設計事務所設計。
⓴ 国立国会図書館/昭和36（1961）年、前川國男建築設計事務所設計。
㉒㉓ 昭和25年頃のPCa版製作風景

*8 万代塀 万代塀と一般的に呼ばれているが、これは万代商会の登録商標で、他の業者は万年塀などと称して販売していた。

の多くは、当時万代塀*8を製作していたコンクリート二次製品メーカーが多かったようである。当然新しい製品に対しては、型枠の作り方や養生の方法がわからない中で作り始めている。また、バイブレーターや揚重機などの設備も当時は十分とは言えなかった（写真㉒㉓）。

そんな中からルーバーや手摺のPCa化が一般化しはじめて、建築用PCa製品を中心に活動するメーカーが育ちはじめている。このころ活躍していたのは、前川國男と共に苦労した湊建材工業のほかに、リブコン工法のリブコン工業、スペーサーも扱っていたリューガ、関西では大和建材店（現、ダイワ）等があった。これらのメーカーが徐々に実績をつくり始めた頃であった。

一方構造用のPCaパネルによる住宅建設は、昭和30年代前半にティルトアップ工法などが開発され、後半には量産公営住宅の販売が本格化してきて、住宅用PCaを造るメーカーが登場している。本節で扱っている化粧PCa部材の多くは、これらのメーカーとは異なる出身のメーカーによって製作されることが多かった。しかし住宅用PCaメーカーは、次節以降のPCaカーテンウォールの登場の時期には重要な役割を果

たすことになる。

## PCa建築の一つの到達点

　前川國男によるPCa技術の追求は、昭和40年の蛇の目ビル（写真㉔、図⑮）において、構造体の工場生産化と構造の意匠化に到達した。すなわちここではPCaを構造体として採用し、全ての部材を工場生産している。これはPCaカーテンウォールとは異なるものであるが、その表情はまさしくPCaによる外壁の造形である。また、前川事務所のPCaによる「テクノロジカル・アプローチ」の一つの到達点としてこのビルが存在するので、ここで取り上げておきたい。

　蛇の目ビルは、地上9階のオフィスビルである。地上3階から9階までの事務室空間を長さ36メートル、奥行、14メートルに渡って無柱空間にするために、14メートルというスパンに最も適当な材料としてプレストレストコンクリートの床版が採用された。このビルの立面に特徴を与えている十字型のフレームは、床版を支え、しかもプレファブ化を図るために考案されたものである。ユニットフレームの製作は仮設の工場で行われ、「ボンタイル吹付け」という新しい表面仕上げ方法が用いられた。ボンタイルはセメント系塗装材で、これまではモルタル小型版に用いていただけで、大型のPCaに吹付けるということはなかったので、下地処理・吹付け方法・養生などの問題を解決して採用された。しかしその後は、現場吹き付けでも施工可能になり、一時期コンクリートやPCaパネルの表面仕上げとしてかなり普及した。またこの後PCaを構造体として用いる技術は住宅の分野では発展していったが、大規模なオフィスビルなどで全体をPCaあるいはPCで造ることはほとんどなくなった。その理由のひとつとして、鉄骨造の発展により簡単に大空間ができるようになったことがあげられるだろう。

　このように、技術としての追求を重ねてきたPCaは、蛇の目ビルによって一つの到達点を迎えるわけであるが、この後同様の方式はあまり採用されることがなかった。しかし、ここで培われた技術をもとに、その後のPCaカーテンウォールの普及へとつながっていくのである。

## 化粧部材としてのPCa

　これまで述べてきたように、昭和27年の銀座露天商組合ビルと日本相互銀行本店ビルに始まった化粧部材としてのPCaの採用は、10年ほどの歳月を経て様々な形で一般化していった。そこでこの時点での建築におけるPCaの使われ方を簡単に整理しておきたい。

　まずこの時代のPCaは、単なる「建築の部位」なのか、あるいは「建物を覆うもの」かで大きく二つに分かれる。前者は手摺、ルーバー、方立、窓台、巾木、階段の段板、ブロック、レリーフ、笠木、防水押さえ等であり、これらの例としては東京都庁舎、東京文化会館、国際文化会館等があげられる。後者には屋根と外壁があるが、ここでは外壁を中心として様々な建物を紹介してきた。実例としては、日本相互銀行、国立西洋美術館等がある。

　さらに外壁を中心として別の見方をすると、二通りのものが考えられる。一つは「仕上げ材としてのPCa」であり、もう一つは外壁そのものの「主要構成

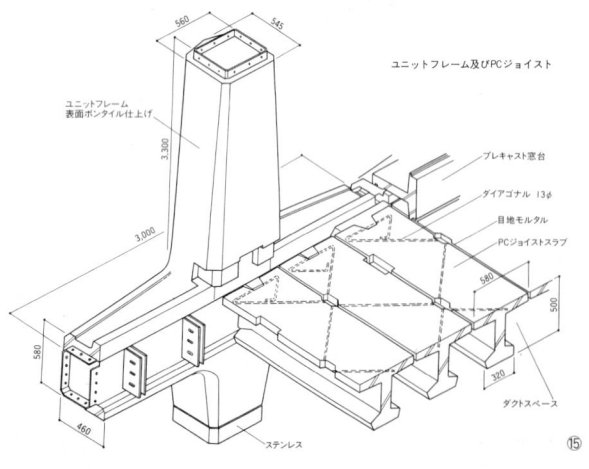

㉔　蛇の目ビル/昭和40（1965）年，前川國男建築設計事務所設計，清水建設施工，PCa版製作は湊建材工業．
⑮　蛇の目ビル・柱及び梁材の組み立て構成図

要素としてのPCa」である。仕上げ材としてのPCaは、手摺やルーバーなどの部位はもちろんであるが、国立西洋美術館と東京文化会館の砕石打込みのパネルは、PCaの裏面に外壁としての性能を助ける鉄筋コンクリートの壁面が存在しており、この範疇になる。そして、外壁そのものの主要構成要素としては、日本相互銀行や神奈川県立図書館などの例がある。

さらにPCaを支持体への取り付け方法でまとめると、

(1) スタッド方式（構造体＋スタッド＋パネル）
(2) パネル方式（構造体＋パネル）
(3) 自立式（構造体＋ブロック）

の3つの方式がある。
(1) は日本相互銀行や神奈川県立図書館など、(2) は次節に登場する呉服橋ビル、(3) は西原衛生工業所や手摺のブロックなどがそれにあたる。このように化粧部材としてのPCaの基本的な考え方は、この時期にほぼ出そろったと言える。

以上PCaが外壁に用いられるようになった初期の状況をあきらかにしてきた。この時代PCaによる外壁が成立したのは、デザイン的に日本の近代建築を生み出した建築家たちの新しい外壁デザインの試みとしてPCaという技術が用いられたからであり、技術的には工場生産を増やし工業化を進めようとするひとつの目的にPCaが適していたからだといえる。

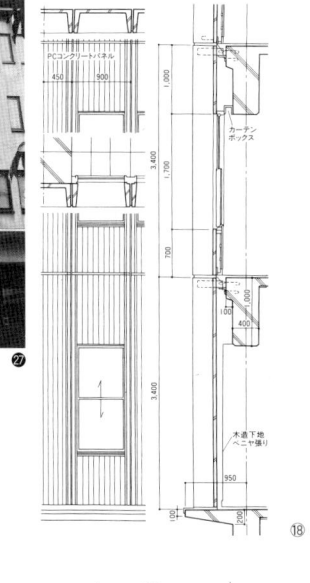

## 2. 外壁としてのPCa

### 外壁パネルからカーテンウォールへ

前節で紹介してきたように、化粧材としてのPCaが発達する中で、同時にパネル化の動きも読みとることができる。これは単なる部材としてではなく、PCaによって外壁全面を構成する、現荘のPCaカーテンウォールへの成長の過程にあらわれたものであった。

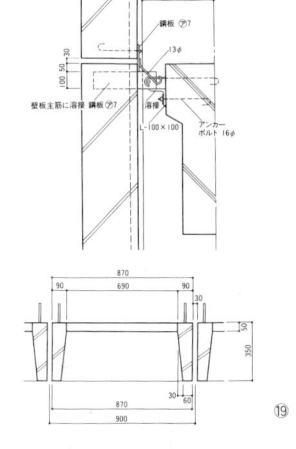

㉗ 埼玉農林会館/昭和38（1963）年、東京工業大学清家研究室設計、戸田組施工、PCa版製作は日本プレコン。
⑱ 埼玉県農林会館・外壁断面図
⑲ 同、PCa取り付け、窓廻り平面詳細図

PCaパネルによる外壁の表現は、無開口のパネルから開口部を持つパネルへ、そして低層から中高層建築へと幅を広げて、PCaカーテンウォールの登場へとつながる。昭和30年代後半には、それらの過渡的な作品が幾つか登場する。

前川國男による昭和38年の呉服橋ビル（写真㉕、図⑯⑰）は、そうした中でも注目すべき作品である。ここでは基本的には無開口の面をPCaパネルによって構成しているが、部分的に開口部を設けている。従ってパネルによっては開口部付きのPCaパネルが採用され

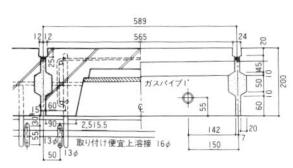

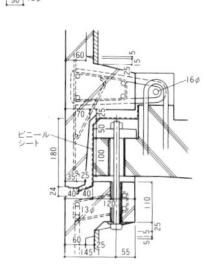

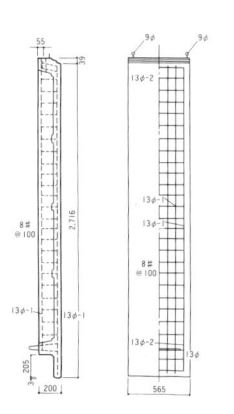

㉕ 呉服橋ビル/昭和38（1963）年、前川國男建築設計事務所、清水建設施工、PCa版製作は湊建材工業。
㉖ 科学技術館/昭和39（1964）年、松下清夫設計、鹿島建設施工、PCa版製作は日本プレコン。
⑯ 呉服橋ビル・平面、アンカー部分断面詳細図
⑰ 同、パネル詳細図

ている。また取り付け方法も特徴的で、スラブ間に取り付けるパネル方式の場合はパネルの上下端でスラブに固定するのが一般的であるが、この場合は上端でスラブから釣るという方法をとり、下端は振れを止めるという意味で固定されていた。

またこの時期には、PCaによるプレハブ住宅で実績のある日本プレコンが、幾つかの先駆的な建物を施工している。連合設計社による昭和38年の日立ランプ小田原工場は1、2階を通したPCaパネルで外壁が構成されており、標準パネルは幅1,120、長さ5,390ミリという大きな版で構成されていた。また、松下清夫（東京大学名誉教授）による昭和39年科学技術館（写真㉖）では、星型に穴のあいた幅975、長さ3,450ミリのリブ付きPCaパネルを外壁面に組み立てている。

しかし最も注目すべき作品は、東京工業大学清家研究室によって設計された昭和38年の埼玉農林会館である（写真㉗、図⑱⑲）。ここでは、事務空間が外部に面する3面全てに縦のルーバーを実現しようとしたが、コストを下げるため正面のみをPCaパネルで構成することとなった。これはルーバー的なリブの付いたデザインであるが、開口部を有したPCaのパネルで外壁全面が構成されており、PCaカーテンウォールの最も早い例の一つと位置付けられる。パネルは幅885、長さ3,385ミリの縦長で、表面は打放し仕上げとなっていた。ただここで設計者は最初からPCaによる自由な造形の表現を目指したものではなく、ルーバーによるデザインの延長として捉えられていた点が、翌年に登場するPCaカーテンウォールの3つの作品とは異なる点である。また、この作品で設計者はPCaカーテンウォールと呼んでいるが、施工者はPCaブロックと呼んでいるのも、未だPCaカーテンウォールが位置付けられていない当時をよく表わしている。このように外壁に使われるPCaは、無開口のパネルから開口部を持ったPCaパネルへと発達していくが、この時点ではPCaカーテンウォールによる積極的な表現を中心に設計された建物は登場していない。

## 軽量PCaパネル・リブコン版の登場

断熱材打込みパネルリブコンは、昭和33年パーライトのメーカーである日本断熱工業の専務伊東靖郎氏によって発案され、昭和37年大成建設の技術陣のバックアップのもと、北海道電力江別発電所の外壁及び屋上に製品化された軽量PCa版である。

リブコンとは、六角状に成型されたボール箱の中にパーライトを充填したブロックをハニカム状に組み並べ、その六角コアの間の目地にセメントモルタルを注入し、かつ上下面をセメントモルタル（またはコンクリート）にてサンドイッチ状にはさみ込んだ軽量PCa版である。鉄筋は上下面に100ミリ間隔のメッシュワイヤーを端だけ鉄筋で補強したものが入っている。その特徴は、重量が鉄筋コンクリートの1/2～1/3と軽く、断熱性も6～10倍と優れているというものであった。目地工法は幾つか用意されており、モルタルを充填してコーキングを行うのが一般的で、取り付け方法は溶接でもボルト締めでも可能なものであった。また、外壁だけでなく床や屋根にも適用されている。

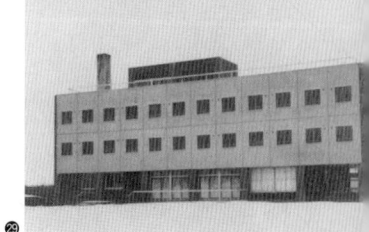

この工法の最初の作品である昭和37年10月竣工の江別火力発電所では（写真㉘）、大型PCaパネルとして外壁に取り付けられている。さらに同時期に竣工した大成建設札幌独身寮（写真㉙）と東京電力浜松町変電所（写真㉚）では、開口部付きのパネルが製作されている。そのディテールは、床スラブの上に載せて重量を支えるようになっており、目地にはモルタルが充填されていた。これらは開口部付きのPCaカーテンウォールといえるが、その扱われ方はどちらかというと新建材採用の手法のひとつとして捉えられており、後のコンクリートの表現を中心としたものとは異なるものであるといえる。

リブコン工法は発想や販売方法がどちらかというとALCなどの建材に近く、そのカタログにも「革命的新建材」と記されているが、その形状は黎明期のPCaカーテンウォールとして最も現在の形に近い「革

命的」なものであったといえる。

## 建築表現としてのPCaカーテンウォール

　昭和30年代後半には、無開口の外壁PCaパネルから、埼玉農林会館やリブコン工法の幾つかの実例に見られるような開口部付きのPCaパネルが登場し、PCaカーテンウォールへの技術的な蓄積が行われた時期といえる。そして本格的なビル建築に採用されるのが昭和39年である。現在PCaカーテンウオールという場合に思い浮かべるような、パネルの中に窓のあるPCaパネルがカーテンウォールとして本格的に用いられるようになったのは、昭和39年からである。この年に3つの建築が竣工し、PCaのカーテンウォールとしての可能性を示すことになった。その3つとは、圓堂建築設計事務所設計の「赤坂中央ビル」、松田平田建築設計事務所設計の「岸記念体育会館」、竹中工務店設計の「富山第一生命ビル」である。ここではこれらの建築を取り上げて、PCaカーテンウォールが誕生した背景を明らかにしたい。

### ●赤坂中央ビル

　赤坂中央ビル（写真㉛、図はP.186を参照）は、圓堂政嘉の設計による赤坂通りに建つ9階建ての鉄骨鉄筋コンクリート造のオフィスビルである。通りに面する壁面の2階から上は、大きなガラス窓を持ったPCaパネルによって構成されている。この建物では建築生産を出来るだけ現場より工場に移し、合理化による質の向上とコストダウンを図るという目的でカーテンウォールの採用となったが、メタルではなくPCaが採用された。

　その理由としては次のようなことがあげられている。まず、比較的低層（10階程度まで）の鉄骨鉄筋コンクリート造の建物においては剛性が高く、地震時における層間変位も少ないため、剛性の高いPCaでも安全性を確保できることがあげられる。ちなみにこの建物での層間変位は5〜10ミリに設定されていた。また、PCaパネルの重量は低層かつ剛性の高い建造物においては無視できることと、素材並びに加工工作が安価で、単位工事の生産設備に対する負担はメタルカーテンウオールに比べはるかに低額であることも見逃せない。さらに、耐火性が高く、熱容量が大きく、かつ熱伝導率が少ないことは、非常に有利な点である。

㉘　北海道電力江別発電所/昭和37（1962）年、大成建設設計施工、PCa版製作はリブコン工業、三暁建材工業。
㉙　大成建設札幌独身寮、大成建設設計施工、PCa版製作はリブコン工業。
㉚　東京電力浜松町変電所/昭和37（1962）年、竹中工務店設計施工、PCa版製作はリブコン工業。
㉛　赤坂中央ビル/昭和39（1964）年、圓堂建築設計事務所設計、鹿島建設施工、PCa版製作は日本プレハブ建築。
㉜　仙台ビル/昭和40（1965）年、圓堂建築設計事務所設計、安藤建設施工、PCa版製作は湊建材工業。

る。そして何といっても造型性が豊かで、彫りの深い立体的な表現ができることが最大の理由であろう。このPCaパネルは、高さ約3.3メートル、幅約2メートル、重さ約1.2トンの標準のものが120枚、軒廻りおよび笠木部分が各15枚で、標準パネルには嵌め殺しのスティールサッシが後付けされた。型枠は鉄製で、一つの型から40枚を脱型した。コンクリートは水セメント比0.45程度とし、スランプ値5で打込んだ。表面仕上げは外側を洗い出し、室内側を水磨きとし、製作は住宅で実績のある日本プレハブ建築（株）の工場で行われた。現場取り付けに関しては、PCaパネルの重量及び二次応力はPCaパネル下部のファスナーよりスラブに流れ、上部ファスナーはPCaパネルの前後の倒れに対して抵抗するようになっている。従ってファスナーのルーズホールはPCaパネルに対し、上部では上下及び前後に、下部ではさらに左右にルー

ズになるよう設定された。ファスナーの上に1パネルあたり下部に4本、上部に2本のボルトを用い、締め付け後溶接した。取り付け作業は約10日で、1日に15〜20枚であった。

その後このビルにおいてはPCaカーテンウォールに関する問題も出ず、初期の目的が達成されたため、圓堂建築設計事務所では翌年の昭和40年に東銀座に仙台ビル（写真㉜）を、同様のディテールで完成させている。

さらに圓堂政嘉は日本でより良いPCaカーテンウォールを実現するためにショックベトン・ジヤパン社の設立に関わることになる。

この建物の外壁については、当時の設計者の発言にはっきりと「PCaカーテンウォール[*9]」と明記してあるが、施工者の文献によると、「プレコンサッシ[*10]」と記述されている。このようにまだ立場によって捉え方が曖昧であったことがうかがわれる。

● 岸記念体育会館

岸記念体育会館（写真㉝、図⑳）は、アマチュアスポーツの殿堂として記念ホール・体育館・各団体の事務室を収容した地上5階建ての鉄筋コンクリート造の建物であり、松田平田建築設計事務所により設計された。

体育館は地下に沈めて、地上部に事務室や、会議室を配し、表現手段として外壁にPCaが用いられた。これは彫りの深さ、繊細さ、自由な造型性、素朴な質感、そして隣接する代々木体育館とも調和するものなどの条件を満足するものであった。このPCaカーテンウォールは窓枠の主パネルと押えの亀甲型パネルの2種類で構成されている。主パネルは幅約1.6メートル、高さ約3.3メートル、重量は1.3トン、総数384枚であった。サッシはアルミで上部は嵌め殺し、一部内倒しとなっている。型枠は6個作り、それぞれ1日2枚ずつ製作した。製作は興和コンクリートが担当したが、これだけ大きな建築用PCaパネルは初めての経験だったので、型枠の精度や白セメントの色むらに苦労したようだ。取り付けはタワークレーンで持ち上げ、屋内からチェーンブロックでパネルをスラブからスラブに取り付けた。取り付け人員は5人、1枚あたりの所要時間は1時間で、約2ヶ月を要している。パネル取り付けからサッシ、コーキング、清掃まで足場を使っており、施工方法はまだ合理化されていなかった。岸記念体育会館では、主にデザイン的要請からPCaカーテンウォールが採用されたが、製作・運搬・取り付けといった技術的な面ではまだ手探りの状態で取り組んでいたようだ。

● 富山第一生命ビル

富山第一生命ビル（写真㉞、図㉑㉒）は、竹中工務店名古屋支店の設計で富山市に建設された、鉄骨鉄筋コンクリート造で地下2階、地上9階建てのオフィスビルである。建築面積は1,268㎡、延床面積は14,719㎡で、当時としてはかなり大規模な建物である。そしてその外壁面を4周とも、幅1,350、高さ3,600ミリのユニットパネルによるPCaカーテンウォールで施工している。昭和39年に登場した3つの建物の中で最大級であり、かつ4面ともPCaカーテンウォールが採用されたため、パネルは972枚にも及んだ。当時このような実績は当然のことながらどのPCa製作会社にも無く、見積りに非常に苦労したようである。

製作は大和建材店が担当したが、型枠は外枠を鉄製、内枠は鉄と木製の併用とし、標準パネルは一つの型より70枚を製作した。パネルの形状は縦長で大

㉝ 岸記念体育会館/昭和39（1964）年、松田平田建築設計事務所設計、鹿島建設施工、PCa版製作は興和コンクリート。
⑳ 岸記念体育会館・PCaカーテンウォール壁面詳細図
㉞ 富山第一生命ビル/昭和39（1964）年、竹中工務店設計施工、PCa版製作は大和建材店。

[*9] 「新建築」昭和39（1964）年7月号（P.163）新建築社
[*10] 鹿島建設技術資料「第13回技術研究会報文集」〈プレコン製カーテンウォールの発展〉

2　黎明期のPCa建築

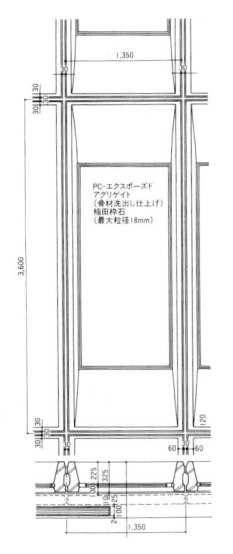

㉑ 富山第一生命PCaカーテンウォール断面図および立面図
㉒ 同、PCaカーテンウォール立枠部分詳細図
㉟ 住友商事ビル/昭和41(1966)年、大林組設計施工、PCa版製作はショックベトン・ジヤパン。

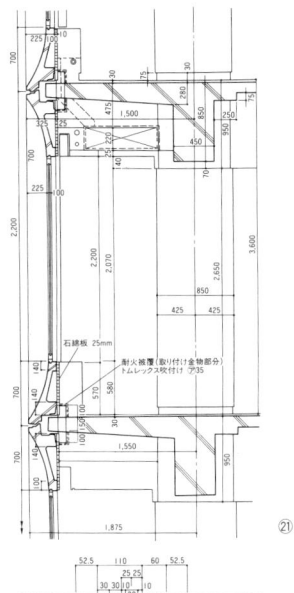

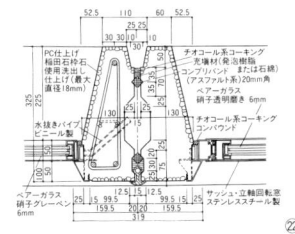

きな開口部を有しており、サッシの外枠が先付けされ、ステンレススチール製サッシが後付けされた。さらに縦軸回転窓が1スパンに2ヶ所設けられている。表面仕上げは白色コンクリート花崗石洗出し仕上げだったが、当時は洗出しの技術がそれほど普及しておらず、小野田セメントの技術者から「ルガゾール」という硬化遅延剤の存在を聞いて、アメリカからこれを輸入して製作したという。また、技術的に新しい試みを幾つも行っていたので、前年に名古屋市内の小規模なオフィスビルである豊ビルにおいて、富山第一生命とほとんど同じPCaカーテンウォールを12枚製作し取り付けて、採用して技術的な確認を行っている。

ここでとりあげた昭和39年の3つの建物に共通する特徴は、PCaの造形性を生かした新たな外壁の表現を試みることにより、建築の表情を形づくるものとしてPCaカーテンウォールを採用している点である。この点で、これまでの作品と決定的に異なると言える。また、それぞれの作品の背景として、豊かな造形を実現するための工業化の考え方が示されている一方で、海外からの影響も見受けられる。

このように同時期に別々の設計者によってPCaカーテンウォールが登場したのは、国内での技術蓄積と、海外から入ってきたPCaによる表現のイメージが、この年に結実した結果といえるだろう。

### PCaカーテンウォールメーカーの誕生

日本における初めてのPCaカーテンウォールが登場したのとほぼ同時期に、海外のPCaカーテンウォール製造技術として注目されていたショックベトンの技術が輸入された。ショックベトンは、オランダに本社を持つショックベトン社の開発した技術である。赤坂中央ビルを設計した圓堂政嘉がアメリカを視察した際にその優秀なことを知り、日本で働きかけてショックベトン・ジヤパン社創設のきっかけを作り、昭和40年に誕生したショックベトンとは英語のschock（振動）とドイツ語のbeton（コンクリート）を組み合わせた造語で、文字通りコンクリートにショックを与えて締め固めるという技術である。頑丈な型枠にスランプゼロのコンクリートを打込み、型枠ごとショックテーブルに載せ、1分間に約250回の強烈な上下震動を与え、PCaユニットを作る。その特徴は、①強度が高いこと②歪みがないこと③精度が優れていること④耐火性が良いこと⑤耐水性が良いこと⑥造形が自由にできること⑦非常に大きな部材がつくれることなどである。

ショックベトン方式による最初のPCaカーテンウォールを採用したのは、大林組の設計施工による昭和41年の住友商事ビルである（写真㉟）。これは、大手町に建つ地上9階建てのオフィスビルであった。

このPCaパネルは幅1,620メートル、高さ3,240メートルで重量が1.56トンである。形状はその造形性の良さを生かし、ルーバーとして機能しうるような彫りの深いデザインとなっている。表面仕上げとしては骨材に白珊瑚を使用し、これを室内外ともツツキ仕上げとして、特有の淡いクリーム色を表現している。窓の取り付けはサッシ工事を無くしてPCaパネルに直接ガラスを保持させ、工事の簡略化、遮音効果の向上、

経済性の追求のため、鉄芯入りネオプレンガスット
を採用していた。[*11]

　ショックベトン・ジヤパン社の意義は、この会社
が国内で初めてのPCaカーテンウォール専業メーカー
であったということである。これまでのPCa製造業者
は、必ず他のコンクリート関連業種から発生してお
り、業務がカーテンウォール中心であっても、他の
仕事も行っていた。それに対してショックベトンは、
最初からカーテンウォールを造ることを前提に登場
したメーカーであった。また、同時期に活躍してい
たPCa製造業者も、昭和30年代後半から昭和40年代前
半にかけて、カーテンウォール専業メーカーへと移
行しつつあった。当時のメーカーとしては、ショッ
クベトン以外には、湊建材工業（現、ミナト建材）、ダ
イヤリブコン、リューガ、興和コンクリート、大和
建材店（現、ダイワ）等が活躍していた。[*12]このような
PCaカーテンウォールメーカーの登場が、その後の発
展の原動力となることはいうまでもない。

## 意匠性と機能性の応用

　この当時のPCaカーテンウォールは建物の規模も比
較的小さく、形状はパネル方式が中心で、表面仕上
げも洗い出しやボンタイル吹付け仕上げなどに限ら
れていた。しかしその後、超高層において成熟して
いく技術がこの頃登場している。

　柱梁をPCaによりカバーする方式は、初期は十字梁
のデザインとして登場する。最初の例は昭和40年の
蛇の目ビルで構造体として採用されたが、その後昭
和42年の三会堂ビルディング（写真㊱）等で、カーテ
ンウォールとして採用され始める。柱と梁を別々に
カバーする方式としては、超高層の部類にはいるが、
昭和43年の鹿島建設本社ビル（写真㊲）を待たねばな
らない。

　PCa外壁の表面仕上げに石が打込まれて用いられた
のは昭和41年の富士銀行本店（写真㊳、図はP.134を参照）
の低層部のPCa外壁パネルが最初であり、[*13]タイル打込
みの初期の実例も昭和44年の伊奈製陶大阪ビル[*14]（写真
㊴）などがこの時代に登場して、その後の超高層の時
代で本格的に採用される。

　また、PCaカーテンウォールが登場した当初はまだ
鉄骨鉄筋コンクリート造への適用が主だったため、
外壁側の型枠として使用されることがしばしばあっ

*11　この建物の記録の中でおもしろ
い記述がある。「ディテール10号」の
原稿によると、アメリカではPCaカー
テンウォールがメタルカーテンウォール
より高価なことについて、「…その
うちには日本でも、プレキャストはぜ
いたくなものとなるかもしれない。今
のうちに使うべき材料である」と書か
れている。しかし、現在でもPCaカー
テンウォールはメタルと比べて安いま
まである。

*12　ダイヤリブコン、リューガは既
にない。また興和コンクリートは現在
PCaカーテンウォールの生産を行って
いない。

*13　低層部のPCaパネルは後ろに壁
が控えており、単なる仕上材として扱
われていた。

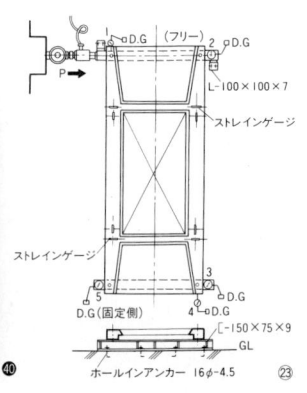

目ビルと同時期の建物でボンタイル吹付け塗装を行った初期の例の一つだが、ここでも工場内で塗装し、塗装面には目荒らしを施すという念の入れようであった。

このような工法は、その後幾つか行われるが、鉄骨造の普及とともに特には注目されなくなってくる。しかし現在でも採用されている技術であり、最近では平成5年竣工のランドマークタワーの低層のコーナー部で使われていた。

さらにPCaがカーテンウォールとして位置付けられるとともに、メタル系では普及しつつあった外壁としての性能試験も行われるようになった。前述の服部ビルでは、外壁アルミサッシの耐風圧・水密試験を行う一方で、PCaの耐震・風圧試験が行われている。試験場所はPCa製作者である興和コンクリートの大月工場で、標準的なパネル1枚だけを加力するというものであった（図㉓）。

このような1枚だけの加力実験は、他の建物でもPCaカーテンウォールの工場内で当初から行われていたようである。さらに大規模な建物が増加するにつれて、試験そのものも本格的になってくる。記録に残っているものでは、昭和42年の電通本社ビル（写真㊶）で風洞実験、現寸大試験が行われている[*15]。しかしこれらが現在のような形で行われるようになるには、やはり超高層建築での採用の時代を待たねばならない。

以上、PCaカーテンウォールが採用された初期の状況を明らかにしてきたが、この時代PCaによるカーテンウォールが成立したのは、デザイン的には海外の建築作品からの影響やPCaの造形性の良さを生かした外装デザインができるからであり、技術的にはプレハブ化により建築生産の合理化を図り、コストを抑える狙いがあったといえる。

また、PCa二次製品を作っていた会社がPCaカーテンウォールメーカーとして成立するようになったということも大きな要因になっている。そして、ここでの技術的な蓄積が、超高層の時代になって層間変位を考慮した今日的な意味でのPCaカーテンウォールを生み出すことになる。

㊱ 三会堂ビルディング/昭和42（1967）年、佐藤兄弟建築事務所設計、鹿島建設施工、PCa版製作は興和コンクリート。
㊲ 鹿島建設本社ビル/昭和43（1968）年、鹿島建設設計施工、PCa板製作は湊建材工業。
㊳ 冨士銀行本店ビル/昭和41（1966）年、三菱地所設計、大成建設施工:、PCa版製作は熊取谷石材、矢橋大理石。
㊴ 伊奈製陶大阪ビル/昭和44（1969）年、日建設計、竹中工務店施工、PCa板製作は大和建材店。
㊵ 服部ビル/昭和40（1965）年、三井不動産設計、鹿島建設施工、PCa版製作は興和コングリート。
⑳ 服部ビルPCa版の耐震試験（側面端水平荷重）
㊶ 電通本社ビル/昭和42（1967）年、丹下健三+都市・建築設計研究所設計。

*14 伊奈製陶のタイルは湿式成形による丸型特殊タイルを使用した。
*15 「ディテール30号」によると風洞実験、現寸大、試験が行われたと記載されている。

た。いわゆる型枠兼用PCaカーテンウォールといえるが、こう記述すると、現在広く採用されるようになった「オムニア版」などのいわゆる「PCF」（Precast Concrete Form）のことを指すと考えがちである。しかし、これらは耐力を負担するものであり、ここで取り上げているものは構造としては計算しない、あくまで型枠を兼ねた仕上げ材としての非耐力壁である。そういう意味ではカーテンウォールとして位置付けても問題ないと言える。

昭和40年に竣工した服部ビルは、京橋に建つ10階建てのSRC造のオフィスビルである（写真㊵）。この建物では工期が予定より短くなったため、PCaカーテンウォールを先付けして、それをSRC造のコンクリート打設用の外側の型枠に兼用して、施工の合理化を図っている。これは外足場を省略できるため、コスト面でのメリットもあったようだ。また、前述の蛇の

## 3. 超高層建築への採用

### 超高層建築の登場

　前節で昭和39年にPCaカーテンウォールが誕生したと定義したが、それを超高層建築に用いるにあたっては解決すべき技術的問題が幾つもあった。日本最初の超高層建築といわれる昭和43年の霞ヶ関ビルにおいてメタルカーテンウォールが採用されたのは、なによりも軽量化が第一の問題であったので金属系のものを中心に検討したからに他ならないが、その段階におけるPCaカーテンウォールに対する実績のなさも原因でなかったとは言えなくない。またこの検討過程で、外壁柱型のアルキャストとPCaが試作されているという記述もある。[*16] 次に昭和45年の浜松町の世界貿易センタービルでは、計画段階で全面PCa案が検討され、パースも描かれ、実物実験まで行っている。[*17] しかしいずれの場合もコストあるいは工期的理由から実現には至らなかった。

　超高層建築の外周壁には、低層のものに要求される性能よりも、さらに高度な性能が一般に要求される。まずは重量の問題があり、いかに軽くするかということが重要な課題であった。さらに柔構造の超高層建築は、層間に変位を生じさせることによって建物への地震入力を軽減し、経済的に耐震性を確保しようとするところに構造計画上の特性を持っているので、カーテンウォールはその層間変位に対してあらかじめ対応できるように設計しておく必要がある。一方PCaパネルは重く、面内剛性が高いという特徴があるので、それが超高層においては大きな否定的要素となっていた。さらに昭和40年代当時はPCaカーテンウォールメーカーもまだ十分な生産体制をもっておらず、超高層に要求される相当数のPCaパネルの製造や品質管理ができるかが問題であった。しかしこのような技術的な問題点をクリアして、昭和46年に初のPCaカーテンウォールによる超高層ビル、京王プラザホテルが竣工する。これを契機にホテルパシフィック東京（昭46年）、日本IBM本社ビル（昭和46年）、東京海上ビルディング（昭和49年）など次々とPCaカーテンウォールによる超高層ビルが建てられた。これらの形状や仕上げなどの表現は多種多様であり、その後のPCaカーテンウォールの大いなる可能性を示すこととなった。ここではこれらを超高層PCaカーテンウォールの時代として捉えて見ていくこととする。

　「超高層建築」という定義は難しいが、最も厳密に定義するならば、建築基準法上の高さの制限を越えて構造評定を受ける必要のある建物ということになろう。つまり、昭和39年に31メートルの高さ制限が撤廃されてからは、45メートルを超える建物について構造評定を受ける義務が生じた。その後昭和56年のいわゆる新耐震設計法の導入時に評定を受ける建物の高さが60メートルになった。従って昭和39年から55年までの45メートル以上の建築と、昭和56年以降の60メートル以上の建築が超高層ということになり、わが国最初の超高層建築は昭和39年のホテルニューオータニということになる。[*18]

　しかし、昭和43年の霞ヶ関ビルが初めての超高層とするほうが一般には受け入れられており、またこの定義でいうところの超高層が100棟以上建設された現代においては、何の根拠もない数字ではあるが、100メートル程度以上を超高層と呼ぶ場合も見受けられる。ここで鉄骨造における本格的なPCaカーテンウォール採用は、100メートルを超える京王プラザビルであったので、これをもって最初の超高層ビルとすることが出来る。

㊷ ホテルニューオータニ本館/昭和39（1964）年、大成建設設計施工、PCa版製作は日本プレコン。

㊸ 早稲田大学理工学部1号館/安東勝男・早稲田大学臨時建設局設計室設計、清水建設・熊谷組施工、PCa版製作はリューガ。

---

*16　霞ヶ関ビルの外装に関する記述に「…初期の段階では、耐候性高張力鋼板の裸使用（南部鉄瓶のようになる）や、PCaなどが検討されたが、常識的なところで、アルミ型材案、アルミ鋳物案、ステンレスプレート案が残された。」（「霞ヶ関ビルディング」霞ヶ関ビル建設委員会監修、三井不動産、1968年、P.22〈5、外装〉）という記述がある。また、京王プラザの報告の中で「（前略）霞ヶ関ビルでは、柱型を大断面にし平滑さをさけたが、その素材として、アルキャストあるいはPCaコンクリートも試作した。」（「第20回　技術ならびに経営研究全報文集」鹿島建設技術資料、P.243,〈超高層ビル（京王プラザホテル）におけるPCカーテン工事〉）

*17　同じく京王プラザの報告の中で「（前略）貿易センターでは全面、PCaカーテンウォールを計画し、実物実験まで行っている。」（「第20回　技術ならびに経営研究会報文集」鹿島建設技術資料、P.243〈超高層ビル（京王プラザホテル）におけるPCカーテンウォール工事〉という記述がある。

*18　ホテルニューオータニ本館は31メートルを超えた初めての建物であるが、日本建築センターによる構造評定は受けていない。

*19　「新建築」1960年10月号、P.158,〈鹿島建設本社ビル3各部詳細〉より

しかしそれまでの45メートルを超える建築でもPCaが外壁に使用されている例があるので、まずはそれを紹介する。

**超高層建築と化粧PCa部材**

昭和39年に建築基準法が改正され、31メートルの高さ制限が廃止されてから最初に建てられた高層建築であるホテルニューオータニ（写真㊷）は、72メートルというこれまでのビルの2倍以上の高さの建物である。これは高層建築の外壁構法としてカーテンウォールが本格的に用いられた最初の建物でもあり、主要な面にはアルミカーテンウォールが採用され、建物の妻側にPCaが用いられた。大成建設の設計施工によるこの建物は、地下3階から地上2階までの低層部が剛構造で、地上3階から17階までと塔屋3階までの高層部は鉄骨を使用した柔構造になっている。そして柔構造にふさわしい外壁構法としてアルミカーテンウォールが採用された。高層建築におけるカーテンウォールは全気象を遮断し、揺れに耐え、軽くそして美観を永く保つものでなければならない。そして、さらに施工の簡易さや安全性が要求される。こうした条件を満足する素材としては、当時軽金属が一番優れていると考えられていた。しかしここでは妻壁にデザイン上重量感のある材料が欲しいとのことで、無開口のPCa版が用いられた。PCa版には、人口軽量骨材メサライトを用いた軽量コンクリートを使用し、小口タイルを打込んでいる。パネルは幅1.2メートル、長さ3メートルの大きさを標準とし、取り付けは上2点を固定し、下2点はスライドできるようにして、一応層間変位への追従性が考慮されていた。しかしPCa版の裏側にはコンクリートブロックの壁があり、単なる仕上げ材として扱われていたので、層間変位追従性能もそれほど厳しい条件ではなかった。PCa版の製作は当時住宅で実績のあった日本プレコンが担当し、現場で打設した。

昭和42年に竣工した地上18階建ての早稲田大学理工学部1号館（写真㊸）も、45メートルを超えて軒高58メートルにも及ぶ当時の超高層ビルであるが、ブレースの印象的なこの建物は、窓面を後退させることによって高価なカーテンウォールの使用を避けている。ここでは平側（ファサード側）の外壁のブレースのカバーにPCaを採用しており、層間変位はブレースの上部で逃げている。また妻側はブレースの後ろにブロックを積み仕上げている。

昭和43年に霞ヶ関ビルが竣工した直後に完成した鹿島建設本社ビルは、柱梁型をPCaでカバーして骨組みの耐火被覆とし、経済性と工程の簡略化をねらっている。現在柱梁カバー方式として分類されているPCaカーテンウォールの最初の例といえるが、当時の資料では「この建物は設計過程ではカーテンウォールははじめから考えなかった[*19]」。とあるように、カーテンウォール以外のものと捉えて設計されている。また、層間変位も柱カバー材の上部で逃げを取っていたにすぎない。

以上ここで取り上げた建物は、当時の超高層建築に採用された例ではあったが、いずれも開口部のないPCa部材であり、どちらかというと化粧PCa部材の範疇と言えるものであった。

●**大阪マーチャンダイズ・マート**

鉄骨造へのPCaカーテンウォールの本格的な採用は京王プラザホテルが最初だが、超高層建築へのPCaカーテンウォールの採用は、大阪マーチャンダイズ・マートビル（以下、OMMビルと略す）が最初となる（写真㊹、図㉔㉕）。昭和44年に竣工したこの建物は、竹中工務店の設計施工による地上22階、地下4階の店舗と倉庫を中心とした大規模なビルであった。これは高さが78メートルあり、超高層建築で最初の全面PCaカーテ

高層建築に、しかも非常に大きな面積にPCaカーテンウォールが採用された初めての例であることは確かである。

この建物では外壁全面にPCa版約5,000枚を使用している。主要構造部の層間変位は最大加速度200galで±6ミリに設定されており、架構の変形からPCa版を健全に保つように設計している。取り付け方法は下部取り付け部分において版の自重を支え、完全固定状態にし、上部取り付け部分をPCa版に平行に±10mmスライドするよう設計した。パネルには発泡スチロールを打込み、軽量化を図るとともに断熱性も向上させている。

目地部分はクロロプレンゴム製の中空ガスケットを使用し、在来のコーキングによる作業を乾式化し、水密性も高めている。ガラスのグレージングにはY型ジッパーガスケットを使用し、工場で施工した。また、性能確認のための実大試験も行っている。[20] PCaカーテンウォールの実大試験は、文献によると世界貿易センタービルの計画段階のものが最も早いようだが、実現した建物としては、京王プラザに先んじてこれが最も早い例と言える。この建物においては、平らなPCa版が用いられたことにも着目したい。現在ではあたりまえの形状といえるが、当時はパネル形式でも彫りが深く、柱や梁が外観の表現に現れるのが一般的だったにもかかわらず、ここでは柱と梁は姿を消し、建物全体で平滑な面を作るようなデザインとなっている。このように様々な取り組みを行った建物であった。

● 京王プラザホテル

昭和46年に完成した京王プラザホテル（写真㊺、図はP.188参照）は、現在超高層ビルの林立する西新宿において一番最初に建設された超高層建築であるとともに、超高層に初めて本格的なPCaカーテンウォールを使用した建物である。地上47階建てのスレンダーなプロポーションをしたクリーム色の建築であり、鉄骨による柔構造に対して層間変位追従性を考慮した

㊹ 大阪マーチャンダイズ・マートビル/昭和44（1969）年、竹中工務店設計施工、PCa版製作は大和建材店。
㉔ 大阪マーチャンダイズマート・断面詳細図
㉕ 同A部詳細図
㊺ 京王プラザホテル/昭和46（1971）年、日本設計設計、鹿島建設施工、PCa版製作はダイヤリブコン、興和建築工業、日本プレコン、関ヶ原石材。

*20　旭硝子の資料・カーテンウォール諸性能実験実績によると昭和42年8月OMMの実験がPCaの初めてのものとして掲載されている。

ンウォールであるが、構造が鉄骨鉄筋コンクリートであるため建物全体の揺れが少なく、カーテンウォールの取り付け方法としては地震力に対する特別な配慮が取りざたされてはいない。従って、京王プラザホテルで実現した層間変位を考慮した今日的な意味でのPCaカーテンウォールには至っていないが、超

今日的な意味でのPCaカーテンウォールが誕生した。また、設計者の日本設計と施工者の鹿島建設により、徹底的にPCaカーテンウォールの技術が追求されたプロジェクトでもあった。

京王プラザホテル以前の超高層建築の外装の多くは、軽量化のためにメタルカーテンウォールが採用されていた。PCaカーテンウォールは単一の材料で耐水、耐火、遮音、断熱、耐風、その他多くの性能を同時に満足させることができ、しかも低廉なコストであるにもかかわらず、超高層建築で採用されてなかったのは、重さと生産体制の未整備のためであった。しかしここでPCaカーテンウォールが採用されることになったのは、ホテルのイメージはメタルカーテンウオールのように冷たい感じのするものよりも造形的なコンクリートの方が良かったことと、ホテルという性格上非常にスレンダーなプロポーションをしているので、逆にコンクリートの重さを構造的な利点にすることが出来ること、またスレンダーな空間は床面積当たりの外壁面積の比率を増大させることになり外壁のコストダウンが要求された事などがあげられる。構造的なことをもう少し付け加えるならば、京王プラザホテルの平面のプロポーションは、幅が狭く細長い形をしており、建物が完成すると屏風状になって高層部に受ける風圧により建物に引っ張り応力が生じるため、それを押さえるのに外壁をある程度重くすることが効果的であったという。

基準のPCaパネルは、3連窓を1パネルとしているので縦3.3メートル横5.2メートル、約5トンの大型パネルとなっている。表面仕上げはボンタイル吹き付けで、コンクリートと窓ガラスのジョイントは室内側から取り付けができるように新しく開発されたネオプレーンY型ガスケットが用いられた。パネル間のジョイントとしては、信頼性と施工性の点から内側のシールは乾式のネオプレーン環状ガスケットを先付けとし、外側のシールはポリサルファイド系シールを自動混合機を使ってゴンドラにより施工した。目地幅は層間変位への追従性を考慮して20ミリにしている。ファスナーは層間変位をすべて吸収しないといけないので、下端2ヶ所を支持ファスナーとし、その一方は強震時および熱変形を考慮してローラー支持としている。生産上で最も心配されたPCaパネルの品質管理については、鹿島建設の直轄管理の下に、現場プラントで生産を行った。また現場プラントにすることによって、輸送上問題となっていたパネルの大型化も可能になった。このプロジェクトが始まった当時は、超高層建築のカーテンウォール製作に耐えうるPCaメーカーが施工者の側から見て無かったため、鹿島建設が4社を選びその生産管理体制まで検討しながら製作を行った。4社のうちダイヤリブコンは現場工場での製作と取り付けを、興和建築工業と日本プレコンは自社工場での製作と取り付けを、関ヶ原石材は自社工場での製造のみを担当し、その取り付けをダイヤリブコンが担当し分担した。

京王プラザホテルのPCaカーテンウォールは、その後クラックが発生するなど耐久性の面で幾つかの問題を呈することになったが、ここでの新しい試みが後のPCaカーテンウォールの発展に大きな影響を与えたことは確かである。

●日本IBM本社ビル

PCaカーテンウォールは従来「パネル方式」のものが一般的であった。それは構造躯体への取り付け方法などの構造的問題も少なく、雨仕舞、そのほか外壁としての諸性能を確保するのに最も適したものであり、部材生産、現場取り付けなどの生産性が高いからである。しかしその表現には限度があり、「非パネル形式」のPCaカーテンウォールが求められるようになった。その初期のものとしては、昭和43年の鹿島建設本社ビルと昭和46年の日本IBM本社ビルがあげられる。

非パネル形式のものは、パネル形式のものに比べて意匠的にも凝ったものが多く、取り付け部材数も多いので、取り付け方法や雨仕舞等の性能の面などで検討すべき点が増加する。

㊻ 日本IBMビル/昭和46（1971）年、日建設計工務設計、竹中工務店施工、PCa版製作は湊建材工業、ショックベトン・ジャパン。

特に、部材の生産性、現場での施工性、シール長さが極端に大きくなることによるシール工事の施工不良率のアップ、また部品数・部品種類数が増えることによる一定の取り付け方法が行えないこと等が指摘される点である。

日建設計工務による日本IBM本社ビル（写真㊻）のPCaカーテンウォールは、「柱梁方式」を採用している。これは柱と梁を別々のチャンネル状のPCaで被覆したものである。ここでは23メートルの大スパンを支えているボックス柱と、それを横につないでいる梁との構成によるベアリングウォール架構の正直な表現法として柱型が通り、梁型は面内で柱型に直交している。柱と梁とを一つのユニットにする場合と比して、部材数が2倍になり、ジョイントの総延長も長くなるが、その反面各ジョイントで吸収される変位が小さくてすみ、ジョイント幅を小さくすることができるという。柱と梁を別々のユニットにしたことは道路輸送上、あるいは現場での揚重や取り付け上の問題からみても有利になる。さらに表面仕上げはコンクリートそのものの肌で仕上げることを目標とし、白セメントと稲田御影の細骨材と軽量粗骨材の組み合わせで幾つかの試作が試みられたが、粗骨材のあくが表面にシミだして、一様な仕上がりが得られなかった。最終的には、粗骨材をあらかじめ白セメントでまぶしたものを使ったが、それでもクラックが出たため結局カラークリア塗装を行っている。またこの建物における重要な開発事項として、「ロッキング方式」の開発がある。従来の重いPCa版に対する層間変位追従性の確保の方法は、「スウェイ方式」が一般的であった。これはパネルの上下どちらかを固定しその反対をフリーにして揺れに対して逃げるものであった。しかし、柱梁カバー方式の場合、柱型の変形が大きいためこの方式は採用しにくい。そこで、柱型を回転させることにより、層間変位に追従する方法を開発したのである。これは同年に竣工した坂倉建築研究所設計のホテルパシフィック東京においても開発されているが、検討期間からいうと、日本IBMのものが最初だったといえる。[*21]
この建物では施工者である竹中工務店の技術研究所で実験を行い、実現することとなった。

●その他の超高層

PCaカーテンウォールは、その表面仕上げ方法の多様さも特徴の一つである。従来礫石仕上げや洗い出し仕上げ、吹付け仕上げが多かったが、次第にタイル打込みや本石打込み仕上げが多くなった。これらは仕上げ素材独自の美しさや気品、清潔感といった点から採用されているのと同時に耐候性、耐水性、耐久性など外壁に求められる性能が向上することも見逃せない。石やタイルなどをPCaに貼付ける場合、水平型枠の底に仕上げ材料を固定しておき、上からコンクリートを打設する方法がとられる。この方法は仕上げ面の精度保持が確実で、接着強度が強く剥離剥落が少ない。その反面、仕上げ材を型枠に固定する技術が難しくなる。

タイル打込み工法は、昭和39年のホテルニューオータニ本館の妻壁で用いられたり、昭和44年の伊奈製陶ビルで特殊大型陶版が用いられたが、本格的にPCaカーテンウォールとして用いられたのは昭和46年のホテルパシフィック東京が初期のものである（写真㊼、図はP.101参照）。この建物では、パールタイル（商標名）打込みの全く平らなPCaパネルがカーテンウォールとして用いられた。表面仕上げ材にタイ

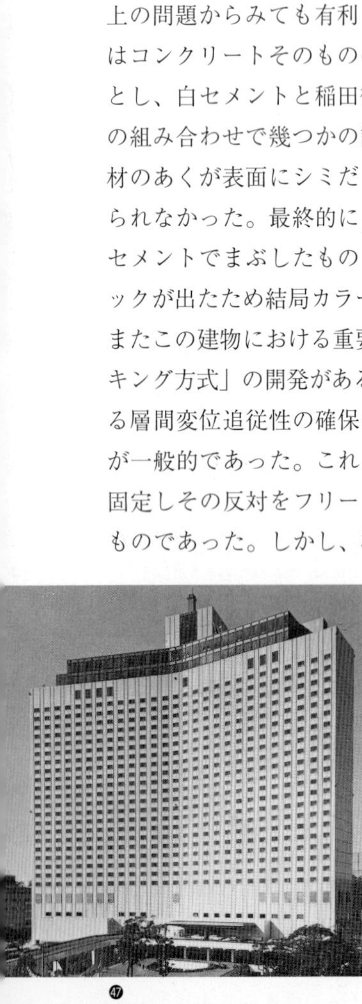

㊼ ホテルパシフィック東京/昭和46（1971）年、坂倉建築研究所設計、鹿島建設施工。
㊽ 三和銀行東京ビル/昭和48（1973）年、日建設計設計、大林組施工、PCa版製作はショックベトン・ジヤパン。
㊾ AIUビル/昭和49（1974）年、アンダーソン・ベックイズ＆ハーベル＋大林組設計、大林組施工、PCa版製作はショックベトン・ジヤパン。
*21 日本IBMとホテルパシフィック東京のロッキング方式は、それぞれ考え方が異なる。前者は自重を下部の2点で支えるのに対して、後者ではファスナーに板ばねを用いて自重支持点を1点のみとしている。

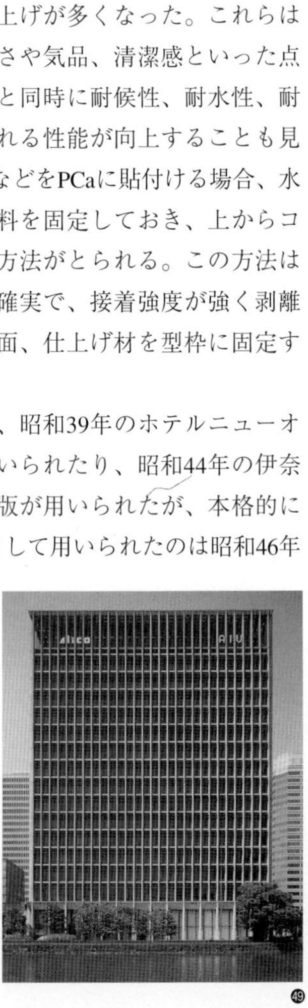

ルを選んだ理由は、他の材料の塗装材やガラスモザイクなどに比べ、表情・気品・耐久性の点で総合的に優れていたからだという。ここではタイルの目地処理について、型枠にリターダーを混入した接着剤を湿布し、タイルを裏打ち紙面で貼付け、コンクリート打設後約10時間蒸気養生を行って脱型し、部材を反転して高圧の水でタイル面の台紙およびタイル目地部分のペーストを除去し、数日後にタイル用目地材を塗り込んでいる。タイルの付着力は、現場圧着工法によるタイル付着力と比べてはるかに大きな値を示していた。さらに前述の日本IBMと同年に竣工して、独自にロッキングを開発している点も見逃せない。勿論検討段階で考えると日本IBMが先行しているが、同時期に異なる考え方による同じ発明が出現したことは興味深い点である。また、柱型の表現は出ているが、OMMと同様の彫りの浅い、平らな版であることも特徴としてあげておく。

また、本石打込みは昭和41年の富士銀行本店の低層部で用いられているものの、本格的なものとしては昭和48年の三和銀行東京ビルが最初である（現、UFJ銀行東京ビル、写真㊽、図はP.189参照）。日建設計によるこの建物のPCaの仕上げは、カナダ産の黒い御影石を工場で打込んでいる。竣工後この建物には幾つかのトラブルが発生するが、PCaへの本石打込みの技術が発展する上で重要な役割を果たしたことは間違いない。また、PCaカーテンウォールの特殊な例としては、昭和49年のAIUビルがある（写真㊾）。これはアンダーソン・ベックイズ&ハーベルと大林組の共同設計で、キャストアルミのルーバーが付いた小たたき仕上げのPCa外壁である。アメリカの設計者らしく日本では見られないルーバー状の表現の特徴的なデザインである。

以上、超高層においてPCaカーテンウォールが採用された初期の状況をあきらかにしてきた。この時代超高層においてPCaカーテンウォールが成立したのは、デザイン的には形状パターンや表面仕上げ方法が豊富にあることから多様な外装デザインが行えるからであり、技術的には柔構造の普及と層間変位への追従性に対する技術の完成およびPCaカーテンウォールメーカーの生産体制の整備が大きな要因だといえる。このように昭和40年代に、今日的な意味でのPCaカーテンウォールが登場して、技術的な手法とデザインの手法がおおよそ出そろい、その後の発展期へとつながっていくのである。

### 業界団体PCCA設立へ

先述のように昭和39年のPCaカーテンウォール誕生の時期から京王プラザホテルが完成する昭和46年にかけて、幾つかのPCaカーテンウォール専業メーカーが登場する。しかし同時期の資料をひもとくと、必ずと言っていいほど「PCa製作者が弱小で技術力が不足していることがあるので注意せよ」といった表現にあたる。1974年の雑誌『建築の技術　施工』（彰国社発行）における「特集　PCaカーテンウォール」においても、その座談会で同様のことが述べられている。[*22]これらを解消すべく、同業者の団体を設立し、技術交流及び技術向上に努めようという動きがでてくる。

京王プラザホテルの工事が終わりを迎える頃の昭和46年1月に、当時PCaカーテンウォールを手掛けていたメーカーが集まり、「コンクリートカーテンウォール懇話会」が発足している。このときの会員はショックベトン・ジャパン、ダイヤリブコン、湊建材工業、大和建材店、ピーエスコンクリート、オリエンタルコンクリート、興和建築工業、リューガの8社であった。その後何回か会を重ねた後、昭和49年7月にプレキャストコンクリートカーテンウォール工業会（PCCA）の設立総会が行われ、正会員26社で発足した。その後会員を増やし、北海道の三眺プレコンシステムから九州の石田コンクリートまで参加する全国的な組織となる。同組織の活動としては、広報誌の発刊やPCaカーテンウォールへの理解を深めるための資料の発行、（社）日本建築学会による「建築工事標準仕様書JASS14　カーテンウォール工事」の制定に関わってきた。またこれとは別に、昭和53年の池袋サンシャイン60（写真㊿）において、初めて本格

㊿　池袋サンシャイン60/昭和53（1978）年、三菱地所設計、鹿島建設他J.V施工、PCa版製造は湊建材工業、興和建築工業他J.V。

*22　「特集　PCカーテンウォールの設計と施工」『建築の技術施工』1974年2月号発行の中の〈座談会：PCカーテンウォールの現状とその問題点〉および〈PCカーテンウォールの変遷と展望〉の中で、PCカーテンウォールメーカーの技術不足が指摘されている。

的なカーテンウォールJ.Vが成立し、メーカー同士の技術交流も盛んになり、全体の技術レベルの向上へとつながってきた。その後は地震被害調査などの独自の研究活動もPCCAで行われるようになり、PCaカーテンウォールが特殊な技術としてでなく、一般的なものとして普及していくことになる。

## 4. 設計者とPCa

昭和39年がPCaカーテンウォール誕生の決定的な年であったことは前述したが、この前年、つまり昭和38年に建築のディテールを中心に扱う雑誌「ディテール」が彰国社から創刊された。この記念すべき第1号の特集は「外壁のデザインとディテール－プレキャストコンクリートを中心として」というものであった。PCaが日本相互銀行本店ビルで本格的に外壁に採用されて10年目であったが、この時代にPCaがいかに設計者に注目されていたのかがわかる。ここではPCaカーテンウォールの黎明期に深く関わった2人の設計者、前川國男と圓堂政嘉について取り上げる。

### 前川國男の技術と造形

前川國男の建築に取り組む姿勢を表す言葉として「テクノロジカル・アプローチ」という言葉がある。これは建築における技術性と造形性について、ともに追求していこうという態度の現れである。近代建築の先駆者ル・コルビュジエのもとで学んだ前川國男は、昭和5年にパリから帰国し、以来日本の近代建築運動の先頭を切って進んできた。前川氏は戦中、戦後の日本の窮乏の中で本当の意味の近代建築を達成するためには、単に造形だけを追うのではなく技術的経済的な裏付けが必要であると判断し建築の工業化を追求した。この近代的建築に対する「テクノロジカル・アプローチ」として最初に位置付けられるのが昭和27年の日本相互銀行本店であり、この建物においては軽量化と工業化に全努力が傾けられている。

そして、その中心的な課題のひとつとしてPCa技術に取り組んでいる。その結果として、日本で初めての純鉄骨造が実現し、PCaによる外壁が登場するのである。前川氏の言葉に次のようなものがある。

「単なる造形的な興味からする絵空事でない建築の技術的な経済的な前提からの形の追求を今身につけなかったならば、日本の新建築は永久にひとつのファッションに終始せねばならないであおろう[*23]」。

すなわち技術的問題及び経済問題を通しての形の追求という主張がテクノロジカル・アプローチであると捉えていいだろう。前川氏の取り組みはこれ以降様々な技術と造形とを結び付けていくが、その中でPCaに対する一連の取り組みは、これまで紹介してきたとおりである。昭和30年代には日本相互銀行の支店や神奈川県立図書館などで、外壁としてのPCaのディテールを完成に近づけていく。それと同時に国立西洋美術館や東京文化会館でPCaによる表現を追求する。勿論その姿勢はPCaだけでなく、シェル構造やタイル打込みの技術など様々な方向に向けられるが、それぞれが常に技術と造形の追求を考えていた結果であった。そして、氏の関わった新技術が一般化して「均等ラーメンとカーテンウォールによる開放的な空間」が普及してくると、逆に「閉じた壁構造とそれに包まれたノーブルな空間」を求めるようになったことが読みとれる。学習院図書館や世田谷資料館、それに蛇の目ビルがこの系統であるといえる。テクノロジカルアプローチにおける新技術と工業化を目指すという流れは変わっていないが、結果的には設計の主眼がカーテンウォール（帳壁）からベアリングウォール（耐力壁）へと移行している。この流れはPCaにおいてより顕著に現れており、結果としてPCaカーテンウォールの誕生の時期に、前川氏はカーテンウォールを目指していなかったのである。

PCaを外壁として様々な形で検討していった前川氏が最終的に完成を目指したのは、非構造部材ではなく、構造部材として一体となったPCaであった。世田

(52)

(53)

(54)

(51) 東京海上ビルディング/昭和49（1974）年，前川國男建築設計事務所設計，竹中工務店他J.V施工，PCa版製作は湊建材工業，ショックベトン・ジヤパン。
(52) フィラデルフィアポリスヘッドクォーター/Geddes，Brecher. Qualls & Cunningham 設計，PC版製作　Eastern Schokcrete Corp. Bound Brook Prant，U.S.A.
(53) ランベルト銀行/（1958－1963），SOM設計，PC版製作N，V.Schokbeton Zwi Jn. drecht Plant，Hollnd
(54) 同PC版ストックヤード

＊23「建築雑誌」1951年1月号

谷資料館で見せたそのアプローチは、昭和40年の蛇の目ミシン本社ビルにおいて構造体の工場生産化と構造の意匠化を行い、「テクノロジカル.アプローチ」の一つの到達点となる。この建物における十字梁のPCa外壁は、カーテンウォールというよりはベアリングウォールであり、技術と造形が一体となったものに他ならないのである。その後、超高層におけるPCaカーテンウォールの時代には、昭和49年の東京海上ビル（現、東京海上日動ビル、写真(51)）において、タイル打込み柱梁カバー方式のデザインをまとめあげる。これは前川氏にとって初めての超高層であると同時に、層間変位を考慮した今日的な意味でのPCaカーテンウォールへの初めての取り組みでもあった。ここでもその形状やタイルの形と色で、それまでのカーテンウォールで試みられていない新しい課題に取り組んでおり、その姿勢は日本相互銀行の頃から一貫して変わらぬものであることが読みとれる。

氏のテクノロジカルアプローチによって完成したPCaの技術はその後一般化して、ひとつの方向としてPCaカーテンウォール技術に結実するが、これは直接氏によって完成されるものではない。しかし、日本におけるPCaカーテンウォールの技術の基礎は、前川國男が作り出したといっても過言ではないのである。

## 圓堂政嘉とショックベトン

赤坂中央ビルを設計した圓堂政嘉は、昭和38（1963）年にアメリカのオットー・ビューナー・コンクリート社を訪れている。日本でPCaの仕事と取り組んで苦心を重ねたものの、幾つかの難問に突き当たって、その解決の一助にもと思い立ち、I.M.ペイ設計のデンバー・ヒルトン・ホテルや、ミノル・ヤマザキ設計のミシガン・コンソリデーテッド・ガス・ビル等のPCa施工を担当した工場を見学しに来たという。この工場では、型枠は主に木製であり、大型部材にはコンクリートフォームも使われていた。またコンクリート＋木製型枠の場合もある。コンクリートは一度には投入せず、バイブレーターによる圧密が充分有効なだけの層の厚みごとに幾重にも充填されていくことが特徴的である。また、硬化遅延剤リターダーの利用によって、人造石洗い出しの美しい表面仕上げを作り出しているのも日本では見られない技術であった。その後圓堂氏はフィラデルフィアのポリスヘッドクォーター（写真(52)）の現場を訪れて、構造とデザインが一体となったPCaによる建築に新ためて魅せられている。そして、ニューヨークのSOMのガンズ氏に、ブリュッセルのランベルト銀行（写真(53),(54)）のPCaを製作したショックベトンの技術を紹介され、日本におけるPCaの技術を確立するためにはショックベトンのなんたるかを知ってショックベトン・ジヤパンを創設すればよいと勧められる。

「そうすればあなたはPCaの製作や施工に関する限り、君はもはや心配することはないだろう。彼らに 任せておけばよいのだ。後はただ良いデザインを追求しさえすればよい」。

これを契機に氏はオランダのショックベトンの技術を知り、それを日本に導入すべく働きかけるのであった。圓堂氏は覇時PCa登場の背景として第一の動機をメタルカーテンウォールへの反動、第2を伝統的石造建築に対する現代建築の反映と捉えている。

「人々は、メタルカーテンウォールのあまりにも工業生産化された非情の冷たさの中に、何か満たされざるものを感じ、より温かい建築のイメージを与えるものを求めている。もちろんそれは同時に現代の社会の生産に適合するものでなくてはならない」。「石造の建築は人間の建築を通じての不滅性、永遠性に対する愛着、素材の重力、支持力が容易に呑み込めるところからくる力感上の共感など、より本質的で、より基本的な建築の原則を教えてくれる。これからの新しい時代に即した自分たちの石造建築を編み出していかなくてはならない」。「メタルカーテンウォール以上に、建築の本質と近代文明の命題を究明する重要な課題の担い手であうる」[24]。

このような考え方から圓堂氏は海外におけるPCaカーテンウォールを参考にしながら、積極的にそれを採用していった。

圓堂氏の働きかけによって、ショックベトンの技術は日本に導入されることになる。海外からのデザインの輸入だけでなく、それを実現するためのあらゆる技術も輸入され、そして、メーカーまで誕生させたわけだが、これが一人の建築家によって仕掛けられたという事実は驚くべきことである。氏の造形的な意欲は決してここでとどまることなく、その後もPCaカーテンウォールのみならず、様々な作品を作り掛していくが、氏の努力によってPCaカーテンウォールが建築の中の技術として、ひとつの確固たるまとまりを持ったことは確かであろう。

### 組織による取り組み

前述の2名の傑出した建築家の働きかけなどにより、日本で確立したPCaカーテンウォールの技術であるが、その後は様々な人々の手によって、技術的なバラエティーと完成度を高めていく。

日本設計と日建設計は、日本の超高層建築設計における最も有力な設計集団であり、昭和46年に京王プラザと日本IBMビルをそれぞれ完成させている。この二つの作品でのそれぞれの取り組みもさることながら、彼らのその後の超高層分野でのカーテンウォール技術の蓄積は見逃せない点である。

超高層建築における今日の技術は、こうした組織設計事務所での取り組みの結果でもある。

また、霞ヶ関ビルで超高層を初めて手掛け、京王プラザビルで今日的な意味でのPCaカーテンウォールの完成に尽力した鹿島建設では、その後組織的な技術委員会を設け、カーテンウォールに関する研究を継続して行う。その結果、昭和48年に完成したのが鹿島としての「PCaカーテンウォール標準設計」である。勿論、他の施工業者も、各プロジェクトで様々なアプローチを行い、PCaカーテンウォール技術をより完全なものへと導いている。このような施工者側での技術蓄積も非常に重要であった。特に技術的なバックアップとして、施工者側からの取り組みが熱心に行われたことと、彼らの研究試験設備を利用した様々な実験データの積み重ねこそが、今日の技術集積の基礎となっていことは間違いない。

PCaカーテンウォールが誕生してからの、そして超高層建築に採用されてからの発展には、このような組織の取り組みが非常に大きな役割を果たす。しかし「プレキャストコンクリート」のなんたるかがはっきりしていない時期に、それを方向付けて建築への適用の再能性を広げ、PCaカーテンウォール実現へ尽力したのは、前川國男や圓堂政嘉らの黎明期に活躍した設計者に他ならないのである。

このように、PCaカーテンウォールが登場し、普及し始めるまでの建築作品や技術の潮流、設計者の関わり方などについて、超高層建築に採用され始める1970年代前半までを追ってきた。その後は設計者・施工業者・PCaカーテンウォールメーカー各社がそれぞれに、あるいはともに努力し、今日の技術を築き上げてきたのだが、これらについては次章3の「PCaカーテンウオール技術の変遷」の解説にゆだねることとする。

---

[24] 「PCの新しい可能性」(「新建築」1966年10月号P.187)の中の圓堂氏の原稿「プレキャストコンクリートの建築」より

# ［証　言］

## PCaコンクリートカーテンウォールの生い立ち

ここでは黎明期に関わった人々の貴重な話を記録している。しかし、残念ながら既にお亡くなりになられている方も多く、本来伺うべき方々の全てに話が聞けたわけではない。したがって入手できた事項について「証言」として記録した。

# 1

## プレコンという名の由来
### 日本プレコンに始まる量産住宅のためのPCa

建築におけるPCaの歴史を語るとき，住宅分野における技術の発達を見逃すことはできない。そして，その中でもカーテンウォールの歴史の誕生の時期に深く関わってきたのが日本プレコンである。ここでは日本プレコンの創立時から関わられた堀江夏彦氏のお話を中心に，同社とPCaの関わりを紹介したい。

現在一般的にPCaのことを「プレコン」と呼ぶようになっているが，そもそもプレコンという名の由来は，田辺平学によって命名された住宅用のシステムの名称からきている。これは東京工業大学で教鞭をとっていた田辺平学と後藤一雄が「組立式鉄筋コンクリート構造」として開発したもので，昭和24年3月プレコン（PRECON：Precast Reinforced Concrete Truss Constructionの略）と名づけられて，日本プレコン建築(株)とユタカプレコン（株）の二社で生産された。この名称自体は東京工業大学の田近研究室で考案したという。田辺平学は，都市の不燃化を切実に感じ，戦災都市を急速に復旧するために①耐火耐震②量産と建築費の低廉化③増改築・解体の自由の3つの目的をあげ，日本の和風の木造住宅の部材を鉄筋コンクリートで置き替えようとしていた。そこで考案されたこのシステムは，基礎，柱，梁，壁板などのプレキャストコンクリート部材からなり，柱は中空，梁はトラス式，接合部はボルト締めで，全体の架構はトラス式，壁は厚さ3センチの板を二重に使うものであった。この後の昭和24年には，建設省建築研究所で実大の耐震試験が行われた。

これに先立ち田辺研では，プレコンを販売するための会社を設立していた。堀江氏は，昭和18年に東京工業大学田辺研を卒業して，昭和23年には田辺平学を中心に組立耐火建築（株）を設立し，メンバーの一員となった。会社には土木出身者が多かったが，その頃はPCaに関しては土木の分野に一日の長があり，そこからの影響は大きかったようだ。だが当時はセメントや鉄の品質が悪く，またバイブレーターもいいものが無く，苦労を強いられたようだ。結局ここでの努力は世の中に受け入れられず，後の日本プレコン建築とユタカプレコンでの生産開始によって，実績を上げ始めたのであった。堀江氏もその後日本プレコン建築の一員として，プレコンの販売に尽力する。そして，わが国におけるプレキャストコンクリートによる住宅建設において，業界をリードする立場にあり続けた。

日本における住宅用，つまり構造用プレキャストコンクリートは，その後順調に発展する。昭和32年にはユタカプレコン改め，豊田コンクリート（株）がプレコンをもとに「トヨライトハウス」を開発し，これに研究を重ねた後，「薄肉中型コンクリートパネル」による量産公営住宅が昭和37年に生まれた。これは全国で20万戸の実績を上げ，PCaがわが国ではじめて建築で大量に採用されるさきがけとなった。

昭和38年にはプレハブ建築協会が設立され，鉄骨系のプレハブ住宅メ

組立式鉄筋コンクリート住宅（昭和23年）

ーカーも参加し，プレハブの住宅の分野は一つの組織としてまとまることになる。

この頃低層住宅用PCaの流れとは別に，中層住宅の分野でも「大型PCaパネル」による住宅の建設技術が開発されていった。これは昭和30年の「万年式ティルトアップ」に始まり，昭和32年の公団によるテラスハウス試作以降に建設が本格化する。そして，昭和36年には大型パネル生産のための工場の開発が始まり，中層住宅の分野でも本格的なPCaの時代が訪れる。

昭和30年代には，非構造部材としてのPCaは化粧部材としてのPCaの時代であり，石屋やテラゾー屋が製造に関わっている場合が多く見られるが，採用される建物の規模が大きくなるに従って大型のパネルを採用することになると，住宅で実績のあるメーカーが関わるようになったのは当然の流れであろう。そして日本プレコン建築改め日本プレコンや，他の住宅用PCaを造るメーカー名が，カーテンウォールの黎明期にたびたび登場することとなる。

この頃日本プレコンは，昭和38年の埼玉県農林会館，昭和39年の科学技術博物館の外壁PCaパネルを製作している。特に埼玉県農林会館における開口部付きPCaパネルは，わが国における最初のPCaカーテンウォールの一つであった。当時の日本プレコンの資料によると，これらはカーテンウォールという呼び名ではなく全て「PCaブロック」として位置付けられており，非構造部材のPCaを総じてこう呼んでいたようだ。さらに昭和39年には，超高層建築に初めてPCaを外壁用部材として採用したホテルニューオータニ本館の妻壁も製作している。これは開口部の無いパネルだが，PCaへのタイル先付けとしては非常に早い例であった。しかしこの技術に関しては住宅分野

量産公営住宅2階建の施工（昭和37年頃）

ですでに実績があり，特に障害はなかったという。その後も昭和46年の丸紅本社ビルなどで幾つかPCaカーテンウォールの実績を残している。また日本プレコンは三井プレコンに改称されるが，その後もPCaカーテンウォールの実績は継続して見られる。しかし本業がPCaによるプレハブ住宅の建設であるため，PCaカーテンウォール専業メーカーの誕生とともに，その名は目立たなくなっていった。

PCaをプレコンと呼ぶようになったのは昭和30年代から見られる。従って前述したシステムの名称としてのプレコンが正確なオリジナルとは言えないかもしれない。しかしこの当時のプレコンという名称は登録商標であった。それを日本プレコン時代に更新し忘れて，他社の社名や製品名に使われるようになり，その名称のみが一人歩きして一層一般化したのは確かなようである。

堀江氏はその後プレハブ建築協会の設立に尽力し，その発展に努めることとなる。また社名が三井プレコンに代わってからも，PCaによる住宅の製造においては第一線の会社であった。あくまでもプレハブ住宅メーカーであり続けた日本プレコンであったが，この会社が日本におけるPCaカーテンウォールの誕生の時期に立ち会ったことは確かであった

堀江氏は，次項2に登場する湊建材工業の外川氏の追悼集『私のプレコン人生』というタイトルを「外川さんこそ〈プレコン〉とは違う人生を歩んでいた人なのに……。」と，残念がっていた。逆に言えば，本人がそれだけプレコンという名称にこだわりがあったのだといえよう。

## 2

## 設計者とともに
### 前川國男のPCaを造った湊建材工業

　PCaカーテンウォールの歴史を語るときに、忘れてはならない人物が何人かいる。その中の一人が黎明期の前川國男氏の数々の作品を手掛けて、設計者と共に苦労し、工夫してPCa部材を製造した湊建材工業（現、ミナト建材）元社長の外川貞頼氏である。

　湊建材工業は昭和27年に創業し、当初はPCaによる二次製品を造っていた。それが化粧PCa部材を製作し始めるきっかけとなったのは、歴史にも登場する昭和27年の丹下健三設計による銀座露店商組合ビルを経験してからである。ここでは縦リブのついた壁板をPCaで作っている。また丹下健三設計の作品では、昭和32年の旧東京都庁舎で、第一庁舎の手摺の中空ブロックを製作している。その後は昭和30年の国際文化会館のあたりから、前川國男設計の数々の作品の化粧PCa部材の製作を担当するようになる。特に日本相互銀行各支店は昭和30年代に前川氏の連作として建てられたが、それぞれのルーバー、階段、手摺にコンクリートを化粧的に使っており、これらを湊建材工業が製造した。このような幾つかの実績の中で、特に注目すべきが国立西洋美術館における「石埋込みパネル」である。この青石埋込みパネルの製造については、ヨーロッパでは石を型枠の底に砂を薄く敷いた上に並べ、その上にコンクリートを打込むという技法を前川氏に聞かされたが、外川氏はそれでは石が動くことと、石同士の密着の不揃い、石の大小の揃い具合に面白味が出せないと思い、反対にコンクリートを先に打設して上に薄くモルタルを敷き、この上に庭石を並べるように青石を置き、振動をかけて落ちつかせ仕上げる方法を考案した。この頃になると、前川事務所内でも「PCaのことは湊の親父と相談しろ」といわれていたという。

　前川國男設計によるPCaの建築は、昭和40年の蛇の目ミシン本社ビ

湊建材工業・外川貞頼氏（写真中央）

ルで、その完成を見るが、ここでは十字型窓枠ユニットに直交方向の梁が剛接され、PCaが構造体として使われている。製作は清水建設の砂町の仮設工場で行われ、湊建材工業が協力して製作したが、初めてコンクリートにボンタイル吹付けを行うためにPCaの表面に「ビシャン仕上げ」をして下地処理に苦労している。このような実績から、湊建材工業は建築家に認められ、多くの建築家から直接依頼され、難しいPCaを次々と製作していった。

　昭和38年には菊竹清訓設計の出雲大社の舎で、多くのPCa部材が日本的なデザインをコンクリートで実現するために用いられているが、方立や横桟等を湊建材工業が担当した。

　また、村野藤吾とも魅力的な仕事を幾つか行っている。

　昭和37年の有楽町そごう・読売会館では、7階の大ホール天井に特有の曲面があったため、現場打ちでの型枠製作が困難であり、4センチ厚の1平方メートルくらいの天井版をPCaで造り、現場で組み立てている。また洗出し仕上げでも難しい課題に取り組み、石の細かいものを落とさずに本石に近い感じを出そうと努力して、昭和51年の大阪ビルで及第点をもらい、昭和54年の宝塚市庁舎で技術的な完成を見た。このとき外川氏は工場で完成した製品に納得がいかず、半年も同社工場に通い詰めて納得いくものを追い求めたという。

　このような形で設計者とともにPCa部材メーカーとしてその技術を確立してきた湊建材工業は、蛇の目ビルと同時期の神田上野ビルで、構造の役割を果たさないカーテンウォールとしては最初の建物を担当する。そして、赤坂中央ビルを設計し、またショックベトン技術の日本への導入のきっかけをつくった圓堂政嘉設計による昭和40年竣工の仙台ビルで、PCaカーテンウォールを本格的

に手掛けるようになる。

　昭和42年には茨城県古河市に工場を建設し、土木の二次製品とともに、カーテンウォールも積極的に作るようになった。これによって関西の大和建材店等と並んで、国産のPCaカーテンウォールメーカーが登場することとなった。

　また45メートルを越える高層建築に関わったのは、昭和42年の鹿島本社ビルからである。ここでも白色セメントの色に苦労したが、最も苦労したのは湊建材工業としては初めての超高層建築である昭和46年の日本IBMビルであろう。外川氏の粘り強さは、大規模な超高層のカーテンウォールでも発揮される。日建設計が六本木に設計していたこのビルでは、外装PCaの仕上げについて、表面に何も塗ったり吹付けたりして化粧とすることではなく、コンクリートそのものの肌で仕上げるということを目標に検討していた。しかしヘアクラックが起こったり、砂が汚いので泥色になったりした。そこで白セメントでコーティングした白い粗骨材を作り、砂は何度も水洗いをしてコンクリートを打設した。工場で粗骨材に白セメントをまぶすのは、超高層のような大規模建築では考えられないほどの手間が掛かったとう結局はそれでもヘアクラックが出たので顔料の入ったカラークリアーを塗ったのだが、大規模なものでも変わらぬ外川氏の姿勢がよく現れていると言える。

　また、前川國男による超高層ビルである昭和48年の東京海上ビルでは、仕上げに打込むタイルを型枠の立ち上がり面に接着する方法について、「ウドンコ」を用いることを提案した。脱型時の清掃などを考えると、他の有機質系の接着剤よりも優れている面が多かったともいう。現在は両面テープなどで固定するが、表面に凹凸のあるものでは、今でもこの工法に利点があるという。とにかく新しいものを開拓しようする外川氏の姿勢は素晴らしく、その後も電波吸収体の「フェライト打込みパネル」や「型枠兼用PCaF工法」の普及、さらに「超軽量発泡コンクリートパネル」の開発等を手掛け、難しいことに次々とチャレンジしていった。

　丹下健三の仕事をきっかけに建築用化粧PCa部材製作に取り組み、前川國男とともに苦労を重ねて技術を育て、村野藤吾や日建設計などの難しい注文にも応えるようになった湊建材工業は、現在でもPCaカーテンウォールのパイオニアであり、設計者とともに築き上げたPCaの技術は、PCa業界だけでなく、建築界全体においてPCaを認知させ、そのレベルを向上させることに、非常に重要な役割を果たしたといえる。

　外川氏の業績は、昭和63年に亡くなられたときの追悼出版『私のプレコン人生』にまとめられている。この中で氏の人となりを表した言葉を引用して、この項を終えたい。

外川貞頼追悼集「私のプレコン人生」(平成2年)

◎
「厳しさのない道楽的な仕事のやり方をしたのでは、あっという間にだめになってしまう。かといって、通り一遍のやり方もだめだ。建築家の人達は私の仕事にプラス・アルファがあるからこそ付き合ってくれるのだ、と常に心に言い聞かせている。建築家と一緒に仕事をする場合でも、まず建築家の意図を、図面を見た瞬間に見抜くことが第一だ。その意図を自分の技術と感覚を駆使していかに表現していくか、これが勝負どころだといえるだろう。人に言われた事だけをやっているのでは進歩しない」。

# 3

## 先駆的な軽量PCaパネル
### リブコンパネルという発明品

　昭和46年竣工の京王プラザホテルより，層間変位を考慮した今日的な意味でのPCaカーテンウォールが初めて登場する。このPCaカーテンウォールの製作を当したのは，ダイヤリブコン，関ヶ原石材，日本プレコン，興和建築工業の4社であったが，この中で現在PCaカーテンウォールメーカーとして活躍している業者は無い。中でも中心的存在であったダイヤリブコンは，当時のPCa外壁メーカーとしてはトップにいたが，昭和49年に解散して現在は存在していない。この今日的な意味でのPCaカーテンウォールの登場の時期にトップメーカーとして活躍していたダイヤリブコンについて，社長を務めていた伊東靖郎氏に話を伺った。
　氏はもともと，昭和31年に断熱材のメーカーである日本断熱工業㈱を設立し，その専務として断熱材の開発に関わり，パーライトの開発と製造を始めた。そしてこれを建築に採用するための手段として，断熱材を打込んだコンクリートパネル，リブコン版を昭和36年に開発し，その製造と販売を開始している。
　当時のカタログによるとリブコン版とは，"一革命的新建材 大型軽量プレキャストコンクリート版 リブコン"と書かれ，「パーライト」，「パーミキュライト」，「気泡または発泡コンクリート」，「気泡またはスポンジ状合成樹脂」等により一定厚，同一形状の軽量の断熱材を一定の間隔を保持して配列し，この間にコンクリート材を充填するとともにその上下のコンクリート層を形成被包して成る建築材，と定義されている。こ

れは上面コンクリート部は圧縮力を，下面コンクリートは引張力を，軽量の断熱材の間のリブがせん断力

上・日本万国博覧会メインゲート製作風景
下・同、メインゲート施工中（昭和44年）

をそれぞれ負担するXY軸のI型梁の集成した軽量版ということである。ジョイントは溶接による緊結，目地はモルタルとコーキングにより処理している。当時は層間変位は考えず，ボルトで止めて溶接していたようだ。同時にリブコン版製造に関わるPCa版の製造方法についても開発し，特許を取得している。会社としてのPCaの最初の実績は，昭和33

年に北海道電力の瀧川の火力発電所で外壁にPCaパネルを用いている。次に昭和37年同じく北海道電力の江別の火力発電所で，リブコン工法を初めて用いた。製作は全てサイトプラントで行い，地元の三晄建材工業〔元，三晄プレコンシステム〕と共同で担当していた。
　また，同時期にリブコン版で造られた大成建設札幌独身寮や，東京電力浜松町変電所ビルにおける開口部付きの層間パネルの扱いは，明らかにPCaカーテンウォールとして位置付けられるものであるが，その一方で現在でいうとALCのような建材的に扱われる場合もあった。例えば最初の江別の発電所では外壁だけでなく床にも使われている。またこの建物の外壁における使われ方も，開口部廻りの壁を構成するパネルという扱いになっている。他にも日本航空整備原動機工場では，細長いパネルを横長に取り付けており，現在のALCの横張りやサイディング材のような使われ方であった。
　その後は昭和38年に社名を日本リブコンとし，実績を伸ばすことになる。当時の会社の業績としては，電電公社関連の仕事が比較的多かったが，これは電話局の将来の設備機械の増加による増築に備えて，PCa化が図られていたためである。
　昭和41年に日本リブコンは解散して，リブコン工業を作り，神奈川県の秦野市に工場を移す。このときに久米設計の熊本県庁舎の外壁を施工して，リブコン版だけで無くPCa版も実績を上げていくようになった。リブコン版での実績は，昭和37年の

北海道電力江別発電所や同年の東京電力浜松町変電所ビルを始めとして，昭和40年の大学セミナーハウスの床や，昭和45年の佐賀県立博物館の壁と床等があげられる。またPCaでの実績として代表的なのは，昭和45年の大阪・日本万国博覧会で，日本政府館や万博メインゲートの十字梁など数々の仕事を残している（左頁写真参照）。この頃社員数は150名にのぼり，地方公共団体の庁舎なども数多く実績として上がっている。

万博後の不況時には，京王プラザホテルの仕事を受注した。わが国で最初に超高層ビルにPCaカーテンウォールが採用された昭和46年の京王プラザホテルでは，東西面という大きな面積をリブコン工業が担当した。このときは新宿の現場近くに仮設工場を作り，そこでPCa版の製造を担当している。この現場の途中で三菱商事の資本が入り，昭和46年ダイヤリブコンに改称した。結局，昭和49年にダイヤリブコンは解散して，秦野工場は湊建材工業が引き継ぐことになる。しかし，ここで活躍したメンバーが他のPCa部材製造業者に移り，各社で活躍したという。

このように発明品として登場したリブコンパネルから京王プラザホテルまで，つまり黎明期のPCa外壁から今日的な意味でのPCaカーテンウォールの誕生まで立ち会ったリブコン工業，ダイヤリブコンであったが，業界のトップにいながら15年ほどで解散することになった。その後，伊東氏は昭和48年にリブコンエジニアリング（株）を設立してコンクリートのエンジニアリングを開始し，PCaカーテンウォールに関わることはなくなった。伊東氏の実績はその後，昭和53年分割練り混ぜによるコンクリート工法（SECコンクリート工法）の開発研究を行い，昭和58年には学位請求論文「骨材の表面状態がコンクリートと及ぼす影響に関する研究」にて東京大学で学位を得て工学博士となる。

また，業績としては昭和39年の発明協会関東地区優秀賞や昭和56年の日本コンクリート工学協会長賞等があり，技術者というよりは学者であり，発明者であった人となりがうかがえる。

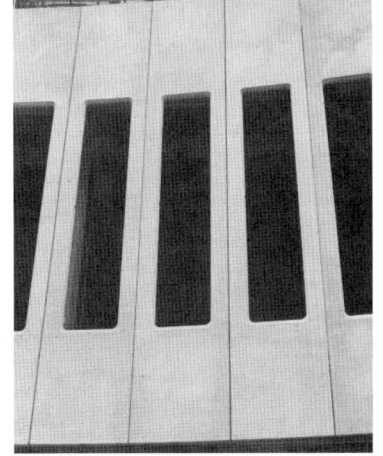

上・中　安曇発電所1-2号棟の外壁パネル
下・富士急ハイランドホールの外壁パネル

# 4

## 万代塀からPCaメーカーに
### PCaカーテンウォールメーカーの源流

　PCaカーテンウォールの黎明期に石材メーカーやテラゾーメーカーが化粧PCaを造っていた頃、もう一つの流れとして「万代塀」を造っていたPCaメーカーが存在した。この中から建築用化粧PCa部材を、そしてPCaカーテンウォールを製作するメーカーが登場する。

　そもそも万代塀とは、PCaのスタッドを立て、その間にPCaのパネルを落とし込み、塀を組み立てるシステムである。これは大正期に伊藤為吉が考案した「組立混凝石建築」の流れを汲むものであるといわれており、戦前から普及していたものである。昭和30年頃に需要が延び製造業者が増加して、」品質確保の為昭和31年7月に「鉄筋コンクリート組立塀」としてJIS化された。一般的には万代塀と言われているが、これは専業メーカーである万代商会の登録商標であり、他の業者は万年塀と称して販売していた。このようなPCaメーカーの中で、最も古くから活躍しているのがダイワである。

　ダイワは、昭和16年に大和建材店として創業し、万代塀やコンクリート管等を造っていた。昭和26年には名古屋市中川区に移転して、木造住宅の工事や市営住宅の屋根瓦の工事等の仕事を受けていた。また、基礎用のパイルを造ったこともある。当時は万代塀、石の加工、テラゾウの製造を行っていた。こうしたことが、後のカーテンウォールの製造に役立つことになる。昭和30年代には竹中工務店設計のトヨタ自動車本社ビル・技術研究所・寮などの手摺、窓台をPCaで大量に作った。昭和32年に完成した寮の妻壁には、1,300×900ミリのPCa版を溶接で取り付けたが、これがカーテンウォールらしきものの最初の実績となった。この仕上げは白の那智石の洗い出しで、テラゾウでの技術がいかされていた。同じ頃に名古屋空港ビルで、手摺やルーバーをPCaで造ったが、ここでは型枠がきちんとしておらず、目違いや色違い、ねじれなどの失敗も多かった。伊勢湾台風後の昭和35年には、愛知県海部郡蟹江町に3000坪の工場を移設し、さらに大規模なPCa部材も手掛けるようになる。

　昭和39年には、日本で最初のPCaカーテンウォートルの一つである竹中工務店設計の富山第一生命ビルを

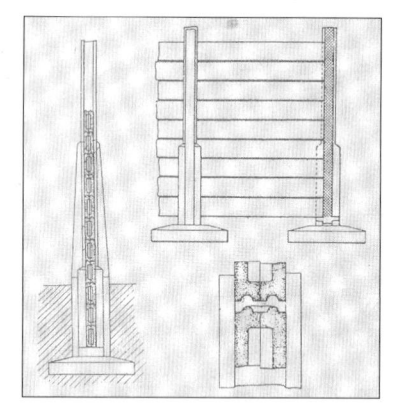

伊藤為吉考案による混凝土壁
登録実用新案第71466号（大正11年）

製作することになる。これは洗出し仕上げで、1枚1.5トンのパネルを約1,000枚作ったが、工場でサッシやガラスの取り付けまで行うというものであった。現在は一般化したこれらの技術を一度に試した先駆的な作品だったといえる。このようなPCaカーテンウォールへの道を歩む一方で、昭和41年の熱田神宮文化殿や、国立劇場等の木造の表現をPCaに置き換えた、PCaならではの表現にも取り組んでいた。昭和45年には三重県員弁郡に工場を移転し、万代塀などのPCa二次製品の生産を中止し、PCaカーテンウォール専業メーカーとなっていく。その後、ダイワとして初の大規模な超高層ビルである大阪マーチャンダイズ・マートを昭和44年に施工し、関西方面でのPCaカーテンウォール製造のトップメーカーとして発展していく。また、バルコニー付きPCaカーテンウォールや複雑な形状の部材にも取り組み、PCa部材メーカーとしての特色も発揮している。平成3年には（株）ダイワと社名を改称、現在に至っている。

◎

　リューガは大正15年に万代塀をつくるために塀工務所として東京の小石川にて創業した。

　その後、昭和12年には社名をリューガ商工社としてコンクリート二次製品に事業を広げ、昭和23年頃に「鉄筋用スペーサーブロック」を考案・実用化し、販売も手掛けるようになり、後にプラスチックのスペーサーブロックも販売するようになる。このスペーサーの販売が、他の業者にはない特徴的な点であった。昭和32年の旧東京都庁舎では、第二庁舎に手摺用ブロックを製作し、昭和30年代後半から階段や手摺などの建築用PCa部材を製作するようになる。昭和40年には高層ビルの初期の例である早稲田大学理工学部の高層棟にて、ブレースカバーのPCa等を

製作している。また同年，茨城県の結城市に工場を作り，大規模なPCaカーテンウォールの物件にも対応可能になる。昭和46年には社名をリューガに変更し，PCaカーテンウォール，PCa製品，鉄筋用スペーサーブロックの3つの製品を柱に事業を展開し，市庁舎や商業建築等に多くの実績を残している。残念ながら昭和50年頃リューガは解散した。その後は，昭和28年にリューガに入社し，昭和45年まで勤められた藤倉孝一氏が昭和45年，カーテンウォール専門メーカーである富士セメント工業を設立して，その技術的な流れを受け継いでいる。

◎

同じように万代塀の流れを汲むメーカーとしては，高橋カーテンウォールがある。初代社長の高橋久男氏が昭和26年に高橋商会を創立し，「セメント厚型スレート」や万代塀の製造を手掛けていた。当時東京電力に直接出入りしていて，変電所や社宅の周りの万代塀を作っていたが，簡単で，安くて，丈夫だという事でかなり流行していたという。昭和30年頃から40年代半ばまでは，高橋商会の仕事としては万代塀の製造が主流であった。しかし社会が豊かになるにつれ，万代塀はブロック塀，金網フェンスへと変わり，昭和30年代後半から建築用PCaの手摺，ルーバー，笠木等の製造を始め

る。工場は当初東京都江東区の清澄に借りていたが，昭和37年に岩井工場を設立し，そこでは万代塀等を造っていた。その後，高橋治男氏が昭和41年一に入社し，建築用PCa中心に方向を変え，万代塀の生産は減少していった。高橋にとってのカーテンウォールの最初は昭和42年のロサ会館である。その後幾つかの実績はあるものの，後発で実績が少なかったので大きな仕事はこなかった。そ

高橋商会時代の施工例
上・階段床　下・万代塀

こで昭和48年に沖縄海洋博関連の建築工事受注のため沖縄にカーテンウォールの仮設工場をつくったが，結局実現はできなかった。しかしこの一件で受注のためのネットワークができ，東京での仕事が入ってくるようになったという。昭和55年頃には，池袋サンシャインプリンスホテル等の超高層ビルを受注し始めた。当時はオイルショックによる不況のため同業他社の倒産あるいは閉鎖が相次ぎ，昭和54年にはリューガの結城工場を引き受けることとなり，生産能力が倍増し，大型の工事も受注できるようになった。それ以後は順調に実績を伸ばし，近年では新東京都庁舎，ランドマークタワーなどの大規模物件に参加し，主要メーカーのひとつとなっている。

このように，かつての万代塀メーカーがそれぞれの道を歩んで，昭和40年代から50年代にかけてPCaカーテンウォールメーカーへと成長し，現在の業界を支える主力メーカーとなってきたのは，一つの大きな流れである。

# 5

## ショックテーブルからのスタート
### ショックベトン・ジヤパンの果たした役割

ショックベトンの技術は歴史でも述べられているように，建築家圓堂政嘉氏によって日本にもたらされたものである。昭和38年10月に圓堂氏がPCaカーテンウォールを見に渡米し，設計事総務所SOMのガンズ(Gans)氏に「オランダに出かけショックベトンのなんたるかを知るだけだ。ショックベトン・ジヤパン創設さえすれば，PCaの製作や施工に関する限り，何も心配することはない。」という話をされたのが，その発足のきっかけである。圓堂氏は帰国後大林組とコンタクトを取り，この話を持ちかけた。その後大林組の当時専務をしていた河田明雄氏が二度オランダに行ってショックベトン社との技術提携の契約を行い，ショックベトン・ジヤパン社の発足が決定した。

大林組とオランダ・ショックベトン社との契約は昭和39年秋に行われ，主な契約内容は後日設立されるショックベトン・ジヤパン社にその権利を無償で譲渡すること，ショックテーブル2台をオランダ・ショックベトン社から購入すること，3台目以降は日本で製作してもかまわずその基本図面は提供されること，ロイヤリティは3パーセントとすることであった。同時にオランダのショックベトン社は，日本に製造技術を習得させる用意があるので，プラントマネージャーになるべきものとコンクリート技術者などをオランダに派遣することを希望している。当時ショックベトンの技術は世界で約10ヶ国にあり，海外への技術輸出の経験は豊富だったと考えられる。このようなオランダからの依頼もあって，日本から技術者を研修に派遣することになった。そのメンバーとしては，大林組で現場を担当していた浅賀博澄氏，大林組技術研究所でコンクリートを専門に研究をしていた諸橋滋巳氏，大林組と取引きのある関連会社で内装木工事を担当していた内外木材の高土氏の3人が，オランダのショックベトン社に研修のため出発した。その3人の構成はそれぞれ会社全体の知識を取得すべきプラントマネージャーコンクリートに詳しい技術者，木製型枠に関する技術者となっていった。このときの話をメンバーの1人の浅賀氏に伺った。

◎

当時，オランダには工場が2つあった。本社のあるツワインドレヒト(Zwijndrecht)とカンペン(Kalmpen)で，浅賀氏らはカンペンの工場で研修を受けた。こちらの方が工場としては大きかったからのようだ。

3人がオランダに行く時点では，日本での会社の設立とその名前だけが決まっていた。当時は海外の情報が乏しく，オランダについての予備知識のないまま出発することになったようだ。一行はルフトハンザで昭和39年10月16日に羽田を発ち，アンカレッジ経由でヨーロッパに向かった。

研修の期間は浅賀氏が4週間，あとの二人は8週間であった。オラン

上・下　オランダ・カンペン工場での型枠製造工程（昭和39年）

ダ側では営業課長のアルダース（Aalders）氏を中心に、何人かの講師により工場内の会議室で行われた。会話は英語で行われ、米軍関連施設の仕事で多少心得のあった浅賀氏が主に通訳をしていた。英語の理解は決して十分ではなかったが、アルダース氏が親切に説明してくれたおかげで何とかなったという。そのほかの人の英語はオランダなまりがひどく、わかりにくかったそうだ。3人は近くのシュタッツヘルベルグ（stadsherberg）ホテルに宿泊し、レンタカーを借りて高土氏の運転で月曜から土曜日まで工場に通っていた。なれない右側通行に、最初はひやりとすることもあったようだ。

研修の内容はショックベトンの原理から始まり、部材の設計から製造、施工と一通りの講義を受けた。当時のカンペン工場ではカーテンウォールは少なく、土木の二次製品が多かった。例えば長さ20メートルのショックテーブルを使って杭の製造を行ったりしていた。日本でショックベトン・ジヤパン社が使用しているショックテーブルは最大2×10メートルあったから、相当大きなものだったようだ。

どちらかというとカーテンウォールはアメリカで花開いたもので、オランダ国内ではPCaカーテンウォールを使った建物があまりなく、アメリカのSOMが設計した昭和38年のランベルト銀行が初期の例だったようだ。

研修は主にショック工法の話が中心であり、カーテンウォールと土木二次製品の区別なく同じ考えで行われた。型枠に関する話にはかなり重点を置いていたが、カーテンウォールの取り付け等についての話はあまりなかった。また普通のミキサーではショック工法で使うスランプゼロのコンクリートは作れないので、自強制撹拌の羽のついたミキサーが必要になることを強調していた。養生については、オランダでは工場全体に暖房をかけて行っていた。夜暖房を開始して養生し、朝に脱型するシテムである。日本でも当初は採用したようだが、効率が悪いということですぐ蒸気養生変更するようになった。

オランダでは研修時に図面等の資料はもらったが、数多くの国に技術を輸出しているにも関わらず、マニュアルのようなテキストほとんどなかったらしい。他の国からもオランダに研修に来て、実地で技術を習得していったようだ。アメリカ人が研修に来たときはさぼってフランスに遊びに行ってしまい研修を開始しようとしても工場に来ないとうことがあったそうだ。浅賀氏らも日曜日にアムステルダム見物ぐらいは行ったがおおむね日本人は勤勉だったようである。浅賀氏は研修後11月後半にオランダを発ち、2週間ほどかけて西ドイツ、フランス、アメリカのニュージャージー州とシカゴの工場を見てまわった。この後メキシコ、ハワイと旅して12月15日の夕方羽田に到着した。

浅賀氏の帰国後、残りの2人はさらに4週間滞在し研修を続けている。高土氏は実際の型枠作業を手とり足とり指導を受けた。例えばある形を

同、工場で型枠製造工程（昭和39年）
上・タイル敷き込み
下・記念撮影・後方右が諸橋氏

想定し材料を与えられ、一つの型枠をまとめるトレーニングもやったようだ。

諸橋氏は主に試験室で行う調合やサンプリングなどの実践的な仕事をしていた。諸橋、髙土の両氏はクリスマス過ぎまでカンペンで研修を受け、翌年の1月8日に帰国した。

帰国後浅賀氏は工場の責任者になり、工場のレイアウトも行うことになる。大林組の東京機械工場用地として川越の狭山工業団地内に購入してあった土地のうち、1万坪をショックベトン社が使うことを承認してもらい、レイアウトを作成し、大林組設計部に図面を依頼した。昭和40年1月23日ショックベトン・ジヤパン設立を登記、2月に工場建設開始、3月末に工場はおおむね完成し、ショックテーブル2台（2.5×5.2×10メートル）もオランダから送られてき

た。4月にはテーブル据え付けのため、機械工のブリューゲル（Breugel）氏が来日して、約2週間で完了した。その直後に日本製の2.5×5メートルのショックテーブルを2台製作発注し、1台は川越の工場に、もう1台は大阪に予定していた工場に割り当てた。結局大阪工場の話は消滅したが、7月には大林組技術研究所の外壁を初出荷し、会社としては順調にスタートを切った。

アメリカ大使館（アイルランド・ダブリン市）
木材による型枠ユニットの原型モデル

同、FRC型枠によるコンクリート脱形

ショックテーブルは、コンクリートを打設する台の下で変形のハニカムを回転させて、台ごとテーブルを落とすシステムである。日本で特許を取る際に、コンクリートの締め固めの技術はすでにあるバイブレーターに相当するのではないかといわれたので、審査官を工場に呼んでショックテーブルの模型を見せ納得してもらったという。

オランダ研修の3人は、帰国後それぞれの役目を果たした。浅賀氏はショックベトンジャパン社で製造部長を務め、その後社長に就任して会社の発展に尽力し、昭和56年退社した。

また諸橋氏は研究室長になり研究室内の設備を整えていた。その後管理課研究室、技術部を経て東京設計部部長となった。また、PCCA設立以来技術部会の部会長を務め、PCaカーテンウォールの技術を世の中に

同、コンクリート打設後のユニット

広めることに力を注いだ。まず昭和50年にPCCAの各基準案作りを手掛けた後に、昭和60年に10年がかりで制定された日本建築学会工事標準仕様書「JASS14カーテンウォール工事」の作成委員会に興和建築工業の木下日出男氏とともに参加し、一般的に認知される基準作りに尽力した。さらに昭和56年より3ヶ年計画で実施された建設省建築研究所における「大型実験施設を利用した日米共同

96　黎明期のPCa建築［証言5］

による耐震実験研究」に参加し，PCaカーテンウォールに関する実験の中心的な役割を果たした。また「設計の手引き」等のPCCA内での内部資料の拡充を図ると共に，数多くのPCaカーテンウォールに関する原稿を建築系雑誌に掲載し，技術を広めることに努めた。このように工学的な意味での技術の発展と普及に貢献した人物であったが，平成3年に若くして亡くなられた。

そして高土氏は帰国後大阪に戻ったが，工場が完成した際に上京し型枠の製作を担当していた。その後何年か勤めるが正社員になることはなく，木製型枠の仕事が底をつくと大阪に戻った。

会社設立後は社員がオランダに研修に行くことはほとんどなく，ロイヤリティのみの関係だけとなっている。

その後，世界中のショックベトンが集まる会議がオランダとアメリカで開催され，技術交換を行った。第1回は昭和46年6月にオランダのユトレヒトを中心に，4ヶ国の参加を得て，オランダの各工場を視察した。第2回はアメリカのロサンゼルスとハワイで5ヶ国の参加を得て，昭和47年6月に開催された。日本からはどちらも浅賀氏が参加し，昭和47年竣工の大石寺の基壇で用いられた型枠の表面に砂利を並べる技術をオランダの会議で紹介した。しかし，このような集まりはこの2回だけで終わっている。

ショック工法は昭和50年頃までは使われているが，仕上げ材打込みの場合に打込み材料が振動で動いてしまうため，タイル打込み全盛の時代になってほとんど使用されなくなった。その後は数年に一度土木用のセグメントの製作に使われるだけとなった。しかし元々ショックテーブルはオランダで土木の二次製品を中心に製造していたわけであり，本来の使い方に戻ったといえるのかもしれない。

同、アメリカ大使館の外観（上）と内観（下）

### その後のショックベトン

10ヶ国に渡って普及したショックベトンの技術は各国で活躍したが，やがてはそれぞれの国で異なる社名になったり吸収合併されることになった。オランダ・ショックベトン社の名は現在でも聞くことができるが，その実態ははっきりしない。

このように輸入技術としてオランダから取り入れたショック工法は，わが国においてその全盛期は短かったものの，様々な人の努力によって導入，実績をあげ，日本のPCaカーテンウォールの発展に大きくはずみをもたらしたのであった。

その後のショックベトン・ジヤパンは，日本のPCaカーテンウォールの技術をリードする立場にあり続け，様々な実績を上げていく。しかし，2005年3月には会社を閉じて，40年の歴史に幕を下ろした。川越の工場にあったショックテーブル2台も，解体されてしまった。その意味を考えてみれば，大手建設会社の子会社が技術を普及させる役目を終えたのだともいえよう。

今後はPCaカーテンウォールメーカーが独自に技術を維持・発達させていく時代となったと考えたい。

# 3 PCaカーテンウォール技術の変遷
## 1. 設計技術／2. コンクリート仕上技術／3. 防水・気密技術
**PCSA技術部会 編**

## 1. 設計技術

### 1.1 層間変位への対応

　PCaカーテンウォールは、メタルカーテンウォールと異なって部材剛性が大きいことから、面内方向の変形能力をほとんど持たない。地震時に層間に生ずる変位は、すべて取付けファスナーにて対応しなければならない。すなわちPCa・プレキャストコンクリートは層間変位追従性能を持たせて、初めてカーテンウォールとなる。建物がＲＣ造からＳ造へ、低層から高層へと移り変っていくなかで、層間変位追従性能はよりシビアな対応が求められてきた。

#### 1) 初期のPCaカーテンウォール（昭和40年前後）

　建物の外装材として本格的かつ大規模に採用され始めたのは、昭和40年前後からである。また、層間変位に対する考え方が明確になり始めたのもこの時期である。昭和39（1964）年竣工の赤坂中央ビル、同年竣工の富山第一生命ビルなどが、初期のPCaカーテンウォールをとして代表的な建物と思われる。

　特に赤坂中央ビルについては、昭和42（1967）年発行の日本建築学会編『設計製図資料－1』にそのディテールが収録されている。RC造の建物であるが、表通りに面した外壁に採用され、資料では「プレコンサッシ窓」と表現され細い方立てと大きな開口を有している。

　施工記録や取り付け部のディテールなどから判断すると、層間変位追従性能を持ったPCaカーテンウォールとして最初の建物の可能性が高い（図1）と考えられ、資料には層間変位吸収量を5～10mmとの記述がある。この建物は地震を想定した振動試験が行われている。当時の振動試験では加速度が与えられ、ファスナーの耐力を含めた部材の耐力試験で、この過程で変位の吸収能力も調べられた。この当時の層間変位に対する試験は現在行われている層間変位追従試験とは異なり、地震動を模擬的に与え耐力が調べることが主であった。

　PCaカーテンウォールの大規模建築への本格的採用例としては、昭和44（1969）年竣工の大阪マーチャンダイズマートビルがあげられる。地上22階建てSRC造の建物で、パネル総数約3,400枚と当時としては超大型工事であった。最大層間変位量12mm（階高3300mm、1/275）に対して、変位追従方式は下部固定・上部スライドの「スウェイ方式」（当時の表現ではスライド方式）で設計された。工事の施工に先立ち昭和42

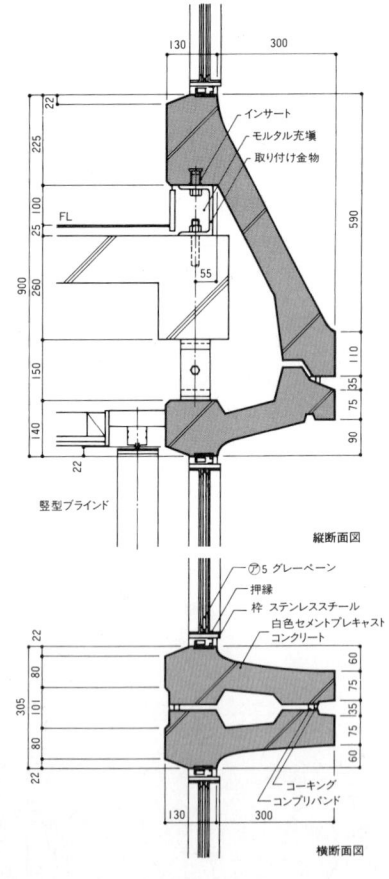

図1　赤坂中央ビル窓廻り詳細図

(1967)年に旭硝子㈱の研究所において、現在行われているような層間変位追従試験が実施されている。ガラスメーカーで行われたPCaカーテンウォールの実大試験としては最初の例と思われる。実験記録によれば、わずか6mmの層間変位試験であるが「特性にバラツキが見られ、スライド特性を高める必要がある」と記され、層間変位吸収法としてのスウェイ・ロッキング方式等のファスナーディテールが、まだ確立されていなかったことがうかがえる。この時期PCaカーテンウォールについて、全てが試行錯誤の時代であったと言えるであろう。

この時期の他の資料を見ると、層間変位に関してあまり配慮されていないものもある。これは、層間変位追従性を含めたPCaカーテンウォールの明確な性能基準が定まっておらず、RC造の建物が多いこともあって、全ての判断が設計者に委ねられていたことに起因していると思われる。資料にはPCa版の「精度」、「調合」、「工法」、「コスト」に関する記述等が多く、この内容からも当時はまだ手探りの状態で、新工法としてのPCaカーテンウォールを採用していたことをうかがわせる。この時期のPCaカーテンウォールは先行技術であり、PCaカーテンウォールの技術は設計者またはゼネコンが持っており、実際の施工に際してPCaメーカーは製造のみを担当していた。昭和40年代に入るとPCaカーテンウォール専業メーカーも現れ、外国から技術を導入しPCaカーテンウォール専門の工場を造るといったゼネコン系の会社も現れた。またこの頃からPCaカーテンウォールの設計技術者の育成も始まっている。この時期以降、コンクリート製品メーカーからPCaカーテンウォールメーカーへと歩みを進めて行った。

## 2）PCa版の超高層ビルへの採用（昭和40～50年）

昭和40年前後が、外壁に本格的にPCaカーテンウォールが登場した時期であるが、その数年後には高層の建築物にもPCaカーテンウォールが採用され始めた。

昭和39（1964）年には、日本建築学会より『高層建築技術指針』が発行され、カーテンウォールについても「各部構造設計・カーテンウォール」の項で、「層間変位1/300に対してカーテンウォールは破損・脱落をしてはならない」とし、「特にコンクリート系ではファスナーを工夫し、変形が部材に及ばないようにしなければならない」とされている。これはPCaカーテンウォールが持つべき層間変位追従性能を公に示した最初の例と思われる。

わが国初の超高層ビルとして昭和43（1968）年に竣工した「霞ヶ関ビル」は、計画の初期の段階ではPCa版の採用も検討され、結果的には採用には至らなかったが、資料によれば「外装については常識的なところでアルミ形材、アルミ鋳物、SUS（ステンレス）プレート案が残った」としている。施工記録には、設計用最大層間変位量はh/200＝19mmと記され、変位追従のためのディテールが確立されていなかった当時として、柔構造の超高層ビルに、PCaカーテンウォールを採用することはまだ「常識ではなかった」との事であろう。

表1 京王プラザホテル本館PCaコンクリートカーテンウォール性能チェックリスト

| 分割方式<br>チェック項目 | 10800 | 2つ割<br>5400 | 3つ割<br>3600 | 4つ割<br>2700 | 6つ割<br>1800 | 8つ割<br>1350 | 9つ割<br>1200 | 12割<br>900 |
|---|---|---|---|---|---|---|---|---|
| 層間変形追従性 | ○ | ○ | △ | △ | △ | △ | △ | ○ |
| 運搬適正・大きさ | × | × | × | ○ | ○ | ○ | △ | △ |
| 取り付け手間 | 小 ← | | | | | | | → 大 |
| シール長さ | 短い ← | | | | | | | → 長い |
| 生産性 | △ | ○ | ○ | ○ | ○ | △ | △ | △ |

写真1 京王プラザホテル本館

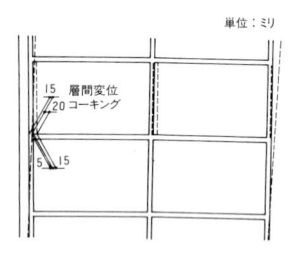

単位：ミリ

1スパン2つ割層間変位量

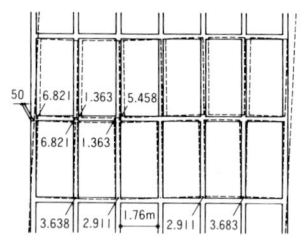

1スパン6つ割層間変位量

図2 層間変位測定結果（300gal）

写真2 ホテルパシフィック東京

実際に超高層ビルに採用された例としては、昭和46（1971）年竣工の京王プラザホテル本館（写真1）が最初の例である。パネルの大きさはW×H＝5150×3300mmで、現場サイトで製作された大型コンクリートパネルである。変位追従法はスウェイ方式が用いられ、最大層間変位吸収量として面内方向：15ミリ（1/220）、面外方向：6ミリ（1/550）として設計された。この建物の外壁にPCa版が採用された理由は、建物の平面形状が扁平で桁方向が長く風の影響を受け易く、風による変形を抑えるため建物に「ある程度の重さが必要だった」と記されている。

また、施工記録には、パネルの大きさを決めるにあたって「幾つかの案（部材割付案）を作成し検討したが、運搬の問題が解決されたため（サイトPCa）層間変位の追従などが最良になるスパン2割りを選んだ」と記されている（表1，図2）。この年代の層間変位追従方式はスウェイ方式が一般的であり、スライド方式とも呼ばれていた。

「ロッキング方式」を用いたPCaカーテンウォールは、工法としては既にIBM本社ビルなどで考案されていたが、納まり上の問題と重いPCa版を動かすということに抵抗があったのか中々採用には至らなかった。この方式の大型物件での実施例としては、京王プラザホテル本館と同年竣工のホテルパシフィック東京（写真2）が最初と思われる。壁面はスパンL＝3,800mm×階高H＝2,850mmの基準に対して、柱型パネルW＝1,280mmと窓パネルW＝2,850mmで構成されている。この建物のPCa版は、パネル自重を下部中央の1点支持で支持し、上下各隅部の4点を上下方向に変位可能な板ばねを用いて取付けられている（図3，4）。この建物の特徴的な点は、変位吸収に「板ばね」を用いたこと、"ヤジロベー"の様に自重支持点を中央1点のみとし、構造体の面内変形に対して"柳に風のごとく"容易に変位を吸収する方法を採用したことにある。しかし、この方式は変位吸収に関しては容易であるが、施工時においてはパネルの安定性に欠け、部材取付けの作業性に難点があり精度の確保に苦労を強いられたことが推測される。

### 3）実大実験

昭和40年代から50年代に掛けPCaカーテンウォールの発展期と言える。数多くのPCaカーテンウォールの施工事例や実大試験等を通じて、設計や施工に対する技術の蓄積が行われ、昭和50年頃までには、層間変位追従方式としてのスウェイやロッキング等の方式が一般的な知識

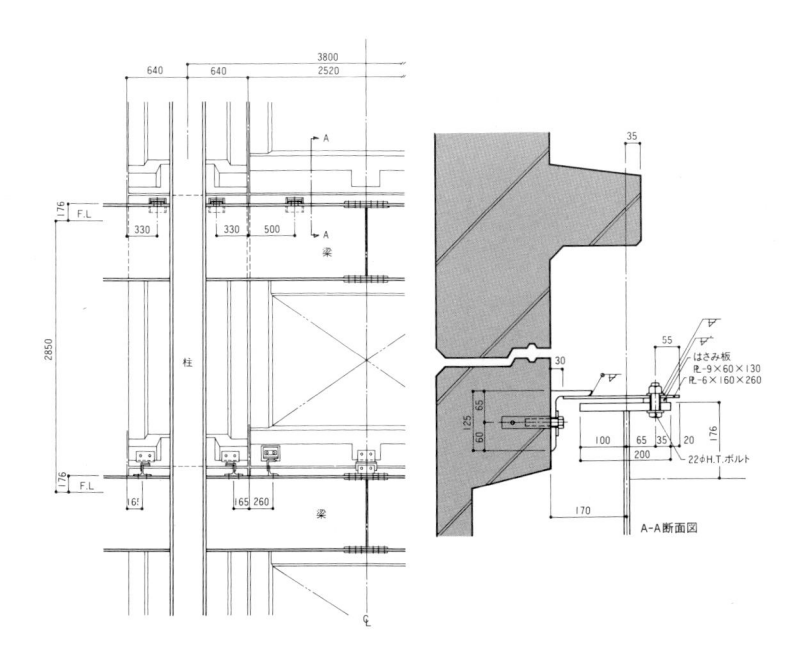

図3　ホテルパシフィック東京・標準ファスナー取付け図
図4（右）　同、A-A断面詳細図

となっていった。

　特に、層間変位を具体的に模す実大試験は、PCaカーテンウォールを設計する担当者に、目で確認する機会を与えた。旭硝子㈱にて作成された古い技術パンフレット「技術資料Ⅲ-1　PCカーテンウォールの耐震性能・ファスナーの構造と層間変位について」（作成年不明、昭和40年代後半と思われる）には、数例の実大試験を通じて得られたデータを基に"PCaカーテンウォールのファスナーはこうすべきである"と言う基本的なことが提言されている。当時のPCaカーテンウォールの設計に際して、資料として役立ったものと思われる。

　しかしながら、PCaカーテンウォールの採用は都市部の建物が中心であった事もあり、大きな目で見ると地方を含め国内全ての技術レベル・考え方が、設計者・施工者・PCaメーカー共に共通の認識であるとは言い難かった。

## 4）地震の洗礼

　昭和53（1978）年6月「宮城県沖地震」が仙台地方を襲ったが、宮城県和泉市の店舗で外壁PCaカーテンウォールが脱落した。原因としては大きな躯体の挙動に対応できるような取付け方がなされていなかったと言える。構造体は鉄骨造であるが躯体剛性も低かったようで、部材取付け時点から梁のたわみが大きかったとの報告もある。ファスナーについても、層間変位への対応についても積極的に意識した取付けとは思われなかった。

　この「宮城県沖地震」ではPCaカーテンウォールに限らず、ALC板やガラス、張り石など他の非構造部材にも大きな被害が発生した。これらの問題から公的機関としても対応が求められ、翌54年（1979）日本建築センターより『帳壁耐震工法マニュアル』、昭和60年（1985）には日本建築学会より『非構造部材の耐震設計指針・同解説および耐

| No.名称 | | 変位追従性 | 固定度 | | 方法 | 原理図 |
|---|---|---|---|---|---|---|
| パネル方式 | | | | | | |
| ① | スライド（スラブ上取り付け） | 水平移動 | 上部 下部 | ルーズ ピン | ボルト締め | |
| ② | スライド（梁下取り付け） | 水平移動 | 上部 下部 | ルーズ ピン | ボルト締め | |
| ③ | 吊下げ | 水平移動 | 上部 下部 | ピン ルーズ | ボルト締め | |
| ④ | ダボ（落込み） | 回転 | 上部 下部 | ピン ダボ | ボルト締め ダボ（落込み） | |
| ⑤ | ロッキング | 回転 | 上部 下部 | ルーズ ルーズ | ボルト締め | |
| ⑥ | バネ | 回転 | 上部・下部両端固定（バネ） 下部中央 ピン | | バネ ボルト締め | |
| ⑦ | 併用（スライド+バネ） | 主として水平移動 | 上部 下部 | スライド+バネ ピン | バネ ボルト締め | |
| 柱型・梁型方式 | | | | | | |
| ⑧ | 柱通し式 | 柱型 回転 梁型 固定 | 柱型 梁型 | ルーズ ピン | ボルト締め | |
| ⑨ | 梁通し式 | 柱型 回転 梁型 固定 | 柱型 梁型 | 上部 ピン 下部 バネ 一端 ピン 他端 ローラー | ボルト締め バネ ボルト締め | |

凡例 △:自重支持点 ○:ピン ◆▶:ローラー ↓:ダボ ▲:上向きローラー ―:バネ

表2 PCaカーテンウォール取り付け方式一覧

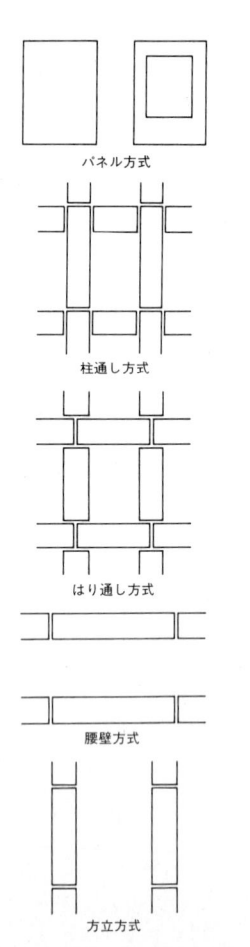

図5 PCaカーテンウォールの構成上の分類
（パネル方式／柱通し方式／はり通し方式／腰壁方式／方立方式）

震設計・施工要領』が発刊され、PCaカーテンウォールを含めた非構造部材の耐震設計・施工法の全国的な普及が図られることになった。

PCaカーテンウォールの層間変位への対応は、初期には外壁の意匠を満足する大型コンクリートブロックとして出発し、RC造の構造体に取付けられることも多かった事もあって、層間変位に対し大きな挙動を意識するものではなかった。

昭和53年の宮城沖地震を経験し昭和56（1981）年「新耐震法」が施行された事を機に、地震時の躯体挙動に対する認識がより深まった様に思われる。PCaカーテンウォールに限らず、ALC版や設備機器などを含めた建築の非構造部材は、地震を経験し大きな被害が生じる事に見直しが行われ、成熟度合いが進むように思われる。既にPCaカーテンウォールの層間変位に対する設計法は、昭和60年以降大きな変更点も無く完成されたものとされていたが、神戸を襲った「平成7年兵庫県南部地震」では、部材の脱落を含む大規模な被害に遭遇した。ここでの経験も生かされより安全なPCaカーテンウォールがつくられていかなくてはならない。

## 1.2　設計仕様と日米共同実大試験

### 1) 黎明期のPCa版

　外壁化粧材としてPCa版が採用された初期の例としては昭和27(1952)年に竣工した日本相互銀行本店や銀座露天商組合ビルがあげられる。その後にも国立西洋美術館、旧東京都庁舎、東京文化会館など、先駆的な設計者により新しい建築材料として外壁に採用された。これらのPCa版は今で言う層間変位追従機能を持ったPCaカーテンウォールとは異なり、意匠性が優先される「大型化粧コンクリートブロック」に属するものであった。この時代にPCa版に求められたものはデザイナーが意図し、その意匠を表現する生産技術が求められた。PCaメーカーの主な役割は部材を製造する技術を高める事にあった。

　この様にはじまったPCaであるが、その後昭和40年代建物の高層化と鉄骨造の増加に伴い工業化を推進したゼネコンの主導により外壁の工業化手法の一つとして進化した。昭和50年代に入り、PCaカーテンウォール採用事例の増加と共に、その技術はPCaメーカーに移転し始め、試行が繰返され次第にPCaメーカーへ定着していった。

### 2) PCaカーテンウォールの設計仕様

　昭和40年からの10年間が、PCaカーテンウォールの一般化最も進んだ時期と言われる。昭和46(1971)年に建設省告示第109号「帳壁の基準」が施行され、脱落しないことなどが義務づけられた（昭和53(1978)年改正され「帳壁は1/150の層間変位に対して脱落しないこと」が加えられた）。外壁構法としてのPCaカーテンウォールが法的にも認知され一般化し、また採用例が大幅に増えるに伴い、それまで個別であった設計仕様と手法の確立が求められた。

　現在のプレコンシステム協会（PCSA）の前身に当たるプレキャストコンクリート・カーテンウォール工業会（PCCA）が昭和49(1974)年発足し、翌年から工業会の中でPCaカーテンウォールの仕様について討議が行われ「PCaカーテンウォール基準案」として、協会としての案が作成された。この基準案は、翌年の昭和51(1976)年に技術説明会を開催し、発表された。このPCCAの各基準案は「分類・定義・用語（案）」、「性能基準（案）」、「設計基準（案）」、「製造基準（案）」、「施工基準（案）」の各編からなり、業界としてPCaカーテンウォールの方向性を示した。その後この各基準案は、発展的に昭和60(1985)年制定の「JASS14・カーテンウォール工事」に加えられ吸収された。

### 3) 鹿島建設のPCaカーテンウォール基準

同時期、ゼネコンからも仕様・基準・設計手法が提案された。昭和48(1973)年、鹿島建設の社内プロジェクトとしてPC標準化委員会が発足し、PCaカーテンウォールに対する様々な検討が行われ、昭和51(1976)年に社内基準として「PC標準化」を設定した。その「PC標準

化」の概要をまとめると以下のような内容である。
① 最大荷重時においてはPCa版のクラックを許容する
② 最大荷重とは別に性能維持の荷重を定める
　・風荷重：再現期間30年の風圧力
　・地震荷重：K=0.5 G
③ 性能維持荷重に対しPCa版のひび割れ幅の制御を行う
　・許容するひび割れ幅は荷重時で0.2mm、荷重除去時には0.1mm以下とする
④ 自重支持方法を金物とした標準化ファスナーを設定
⑤ 基準形状をフラットパネルとし、最小厚みを130mmと設定

　PCaカーテンウォールの設計は個別性が大きく、その意匠により個々に対応しなければならないが、鹿島建設のこの規準は、性能維持荷重と最大荷重に分けたこと、PCa版の配筋設計にひび割れ制御を行うことなど、その後のPCaカーテンウォールの設計法に大きく影響を与えた。
　このひび割れ制御による配筋設計では、それまで建築学会の『鉄筋コンクリート計算規準』を基に最大荷重に対し配筋がなされていたが、ひび割れ制御計算では鉄筋量が大幅に増える事となった。しかし、昭和50年代の後半にはこの鹿島建設の「PCa標準化」の手法が、PCaカーテンウォールの設計法として説得力を持つことから実現場での作業を通じてPCaメーカーに定着することになった。

### 4）日米共同実大試験

　昭和50年代の中ごろまでに、部材の設計手法、スウェイ・ロッキングなどの層間変位追従機構、目地部の1次止水・2次止水の考え方など、PCaカーテンウォールの基本的な考え方ついて定まったが、耐震性に関わる層間変位追従性について日本と米国の設計例を比較する機会が訪れた。
　昭和56（1981）年より3ヵ年計画で建設省建築研究所において「大型実験施設を利用した日米共同による耐震実験研究」が実施され、一連の鉄骨造の実験研究が行われた。この一連の実大試験で、他の非構造部材と共にPCカーテンウォールについても耐震性が試された。実験に供された部材はPCaカーテンウォールの他、S造建築物に用いられるもの中から、ALC版、GRCパネル、ラスモルタル壁などが選ばれた。試験目的としては「日本と米国それぞれ耐震性が考慮された設計について比較し、その設計法の妥当性を検討する」などとされた。
　当時、「日米共同大型耐震実験研究国内委員会」からの協力要請に対して、PCCAとしてこれに前向きに応え、出来るだけ標準的と考えられている方法で、日本側PCaカーテンウォールの設計・製造・取り付けを行った。層間変位の追従法については、米国では「回転方式（ロッキング方式）」が用いられないため、米国側がスウェイ、日本側が

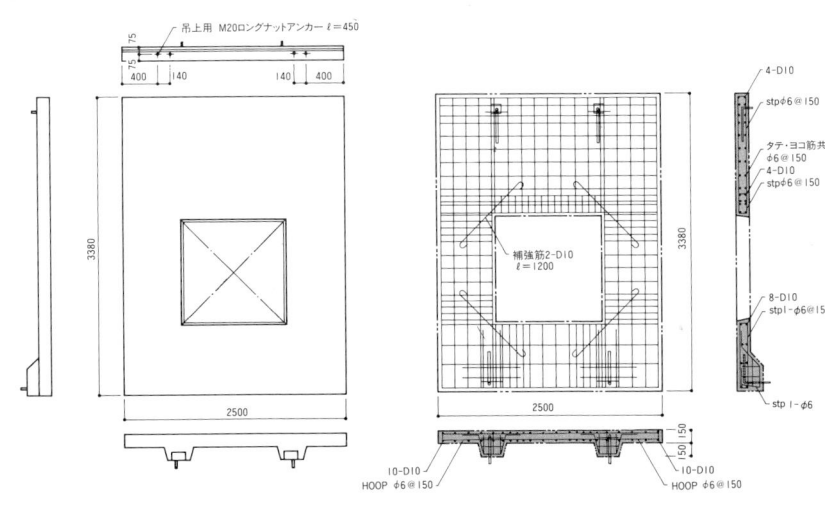

図6 PCaカーテンウォール配筋図（日本側）

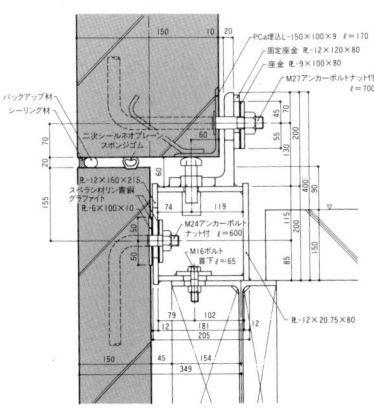

図7 PCaカーテンウォールファスナー詳細図（日本側）

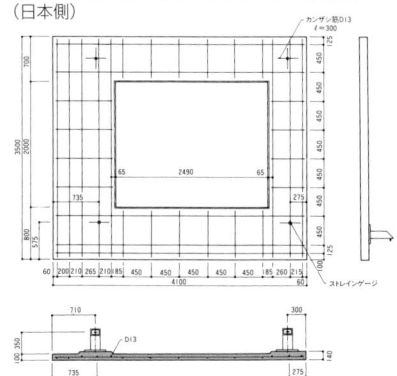

図8 PCaカーテンウォール配置図（米国側）

ロッキング方式を採用した（図6～10）。試験は最大層間変位1/40まで行われ、米国側仕様のPCaカーテンウォールに対し日本側PCaカーテンウォールの妥当性を示す結果となった。

## 5）おわりに

今日、部材設計の標準的な手法としてひび割れ制御が行われている。PCa版の初期においては、意匠性のある大断面の部材が多かった。このため、それまではひび割れに対しては、全断面有効としたコンクリートの引っ張り強度を期待していた。

PCaカーテンウォールを採用する建物が高層化し建設現場の工業化が求められ、それまでファサードデザインを実現する建築材料としてのPCaカーテンウォールから、工業製品としてのPCaカーテンウォールが求められる中で、鹿島建設によるPCaカーテンウォールの説得力のある具体的な設計法の出現は必然性があったと言える。この設計法のメーカーへの定着を期に、それまでゼネコン主導で行われてきたPCaカーテンウォールの設計が、PCaメーカーへと次第に移行していった。

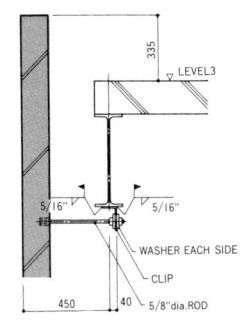

図9 PCaカーテンウォール上部ファスナー（米国側）

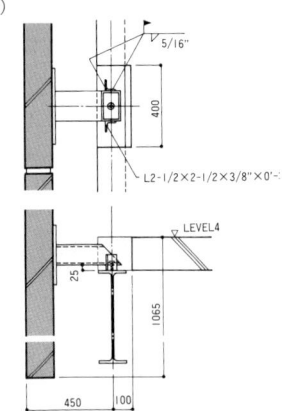

図10 PCaカーテンウォール下部ファスナー（米国側）

資料 1

# 兵庫県南部地震とPCaカーテンウォール

PCSA技術部会 編

## 1 はじめに

「兵庫県南部地震」は6000人を超える人々と建造物に莫大な損害を与えた。PCaカーテンウォールも例外ではなく、脱落を含めファスナー部の損傷など甚大な被害を受けた。1995年1月17日未明発生した淡路島を震源とするM7.2のこの地震は、日本建築学会などの被害調査報告書からも分かるように未曾有の大地震であり、PCaカーテンウォールだけではなく構造体を含め、想定した地震力を遙かに越えた力が加わった結果である。従って、その被害の発生は経済的合理性の中では止むを得ないものではある。しかしながら、近年うわさされる東南海地震など巨大地震に遭遇し新たな被害を受ける可能性は否定できず、特に都市部における地震被害を最小限とし安全性を確保するには「兵庫県南部地震」の検証は不可欠であり、この教訓を生かさなければならない。

## 2 兵庫県南部地震以前のPCaカーテンウォールの地震被害

昭和48年にプレコンシステム協会（PCSA）が発足して約30年であるが、この間PCaカーテンウォールに被害を与えPCSA協会に報告があった地震は、昭和53年の「宮城県沖地震」と小規模な被害では有ったが平成5年の「釧路沖地震」の2件が報告されている。

### 2.1「1978年宮城県沖地震」

【1978年6月12日　M7.4　震源：宮城県沖海底】
宮城県和泉市内の鉄骨造3階一部4階建て店舗の外壁に取付けられていたPCa版が脱落し、外壁直下に駐車していた乗用車を押しつぶした。幸い死傷者は無かったが、PCaカーテンウォールの地震時の脱落事故としては最初の例となった。

この被害はマスコミに大きく報道され、（財）建築業協会の地震調査団などのほか、コンクリート・カーテンウォール協会（現プレコンシステム協会）としても被害状況を調査し、原因の究明を行った。この脱落に至った原因として、（財）建築業協会の地震調査報告書に以下のような内容が報告されている。

［地盤］河川の脇に盛土され、周辺地盤を含めて軟弱地盤で敷地条件が悪く、建物に入力した地震力が大きかったと推定される。

［躯体］低層建物の設計基準（当時）においては、強度のみが対象となり変形が考慮されていなかったと推定される。これは直行方向の他2面に取付けられていたALC版の被害からも推測される。架構全体の水平剛性の不足に加えて重量のあるPCa版を支えるための梁剛性が不足しており、施工途中においても大きな撓みが生じていた。

［PCa版］取付け方式が固定となっており、層間変形角を吸収するためのスライドホールが設けられておらず、躯体の施工誤差を吸収するためのルーズホールのみであった。このルーズホールも施工時のたわみにより許容限界以上となり、取付け金物に加工が施されていた。また、上部取付け金物においては、仮固定用のボルトは使用されておらず上向きの溶接のみであり、この部分の溶接強度にも問題があったと推測される。

この宮城沖地震では、仙台市内の市街地に建つ建物にはPCaカーテンウォールが多数採用されていたが、和泉市の例以外は被害が報告されておらず、昭和30年代後半から開発されてきた技術が十分実用的であることが証明された。唯一例外であった和泉市の被害は、その施工状況から、設計者・施工者・部材製作業者ともPCaカーテンウォールについて充分な理解があったとは思われない。しかしながら、PCaカーテンウォール工法が一般化し安全性を確保するた

写真1
宮城県沖地震のPCa版の被害状況

めには、設計者・施工者・PCa部材製造業者に対しても、PCaカーテンウォール工法の技術的普及が課題として残った。

この「宮城県沖地震」ではPCaカーテンウォールに限らず、ALC板やガラス、張り石工事など他の非構造部材にも大きな被害が発生した。これらの問題から公的機関としても対応が求められ、翌54年（1979）日本建築センターより「帳壁耐震工法マニュアル」、昭和60年（1985）には日本建築学会より「非構造部材の耐震設計指針・同解説および耐震設計・施工要領」が発行され、PCaカーテンウォールを含めた非構造部材の耐震設計・施工法の全国的な普及が図られた。

### 2.2 「平成5年（1993）釧路沖地震」
【1993年1月15日　M7.8　震源：釧路沖海底】

当初、釧路沖地震でのPCaカーテンウォールの被害は無かったとの認識であった。しかしその後、帯広市内の病院建物に若干の被害があった事が会員からの報告で判明した。これにより被害状況を調査した。

写真2　釧路沖地震のPCa版の被害

［建物概要］地上7階、塔屋2階、鉄骨構造、外壁は4面ともカーテンウォール。
［取付け状況］階段室周囲に取付けられた幅2.3m×高さ3.5mのPCa版（基準版）で、下部の取付け金物部周囲に外部に達するひび割れが生じた。層間変形角追従方式はスウェー方式（図1）で、下部取付けの形態はPCa版にL形金物を埋め込み、自重受けと固定を兼用するものであった。上部については、L形金物に横向きのスライドホールを設けた金物を用いていた。
［被害の状況］①PCa版は他の面にも使用されていたが、建物四隅部に設けられた階段室にのみ被害が生じていた。②特に破損程度が大きかった範囲は、9mスパンの中央付近でかつ4～5階に集中していた。③外部からの観察では、ひび割れは全て下部の金物周囲にのみ生じていた。

被害が生じた原因として被害の現象と特徴から、PCa版を支持していた鉄骨梁は地震時に上下動やねじれなど大きく振られ事が想像され、梁の大きな挙動にスウェーの変位追従方式では層間変位が吸収し切れず、ひび割れが発生したと思われる。

報告書では対応策として、梁の挙動が大きいことが予想される場所や建物では、層間変位追従方式としてロッキング方式（図2）を選択すべきとしている。

### 3　兵庫県南部地震のPCaカーテンウォールの被害

「平成7年兵庫県南部地震」は、平成7年1月17日午前5時46分、明石海峡の地下14kmを震源としたM7.2の地震で、淡路、神戸、芦屋、西宮、宝塚などでは最大震度7とされ、死者6千4百余人、家屋の全半壊20万棟の被害を生じた。この地震は都市部で起こった直下型の地震で、土木構造物や建築物の倒壊など、インフラにもこれまでに無い大きな被害が発生した。PCaカーテンウォールの被害も例外ではなく、脱落を含む大きな被害が生じた。都市部である神戸地区にはPCaカーテンウォールを採用した建物が数多く存在し、またGPC（本石先付けPCa版）を採用した地上30階132mの神戸市新庁舎をはじめとして100m級の超高層ビルも多く、これらは震度7若しくは震度6（現在の震度階では7及び6強）を経験する初めての超高層ビルとなった。

写真3　兵庫県南部地震で崩壊した建物-1

写真4　兵庫県南部地震で崩壊した建物-2

これらの状況から東京大学 坂本・松村研究室とプレコンシステム協会では、この未曾有の大地震がPCaカーテンウォールに与えた被害の調査を共同で実施した。この結果は「平成7年兵庫県南部地震 PCaカーテンウォール被害調査報告書」として、第1報（速報版1995年）及び第2報（1997年）をまとめ発表した。以下に報告書の概要を示す。

写真5　脱落したPCa版（上・下）

### 3.1 被害状況の概要

被害の調査は神戸地区を中心に、PCaカーテンウォールが取付けられた建物40棟を現地調査した。その後も他建物について追加情報を収集し、計約80棟について分析が行われた。

データ収集を含め調査した約80棟の内、PCa版の内部側を調査出来た建物は28棟あった。建物の崩壊によるものを除く部材の脱落は2件（2ピース）あったが、それ以外の何らかの被害があったものについて分類したパターンの割合は（表1）の通りである。

この表によると、版の面外または面内方向のずれが多い。このずれが発生した原因を推測すると、次の3つのケースが考えられる。

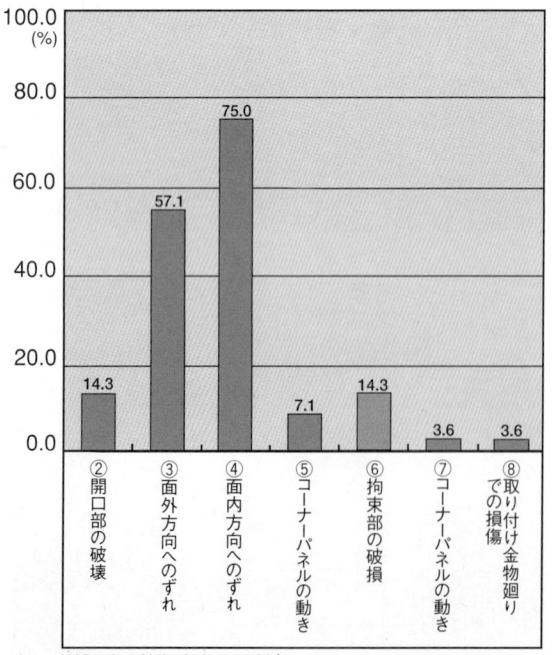

(a) 取付け金物のルーズホールが大きくホール内で部材が移動して元に戻らない。
(b) 建物または部材を取付けているフレームに残留変形があるため、部材が元の位置に戻らず目地がずれる。
(c) ファスナー部が何らかの損傷を受けたため元の位置に戻らない。

被害の程度で予想される深刻なケースは(c)のファスナー部の損傷である。この例では損傷の程度によるが部材脱落の可能性が生じる。事実、内部調査の結果ずれが生じていたもので、埋め込み金物の定着部

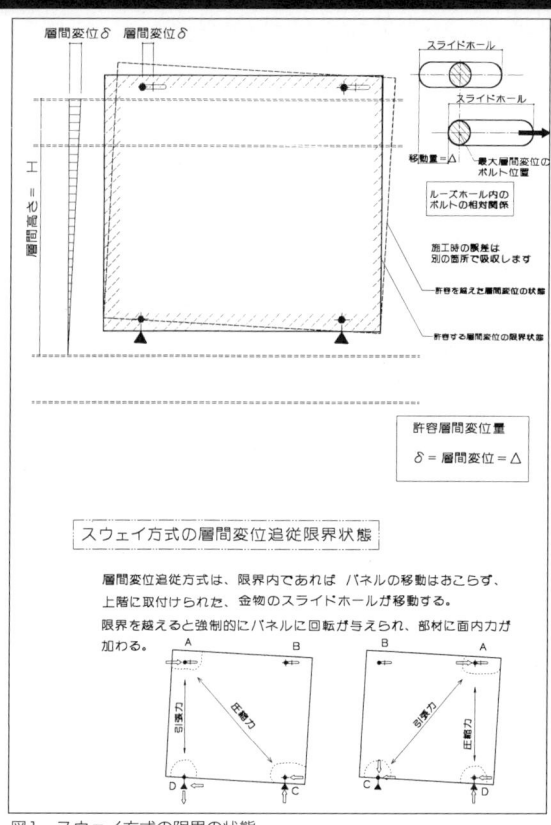

図1　スウェイ方式の限界の状態

表1　外観からの被害パターンの割合

| パターン | 割合(%) |
|---|---|
| ②開口部の破壊 | 14.3 |
| ③面外方向へのずれ | 57.1 |
| ④面内方向へのずれ | 75.0 |
| ⑤コーナーパネルの動き | 7.1 |
| ⑥拘束部の破損 | 14.3 |
| ⑦コーナーパネルの動き | 3.6 |
| ⑧取り付け金物廻りでの損傷 | 3.6 |

写真6　アンカーボルトが破断
写真7　アンカーボルトの破断 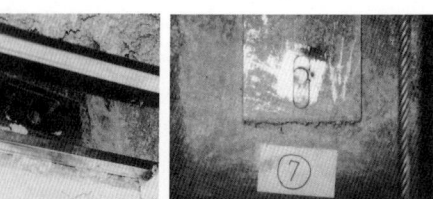
写真8　金物定着部の損傷 
写真9　荷重を受けた金物の変形

図中ラベル：
層間変位δ　層間変位位置δ1　ボルト移動量　最大層間変位のボルト位置
施工時のボルト位置　ルーズホール内のボルトの相対関係
許容を越えた層間変位の状態　許容する層間変位の限界状態
許容層間変位量　$\delta = \dfrac{H1}{W1} \times \Delta$
PCaファスナー間距離＝W1
ロッキング方式の層間変位追従限界状態
ロッキング方式の層間変位追従方式は、初期より回転運動を与える。限界を越えると部材に面内力が加わる。
上部が許容を越えた時　下部が許容を越えた時

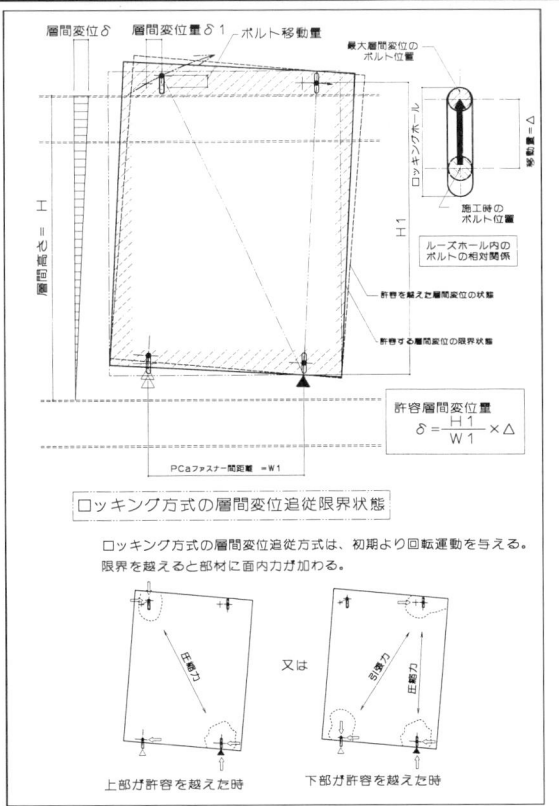

図2　ロッキング方式の限界の状態

【解説】層間変位の許容限界値を超えた場合の破損メカニズムについて
想定された層間変位角許容値を超えた場合、以下のような破壊メカニズムが起こると考えられる。兵庫県南部地震において、被害状況が同一建物の同一階では方向性があり、パネルの同じ位置が損傷する例が多く見られた。これらが生じた現象についても下記の考え方で説明ができる。

○「スウェイ方式」(図1)
想定した層間変位の限界内では部材の移動はおこらず、上部(または下部)に設けられたスライドホールが移動する。限界を越えるとパネルに強制的に回転力が与えられ、部材内に面内力が加わる。この時、右上図の様な変位追従の限界状態となり、限界を越えると部材内に右下図の様な応力が働き、ファスナー部が損傷する。

○「ロッキング方式の場合」(図2)
ロッキング方式では、初期よりパネルに回転運動が与えられ、右上図の様な部材挙動となる。設定された許容層間変位量を越えるとパネルが固定状態となり、右下図のごとく面内力が加わる。それ以後の応力状態はスウェイ方式同様、面内剛性に比べ耐力が劣るファスナー部が損傷する。

考えられる。

写真9は、ロッキング方式の下部ファスナーの例である。自重支持と下部の固定を兼ねたタイプのファスナーであるが、PCa版に打込まれたアングルが鋭角方向に変形している。大きな圧縮力が働いたものと思われる。アンカー耐力が充分あったため周囲のコンクリートは健全であった。

以上のように取付け部の破損例は、建物としてみると個別性が大きくデータとして表現できなかったが、傾向としては以下を述べることができた。

被害のあったPCa部材の分布は、中間階で大きくなる傾向にある。10階程度の建物で5〜6階、15階程度の建物で7〜9階に被害例が多い。PCaカーテンウォールを使用しなかった建物においても、中間階が崩壊した建物が多かった例と一致する。

また、SRCからS造へなど構造体の切り替わる部分や、低層部から高層部に繋がる部分など、平面的にも立体的にも構造体が変化する部分にも被害例が目立った。

その他の例として、エレベーターコア部や階段室廻りなど床が無い部分やロングスパンの中央部、片持ち梁の先端部などに取付けられた部材にも被害が多い傾向にある。

これら何らかの被害のあったPCaカーテンウォールの部材形状は、層間にまたがったパネル、いわゆる"Floor to Floor"形式のものであり、2件の方立て形式のものを除いて、残り26件全てが層間パネルであった。スパンドレル形式のものは調査対象80件の中には数例しかなかったが、激震地のものも含めて無被害であった。このことは、比較的大型のパネルも多かったが、慣性力のみによってファスナー部の損傷

分でコンクリート部が損傷しているものが多数あり、特に面外方向にずれを生じている例ではファスナー部のダメージが大きく、脱落には至らなかったが可能性のあるものもあった。

ファスナー部損傷の例として(写真6〜9)をあげる。写真6は、スウェイ方式で取付けられた部材の上部ファスナーである。スライドホールの大きさを計測すると、層間変形角は実質的には階高の1/80まで許容出来たが、部材に先付けされたアンカーボルトがスライドホール端部まで移動し、その後大きな剪断力により破断している。

写真7は、ロッキング方式で取付けられたパネルの上部のアンカーボルトが、剪断力により切断されている。このパネルの許容層間変形角は1/100で設計されていた。部材の取付けられていた部位が建物の設備コア部分で、床のコンクリートが無く開口部分であったため、部材を固定している躯体の挙動が大きかったものと推測される。

写真8は、金物廻りのコンクリートが破損している例である。写真で分かるように、部材に先付けされた自重支持金物廻りのコンクリートが大きくえぐられ破損している。金物の曲げ剛性が大きかったため、比較して弱かった周囲のコンクリートが破損したと

写真10 金属パネルの面外へのずれ変形

が起こった可能性を低減する。

### 3.2 損傷の原因

被害のあった建物の内部側を調査できた幾つかの建物では、ファスナー部分を詳細に調査することが出来た。この調査で層間変位を吸収する可動部分に残った擦過痕の大きさなどから、PCa版に大きな挙動があったことが推測された。

前出の被害状況を含めて、この地震におけるPCaカーテンウォールの損傷原因としては、『層間にまたがる面内剛性の大きなPCaカーテンウォールが、想定以上の層間変形を受け、多くは階高の1/150～1/100で設計されるスウェイ、ロッキングなどの層間変位追従機能が限界を超え、部材剛性に比べ比較的弱いファスナー部が損傷を受けたもの』と推定できる。

写真10は、部材重量が軽いアルミパネルの一端が面外に飛び出した被害例である。この例でも層間変移追従の限界を超えてパネルに面内力が加わり、部材を取付けているファスナー部分が損傷したと考えられる。

限界はあるが単純に「PCa版は重いから…」と言った理由だけでは、PCaカーテンウォールが損傷する可能性は低いと考えられる。このことは、適切な可動システムと配慮がなされれば、より高い安全性の確保が可能であることを示す。

以上が「兵庫県南部地震」の被害状況である。この「平成7年兵庫県南部地震　PCaカーテンウォール被害報告書」第2報(1997年)では、鋼材倶楽部との共同研究として実際に被害のあった18の建物について「建物の地震応答とPCaカーテンウォールの被害状況」の関係について、比較・研究を行い、層間変位角と被害状況の関連性についての結果報告を掲載している。上記詳細についてはプレコンシステム協会の当該報告書を参照して頂きたい。

なお、これら一連の被害調査結果と研究成果について、日本建築学会大会（1996年・近畿）、日本建築学会東海支部研究報告（1997年）においても発表が行われている。

### 4　安全なPCaカーテンウォールを設計するために

PCaカーテンウォールの安全性の目標は「大地震時においても、PCa版が破壊や変形により脱落せず、直接あるいは間接的に人命や身体に被害を与えない」事にある。これを確保するために設計仕様として、慣性力については水平1.0G、鉛直0.5G、許容する最大層間変形角を階高の1/100・Hとする場合が多い。

しかしながら兵庫県南部地震においては、この設定された層間変形角を大きく超えたと思われる建物が多数見られた。このためPCa版を支持しているファスナーには吸収能力を超える層間変位が生じ、ファスナー部に被害を受けたものと推測される。

PCaカーテンウォールの設計法は大筋では完成されたものと言われている。現在PCaカーテンウォールの新たな開発はその素材の軽量化や高機能化となっている。しかしながら、部位または建物によっては再考すべき点も見られる。これらの反省から、今後PCaカーテンウォールの安全性をさらに向上させるために、注意すべき事項について以下にまとめた。

#### 剛性バランスの確保

ファスナーの設計に際しては、当然であるがコンクリート部を含め全体の剛性バランスを考慮し設計する必要がある。金物部分の剛性に合わせコンクリートに埋め込まれるアンカー部分の形状にも十分な注意を払い、金物全体として一部に応力が集中しない配慮が必要である。

#### 限界後の損傷箇所の見極め

想定した荷重や挙動が限界を超えた場合、どの部分が損傷するのか推定し、脱落に至らないための工夫が必要である。

#### 容易な補修法

大地震後PCaカーテンウォールに想定外の損傷が生じた場合、安全かつ容易に補修する技術と手法を考えておく必要がある。

### 躯体の特定挙動部の割り増し

構造スペックに表された最大層間変形角はフレーム全体での標準的な挙動と考えるべきである。床の無い部位やロングスパン部、方持ち梁部などでは躯体挙動の割り増しを考慮する必要がある。部材取付け時に躯体のたわみやねじれなどが目立つ場所は、地震時にも躯体変形が大きいと考えなければならない。

### 施工性の配慮

設計されたPCaカーテンウォールの性能が確保できるように、施工性についても配慮が必要である。施工上の過誤が生じ易い納まりや施工性に難がある納まりは、極力避けなければならない。

### 他部材との取り合い

取付けられたPCaカーテンウォールが他の部材、例えば直行するALC版などの内装材や設備機器がPCaカーテンウォールの挙動を拘束することが無いように、PCa版以外の納まりについても配慮が必要である。

### 被災後の確認

大地震後の安全性を確認するため、ファスナー部が容易に確認で出来る方法を建築計画上からも配慮が求められる。

### フェイルセーフの確保

設計時における層間変形角はあくまでも想定である。従って、ある限界以上の荷重や挙動に対し、脱落に至らない"安全な壊し方"が手法として有っても良い。あえて連結金物を変形させエネルギーを吸収させる考え方も必要である。

### 5 「兵庫県南部地震」から学んだこと

わが国ではPCaカーテンウォールが一般的な汎用的な外装構法として普及してからおおよそ40年となる。PCaカーテンウォールの黎明期から発展期にかけては、外壁の仕上げ材としての部材を如何に製造するかに多くの努力が成された。その後、構法の普及やそれに伴う実大試験の実施、施工技術の進歩などにより完成された技術として現在に至っている。

「兵庫県南部地震」から学んだことは、「フェイルセーフの確保」と言える。これまでのPCaカーテンウォールのファスナー設計では、地震時の安全性の確保を目的として、検討用の荷重を大きくする傾向にあった。このため必然的にファスナーに用いる金物のサイズが大きくなり、コンクリート部分との剛性バランスを超えてファスナーが"硬く"なる。これをある限界荷重以上に対しては"安全な壊し方"を視野に入れた設計があっても良いと思われる。許容できる部分を"壊す"事により拘束力を弱め、結果的に部材の脱落を防ぐことは可能と考える。「フェイルセーフ」の簡便な手法として難しく考えずに、内面に設置され部材取付け後は不要となるハンドリング用の金物（インサートボルトなど）と躯体とをワイヤ等で繋ぐ事でも、二次的な安全性は充分に確保できるものと考える。

また、巨大地震により躯体が損傷した場合、建物は取り壊されるものと思われていた。「兵庫県南部地震」の経験では、被災地においてはその復興のために民間においても、経済活動を維持するために建物が不足する。このため建物は崩壊しない限り補修し使い続けられる。被災により部材が損傷した場合、容易な補修方法について考慮しておく必要がある。躯体と部材を繋ぐ金物部の交換のみで機能が回復できることが理想となる。

これら「フィルセーフの確保」と「容易な補修法」は、今後想定される巨大地震に対応する課題として残されたものと考える。また、構法が一般化するに伴い基本的な技術が変質し経済的合理性を追求するあまり、安全性にかかわる大切なことが軽視されるよう事があってはならない。

[狗飼正敏]

## 2. コンクリート仕上げ技術

### 2.1 素材の軽量化

　PCaカーテンウォールの素材の変遷は軽量化の歴史でもある。建築物の高層化に伴い建築生産の合理化、また工期の短縮が追求されてきた中で、生産性の向上と軽量化を命題としてPCaカーテンウォールの開発は推進されてきた。

　一般に軽量化の目的は、構造躯体応力負荷を低減する構造条件、躯体コストを下げるという経済条件、製作・輸送・取り付けの効率化のための施工条件等、これらを満足させることにある。現在では軽量化のための多様なPCaカーテンウォールが開発され、超高層建築以外でも広く普及してきた。ここではPCa版の軽量化の変遷をまとめ、構法ごとに開発の推移とその普及過程について述べる。

### 1) PCaカーテンウォールの軽量化の変遷
【軽量化の構法による分類】

　PCaカーテンウォールの軽量化を図る手段として、大きく3種類に構法が分類できる（図1、技術の変遷と素材の軽量化との関係は年表2 P.196-197にも詳しい）。

　第一に素材であるコンクリートを「軽量化」する方法であり、これは人工軽量骨材を用いた「軽量コンクリート」と気泡を導入する「気泡コンクリート」がある。現在では、粗骨材に人工軽量骨材を用いた軽量一種コンクリートのPCa版が最も一般的である。

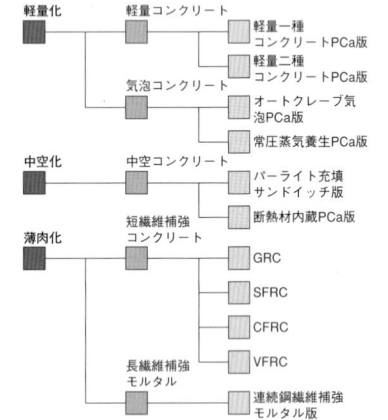

図1　PCaカーテンウォール版軽量化の構法別分類

表1　外装PCaカーテンウォールの軽量化への変遷

| 工法分類／年代 | 【軽量コンクリート(1種、2種)】 | 【軽量気泡コンクリート】オートクレーブ養生 | 常圧蒸気養生 | 【中空コンクリート】パーライト充填 | 断熱材内臓 |
|---|---|---|---|---|---|
| 昭和35(1960)年～ | ●人工軽量骨材(メサライト)の認定化(1964)<br>○ホテルニューオータニ本館(1964)<br>○東京建物八丁堀(1966)<br>○富士銀行本店(1966)<br>○新京阪ビル(1966)<br>○岐阜市民会館(1967) | | | ●パーライト充填サンドイッチ版(リブコン)の開発(1958)<br>○北電北江別発電所(1962)<br>○日航整備原動力工場(1963)<br>○東銀座総合ビルディング(1966) | ●中空PCa版の開発<br>○大阪マーチャンダイズマート(1969) |
| 昭和45(1970)年～ | ○名古屋観光ホテル(1972)<br>○三菱ビルディング(1973)<br>○タヒキョーマ丸ノ内ビル(1973)<br>○ホテルニューオータニタワー(1974)<br>●軽量コンクリート二種での実施 | ●オートクレーブ軽量気泡PCa版(ユニトン)の開発(1973)<br>○森ビル(1974)<br>○群馬ロイヤルホテル(1975)<br>○日証金本社ビル(1977) | | ●汎用的な構法とはならず | ○三菱倉庫ダイヤビル一号館(1973)<br>○ポーラ袋井工場(1976)<br>○後楽園IPビル(1973) |
| 昭和55(1980)年～ | ●人工軽量骨材一般化 | ○横須賀市庁舎(1983)<br>○明治大学会館(1984)<br>●ウォール21(1986)<br>○ファインライト(1986)<br>○テーオーシーROXビル(1986)<br>○南森町共同ビル(1986)<br>○安田火災名古屋ビル(1989) | ●エルックス(1988) | | ○新宿センチュリーハイアットホテル(1980) |
| 平成2(1990)年～ | | ○新川共同ビル(1990)<br>○金沢文庫(1990)<br>○大森NMビル(1991)<br>○大阪日本橋ワシントンホテル(1997)<br>○三神ビル(1997) | ●常圧蒸気軽量気泡PCa版(リオコン)の実用化(1992)<br>○大和銀行谷町ビル(1993)<br>●ユニトン2(1995)<br>●カルコン14(1995)<br>○名古屋ワシントンホテル(1996) | | |
| 平成12(2000)年～ | | | | | ○アレア品川(2003) |

第二にPCa版内部を中空化するため断熱材等を挿入した「中空コンクリート」である。1970年代ではこの構法が広く用いられていたが、製造工数がかかるため今ではほとんど使われることが無くなった。
　第三の工法としては「繊維補強コンクリート及びモルタル」である。これはコンクリートまたはセメントペースト中に短繊維を混入・分散させて引張強度や靭性の向上を図ることが出来るので、部材厚を薄くすることにより重量を軽くすることが可能となる。種類としては「ガラス繊維補強セメント版（GRC）」、「鋼繊維補強コンクリート版（SFRC）」、「炭素繊維補強コンクリート版（CFRC）」、「ビニロン繊維補強コンクリート版（VFRC）」などがあり、またその他に繊維補強の一つとして「連続鋼繊維補強モルタル版」がある。
　これら1960年以降の主要建築物における素材の軽量化の変遷を表1に示す。

## 2) 構法別の開発推移

【軽量コンクリート】

　人工軽量骨材はアメリカで開発され、1940年代より使用されている材料である。日本では1950年代末より海外の調査及び研究開発がなされ、実用化に向けて多くの研究開発が行われた。1964年にはメサライト（三井金属鉱業、日本メサライト工業）が当時建設省の認定第一号を受け、その後も幾つかの製品が市販されるに至った。人工軽量骨材を用いた軽量コンクリートの長所は、軽量でありながら強度が普通コンクリート並みにあるという点である。重量が欠点となるPCaカーテンウォールにとって有効な材料であるため、その採用はかなり早い時期から試

【繊維補強コンクリート】

| GRC | SFRC | CFRC | VFRC | 連続繊維 |
|---|---|---|---|---|
| ●耐アルカリガラス繊維の実用化（英国）<br>●GRC二次製品製造技術の開発（英国） | ●鋼繊維補強コンクリートの実用化（米国） | | | |
| ●耐アルカリガラス繊維、GRC二次製品製造技術導入（1976 英国→日本） | ●鋼繊維補強コンクリートの基礎応用研究（日本） | ●PAN系炭素繊維を用いたCFRC基礎研究開始（米国） | | ●高強度モルタル版の実用化（フェロクリート,1978）<br>○オーヤマ照明山形工場（1978） |
| ○丸ビル外装改修 2,3期（1983）<br>○武蔵小杉ビル（1983）<br>○衆議院議員会館改修（1983）<br>○伊勢丹本店改修（1986） | ●SFRC版の実用化（1989）<br>●鉄骨フレーム補強SFRC版（YMストーン）の実用化（1981）<br>○宇部全日空ホテル（1982）<br>○UCCコーヒー博物館（1987）<br>○新宿エルタワー（1989） | ●PAN系炭素繊維を用いたCFRCの開発（日本）<br>○イラクアルシャヒドモニュメント（1983）<br>○ARK森ビル（1986）<br>○北九州プリンスホテル（1989） | | ○第39メソニック森ビル（1982）<br>○ワールド五反田ビル（1987）<br>○東京日産渋谷ビル（1988）<br>○日本セメント深川ビル（1988） |
| ○フルーツパークA,B,C工区（1992）<br>●改修工事用パネルとして一般化 | ○六甲アイランドB-3画地超高層住宅棟（1991）<br>○大手町ファイナンシャルセンタービル（1992）<br>○愛知銀行本店（1992）<br>○横浜ランドマークタワー（1992）<br>○P&Gビル（1993）<br>○日経千里ビル（1993）<br>○横浜銀行本店（1993） | ○日立シビックセンター（1990）<br>○幕張ワールドビジネスガーデン（1991）<br>○日本新聞インキビル（1991）<br>○三軒茶屋キャロットタワー（1995）<br>○品川JALビル（1995） | ○ホテル国際21タワー（1996）<br>○太田市庁舎（1997）<br>○日本アムウェイ本社ビル（1998）<br>○DoCoMo代々木ビル（1999）<br>○常盤共同火力勿来発電所第9号<br>○上越警察署庁舎 | ○ドイツ大使館員住居（1991） |
| | ○大同生命霞ヶ関ビル（2002）<br>○DoCoMo墨田ビル（2002） | | ○DoCoMo東北山形ビル（2000）<br>○東京宝塚ビル（2000）<br>○丸の内ビルデング（2002）<br>○DoCoMo品川ビル（2002）<br>○六本木森タワー（2004） | |

凡例　●海外での開発、技術導入、技術の実用化／○代表的な実施例（施工年）

写真1 ホテルニューオータニ本館
（妻壁・タイル打込み軽量コンクリート版）

写真3 群馬ロイヤルホテル・パールタイル打込み

みられている。

　軽量コンクリートを最初に用いたのは、ホテルニューオータニ本館（1964年、大成建設設計施工、写真1）の妻壁部分である。その後、「富士銀行本店」（1966年、三菱地所設計）、岐阜市民会館（1967年、坂倉建築研究所設計、写真2）、名古屋観光ホテル（1972年、日本設計設計）等に採用されている。当時は軽量骨材の単価が砂利・砕石の3倍もしたため、その使用に難色を示す向きもあったが、軽量化という魅力により、1980年代以降は比重1.9の「軽量一種コンクリート」が最も一般的に用いられるようになった。より軽いPCaカーテンウォールを目指して、1970年代からは細骨材にも人工軽量骨材を用いた「軽量二種コンクリート」が採用されているが、脱型時の欠けが比較的多く生じること、骨材粒度の関係で収縮亀裂が生じやすいこと等の問題点もあり今後共研究が必要であろう。また90年後半に入り、より軽量の言わば「超軽量人工骨材」の実用化も進んでいる。

【軽量気泡コンクリート】

　気泡コンクリートとは、コンクリート中に気泡を導入して気乾比重を2.0以下とした「多孔質軽量コンクリート」である。この気泡コンクリートの歴史は古く、1923年にすでにドイツのJ.A.エリクソンにより製法特許が取得されており、日本で生産され始めたのは昭和29（1954）年に日本サーモコンがアメリカのビギンズ社から技術導入した現場打ち気泡コンクリート（サーモコン）からである。その後カーテンウォールとしては、主として気泡の導入方法や養生方法等の改良により試行されたが、本格的に使われ始めたのは昭和48（1973）年に「オートクレーブ養生気泡PCa版（ユニトン）」が商品化されてからで、群馬ロイヤルホテル（1975年、坂倉建築研究所設計、写真3）の外装に採用されている。また、1992年に大阪セメントにより「常圧蒸気養生気泡PCa版（リオコン）」が開発され、平成4（1992）年に大和銀行谷町ビル

写真2 岐阜市民会館・吹付けタイプ仕上げ

（竹中工務店設計施工）で採用されるなど、今日では外装材として用いられることとなった。

気泡の導入方法としては、セメントスラリー中で化学反応によりガスを発生させて起泡する「発泡法」と、セメントスラリー中に起泡剤を混入する「起泡法」とがある。また養生方法としては「湿潤養生」と短時間で強度の発生する「オートクレーブ養生」がある。特徴としては比重が1.0〜1.4と軽量であり、また断熱性能が高くカーテンウォールに適した材料といえる。

写真4　北海道電力新江別発電所

### 3）中空コンクリート
【パーライト充填サンドイッチ版（リブコン）】

昭和33（1958）年に日本断熱工業により開発された工法である。六角柱状に成型されたボール箱にパーライトを充填したブロックをハニカム状にならべ、ブロック間にはセメントモルタルを注入し、さらにそれらの上下面をセメントモルタルでサンドイッチ状に挟み込んだ軽量PCa版である。重量は一般の鉄筋コンクリートの1/2〜1/3である。最初の実施事例は北海道電力新江別発電所（1962年、大成建設設計施工、写真4）である。その後、日航整備原動力工場（1963年、横河工務店設計）、東銀座総合ビルディング（1966年、日本電信電話公社設計）など多くのプロジェクトで用いられた。開発当時はパネル製作が全て手作業で行われ、寸法精度が悪く製造に手間がかかっていた。その後もパネル製作の機械化は進まず、以後汎用的な構法となることはなかった。

【断熱材内臓PCa版】

リブコン以外にも断熱材を内蔵してPCa版の軽量化を図った例がある。大阪マーチャンダイズマート（1969年、竹中工務店設計施工、写真5）では、スタイロフォームをコンクリート内に納めることにより、断熱性・パネル強度を保ちながらコンクリート量を低減させている。またポーラ袋井工場（1976年、日建設計）では、この構法にプレストレストを導入した大型PC版で施工している。

### 4）繊維補強コンクリート
【ガラス繊維補強セメント版（GRC）】

「ガラス繊維補強セメント版」は、モルタルスラリーと耐アルカリ性ガラス繊維（長い糸状の繊維を13〜25ミリ程度の長さに切断）とを別々のノズルを持ったガンから、空気圧によって型枠面上に吹付け、所定の厚さまで積層させ、ローラー等で締め固めることにより、ガラス繊維が均一に分散したパネルを成形するダイレクトスプレー法を用いて製造する。

GRCの実用化は、英国建築研究所（BRE）において1965年頃から本格的に着手され、1968年より英国の大手ガラスメーカーであるピルキントンブラザーズ社が共同開発者としてこの研究開発に参加し、その後1973年まで約5年間にわたり共同開発が実施された。ピルキントン

写真5　大阪マーチャンダイズマートビル

写真6 旧、丸ノ内ビルヂング

ブラザーズ社は、英国政府の研究斡旋機関（NRDC）を通じてその研究成果の全てを譲渡され、1973年初め耐アルカリガラス繊維及びこれを用いたGRC技術のライセンス業務を開始した。わが国では旭硝子、日本板硝子、小野田セメントの3社がその製造技術を1970年代に導入、ライセンス生産を開始した。

GRCは、コンクリートや金属では難しい模様や複雑な形状が作りやすいといったメリットを生かした外装材として多く使われており、外装改修工事にも用いられている。1983年には丸の内ビルヂングの外装改修（三菱設計地所、写真6）に採用されている。

【鋼繊維補強コンクリート版（SFRC）】

鋼繊維補強コンクリートは、セメントモルタル中に鋼繊維を混入した繊維補強コンクリートである。鋼繊維補強コンクリートの実用的研究開発は、1964年に米国のJ.P.ロマルディ[*1]らが鋼繊維による「コンクリートのひびわれ拘束機構に関する一連の研究」を発表したことが端緒となり、その後、アメリカ・西ドイツ・オーストラリア等で使われている。

わが国では、日本鋼管が鋼繊維の製造を開始した1973年頃より使われるようになった。これらの研究は主として東京大学生産技術研究所・日本鋼管・住友金属・鹿島建設・大林道路などの協同研究によって進められたが、主に土木用床版の耐摩耗性向上や左官塗りのひび割れ防止等に使われてきた。また、コンクリート二次製品も溝ふたや軽量間仕切りなどに応用され、1970年代終わり頃より、鉄骨階段の踏板に使用され始め、その後、亜鉛メッキの上、エポキシ樹脂を塗布した鋼繊維も用いられた。鋼繊維の多くは鋼板を切断加工して製造されるものが多かったが、1985年頃日本冶金工業が「メルトエクストラクシ

[*1] J.P.Romudldi (1929〜)
Romualdi, Davidson & Assocs. (1981〜) Professor :
Civil Engineer, Carnegie Institute of Technology

ョン法（ME法）」による製造コストを押さえたステンレススチール繊維の実用化を行い、以後は階段の踏板にはこれが多く用いられている。

外装のPCaカーテンウォールに使用されたのは、昭和56（1981）年に矢橋大理石㈱が花崗岩貼り専用のカーテンウォールとして、ステンレス鋼繊維補強モルタル板と鉄骨フレームと複合化したYMストーンパネルを商品化し、昭和57（1982）年に宇部全日空ホテル（村野森建築事務所設計）で採用している（P.119詳細図参照）。

またステンレス鋼繊維補強PCa版としては、昭和64（1989）年に実用化されＰ＆Ｇ本社（竹中工務店設計施工、写真7）などの超高層ビルで採用されている。製造法としては25〜50ミリ程度の針状ステンレス小片（十数本を水溶性接着材で接着したもの）をコンクリート材料と一緒にミキサーで練り混ぜて分散させるものである。

このSFRCの特徴としては引張・曲げ・せん断強度が高く、靭性も大きくひび割れ発生後もひびわれが進展しにくいため板厚を薄くでき、軽量一種コンクリートPCa版の1/2〜2/3に軽量化が図れる。

写真7　Ｐ＆Ｇ本社ビル

写真8　アーク森ビル・アークタワーズ

## 【炭素繊維補強コンクリート版（CFRC）】

　「炭素繊維補強コンクリート」とは、セメントモルタル中に長さ3〜10ミリ、直径7〜20マイクロメートル（×$10^{-3}$ミリ）の炭素短繊維を2〜4パーセント均等に分散混入したものである。炭素繊維をセメント・コンクリートの補強繊維に応用する研究としては、1970年代の初めからM.A.アリー[*2]らによってPAN系繊維を使用した研究がなされたが、まだ材料物性に関する基礎的研究にとどまっていた。わが国では、1980年代の初めからピッチ系繊維を使用したCFRCの研究が始められ、昭和57（1982）年にイラクのバクダッドに建設されたイラクアルシャヒード記念碑及び博物館のモニュメントドームの外装タイル打込み軽量パネルとして、鹿島建設により施工された。その後国内で製造・品質管理のノウハウが蓄積され、昭和61（1986）年に六本木アーク森ビ

*2　M.A.Ali
Building Reserch Esablishment, Department of Environment (Great Briain)

ル・アークタワーズ（入江三宅建築事務所、森ビル開発設計、写真8）の外装カーテンウォールに採用された。

CFRCは、従来のコンクリートに比べて引張強度や曲げ強度・靭性・耐久性・寸法安定性に優れており、セメントモルタルの強アルカリ中でも安定性が良く劣化が無いため、長期間にわたり強度変化が少ない。また炭素繊維が耐熱性に富みオートクレーブ養生が可能である。しかしながら、炭素繊維は高価格であり、また鉄筋との間で電蝕の恐れがあるため通常の鉄筋が使用出来ず防錆された鉄筋若しくはSUS鉄筋を使用しなければならなかった。このため、PCaカーテンウォール部材が高価格と成らざるを得ず、バブルの一時期を除いてPCaカーテンウォールの素材としては、メイン材料とは成り得なかった。

## 【ビニロン繊維補強コンクリート版（VFRC）】

「ビニロン繊維補強コンクリート版」はコンクリート中に混練する補強用の繊維にビニロン繊維を使用したものである。ポリビニルアルコール繊維（PVA繊維）は約50年前に国産の合成繊維として誕生した。繊維強度が高い、耐候性、耐薬品性が優れているなどの特徴がある。

1980年初め石綿の安全性が問題となった頃から、スレートに使用する代替品としてポリビニルアルコール繊維が注目された。セメント系材料の補強用繊維において必要とされるマトリックスへの付着性、繊維の引張強度、耐候性などを備えているため、現在では高価なCFRCに替わり、PCaカーテンウォール用の繊維補強コンクリートとしては、このビニロン繊維補強コンクリート（VFRC）に代っている。聖路加病院（平成5年、日建設計、鹿島建設施工）は主はCFRCであるが、一部でVFRCも使用されている。VFRCを使った初期の建物と言うことになる。

## 【連続鋼繊維補強モルタル】

「連続鋼繊維補強モルタル（フェロセメント）」は金網、棒鋼等で補強したモルタルである。

フェロセメントは19世紀末にフランスのJ.L.ランボが船の製造特許として出願してから発展し、建築には屋根や外壁等の装飾用として湿式工法で用いられていた。これを昭和54（1978）年に日本セメントが薄板成型板として「フェロクリート」の商品名で実用化した。同年にはオーヤマ照明山形工場（1978年、浦辺建築事務所設計）で採用され、その後中高層の建物でも多く使われている。外装材として、曲面等の複雑な形状が容易に製造でき、薄い断面で軽量化が図れ、金網メッシュによりひび割れ分散性が良いなどの特徴を持っている。

以上のように、PCaカーテンウォールの発展する過程で種々の軽量化の技術が開発・試行され、現在では軽量化の第一歩であった軽量一種コンクリートに比べ同等の圧縮強度を持ち、1/2以下の比重のものまで実用化している。また、軽量化とともにコンクリートの性能も中

性化、塩害、凍結融解などの抵抗性についても著しく向上した。

　最近では、気泡コンクリートと繊維補強コンクリートの複合化や超高強度コンクリート、軽量な高流動コンクリートなど、軽量化と生産性を向上させるための種々の試みがなされている。PCaカーテンウォールに用いられる素材としてのコンクリートには、外壁としての美観を維持するためは、単に圧縮強度だけではなく耐ひび割れ強度や小さな断面への流動性など構造用コンクリートとは異なる材料特性が要求される。今後、軽量化のあり方として、比重を小さくすること以外にも素材そのものに高い引張強度（ひび割れ強度）を持たせることも必要である。

　これから増々、建築物のデザインの多様化や次世代の建築生産システム、建築物の高耐久化に対応した軽量化が試行されていくことが期待されている。高耐久性と軽量化を両立し、美観を損なうこと無く造形性の良い新材料の出現が望まれる。

## 2.2 打放し・塗装・礫石

　PCaコンクリートの数多くの優れた特徴は、表面化粧の多様性にある。コンクリートの持つ素肌を生かす「打放し仕上げ」、二次的加工を加えた「叩き仕上げ」、「洗い出し仕上げ」、また他の材料を打込んだ「タイル打込み仕上げ」、「本石打込み仕上げ」などの広い範囲の仕上げ方法が行われている。これら仕上げ材の変遷を大きく年代別にみると、表2の様に区分できる（PCa技術の変遷と仕上材の変遷は年表1 P.194-195にも詳しい）。

　昭和20（1945）年代の初め頃より建物の外装用部材として「窓台」、「窓枠」、「手摺りルーバー」などのブロック化が進んだ。当初はコンクリート素地の打放しブロックが主であったが、これらのブロックパネルは次第に大型化の傾向をたどり、建物の外壁パネルとして使用されるようになった。

　昭和30（1955）年代初め頃よりコンクリート素地面に変化を持たせるため、コンクリート骨材に花崗岩などの砕石を用い、コンクリートの表面に「リターダー」や「酸洗い」などの手法を用いた洗い出し仕上げが行われ、昭和40年頃からは「叩き仕上げ」、「研磨仕上げ」、「サンドブラスト仕上げ」などが行われるようになった。しかし、昭和53年頃よりこれらの仕上げは減少している。

　一方、昭和40（1965）年に入りコンクリート表面に「吹付け塗装仕上げ」が行われるようになり、昭和50（1975）年代にかけ多くの建物に用いられた。昭和40年代後半よりタイル、本石打込み仕上げが急増してくると、吹付け塗装仕上げは減少し、現在ではタイル、本石打込み仕上げが仕上げ材の主流となっている。

写真9　東急会館

### 1) 打放し仕上げ

　窓台、笠木、ルーバーなど「化粧ブロック」と言われていた頃より、昭和42（1967）年頃までは、型枠は木製で製作されていた。木製型枠はベニヤ板に目止めを施して、耐水性のクリヤーを塗布したものであり、木目肌のコンクリート素地を得ることができるものだった。その

表2　仕上げ材の変遷

| 種類 \ 年代 | 昭和25年(1950) | 昭和30年(1955) | 昭和35年(1960) | 昭和40年(1965) | 昭和45年(1970) | 昭和50年(1975) | 昭和60年(1985) | 平成7年(1995) | 平成16年(2004) |
|---|---|---|---|---|---|---|---|---|---|
| 打放し仕上げ | ■ | ■ | ■ | ■ | ■ | ■ | ■ | ■ | ■ |
| 吹付け塗装仕上げ | | | | ■ | ■ | ■ | ■ | | |
| 礫石洗出し仕上げ | | ■ | ■ | ■ | ■ | ■ | ■ | ■ | |
| 叩き研磨仕上げ | | | | ■ | ■ | ■ | ■ | | |
| サンドブラスト仕上げ | | | | | ■ | ■ | ■ | | |
| タイル打込み仕上げ | | | | | ■ | ■ | ■ | ■ | ■ |
| 本石打込み仕上げ | | | | | ■ | ■ | ■ | ■ | ■ |

後、パネルの大型化、型枠の反復使用回数の増加、鋼製型枠製作技術の向上などから型枠は鋼製型枠となり、打放しの仕上げ肌面は滑らかな鉄板肌となった。初期の建物には昭和29（1954）年東急会館（打放し仕上げ、写真9）、昭和39（1964）年岸記念体育会館（打放し仕上げ）などがある。昭和45年頃より、仕上げ面にゴムマットが使用されるようになり、パネル表面の仕上げも「叩き模様」、「割り肌煉瓦模様」など、多種類にわたる凹凸の仕上げが行われるようになった。この仕上げ方法は型枠定盤に模様が付いたゴムマットを敷きコンクリートを打設し転写するもので、同一模様で多くのパネルを打設するのにメリットがある。また1枚のみ打設する場合には発砲スチロールを用いたマットも使用される。

### 2）打放し仕上げの問題点

前述のように巾広いデザイン、意匠面よりコンクリートの打放し仕上げが用いられたが、打放し仕上げはコンクリートという無垢の素材ゆえに、幾つかの問題点もあった。

**【色むら】**

コンクリート素地の打放し仕上げは、表面のコンクリート色が不揃いとなり、とくに鋼製型枠で軽量コンクリートの場合には顕著に発生する。この原因は炭酸カルシュウムの結晶の付着量が異なっているためで、厚い部分は白く、薄い部分では黒く見える。現在でもこの現象を解決する方法はなく、対策に苦慮している。

**【エフロレッセンス】**

白華現象といい、一次白華と二次白華に分けられる。一次白華はコテ仕上げ面のブリージングなど、コンクリートの混練水に起因するもので、主にコンクリートの脱水時に発生することが多い。また、二次白華は脱型後の養生期間中や補修施工後の雨水や洗浄水により発生するもので、いずれも冬季の発生が多く、コンクリートの混練水の過多と脱型後の洗浄水の取り扱いに十分注意を要する。このコンクリートの表面の保護と白華を押さえる目的として、防水表面保護材として「コンシール」、「アクアシール」などの浸透性撥水剤などの商品が用いられている。

**【ヘアークラック】**

製品の表面に網状の細いクラックが発生することがある。クラックの深さは1ミリ程度のもので、コンクリートの性質を著しく損なうことはないものの、年月が経過し、大気中の埃などが付着すると過大に見えるため美観上見苦しいものとなる。このクラックの原因は、コンクリート自身の分離と急激な乾燥に要約される。これらの防止対策としては、コンクリートに減水剤を使用し単位水量を減らすことである。また打放しの場合、セメント量の増減が肌面の仕上げを左右すること

写真10　蛇の目ミシン本社ビル

**＊3　吹付けタイル**
「ボンタイル」という商標の吹付けタイルは、1963年ドイツ某社との技術提携によりボンタイル㈱が販売したタイル状吹付け材である。名称は西ドイツの首都「ボン」から付けられ、焼成せずに窯変したような風合いに仕上げられ、目地の無い無限の大きさの「タイル状」の壁面が作れるという可能性から国内の販売に踏み切った。ボンタイルは翌年の1964年より新建材として注目を浴び多くの建築物の外装を飾った。PCa建築においては当時コンクリートに白色セメントを混入させたり、洗い出しによる仕上げが主流であったが、その仕上げが徐々に一段落して新たな化粧仕上げに目を向けられたことが普及に至る大きな要素であろう。PC建築では1965年蛇の目ミシン本社ビルをかわきりにはじめてボンタイルが用いられた。その後も1967年には電通本社ビル、三会堂ビル、岐阜市民会館などの主要な建築物に次々と採用された。仕上げ材は流行廃りがあるといわれるが、このボンタイルはその後も吹付け材の代名詞となり、時代の仕上げを飾った仕上げ材としてあげられよう。1988年ボンタイル株式会社は旭硝子コートアンドレジン㈱と社名を変更し塗料、塗装、塗膜防水材などの分野で活躍している。

から、一般には必要以上にセメントを増量する傾向にあるが強度上必要な最低量にとどめ、ワーカビリティーの損失を補うためには減水剤、混和剤を使用することが効果的である。

### 3）塗装仕上げ

昭和40年頃コンクリート素地面に吹付ける材料として、セメント系複層仕上塗剤（複層塗剤C）がタイルの表面仕上げに似ているところから「吹付けタイル」と呼ばれ、「ボンタイル＊3」という商標名で多くの建物に用いられた。

初期の建物には、昭和40（1965）年蛇の目ミシン本社ビル（写真10）、昭和44（1969）年大阪マーチャンダイズマートビル（OMM）、昭和46（1971）年京王プラザホテル、昭和48（1973）年三菱ビルヂング（写真11）などがある。その後、吹付けタイルの材料も無機質系から樹脂系に代わり、塗膜の強度・接着力も増し工場での施工も容易になった。けい酸質系複層仕上塗材（複層塗材SI）、合成樹脂エマルジョン系複層仕上塗材（複層塗材E）、反応硬化形合成樹脂エマルジョン系複層塗材（複層塗材REE）、合成樹脂エマルジョン系厚付け仕上げ塗材（厚塗材E）などの商品が出回り、昭和40年後半から50年にかけて塗装仕上げの全盛期であったが、外装に高級志向が生まれるにしたがい、タイル、本石打込みによる工事が増加したことや長期のメンテナンスに費用を要することから需要は減少した。

昭和50（1975）年代後半より薄い塗膜の塗料が出回り始めた。その塗装の種類には「常温乾燥形フッ素樹脂エナメル塗料」、「塩化ビニール樹脂エナメル塗料」、「アクリル樹脂エナメル塗料」、「合成樹脂エマルジョンペイント塗料」などがあり、いずれも塗膜が数ミクロンと薄いためPCa版に塗装する場合に平滑な面が要求されるようになった。このため、コンクリート下地処理には特に注意を要する＊4。注意事項を列記すると以下となる。

①PCa版の下地の状態に特に注意する必要があり、仕上げ面の型枠は

写真11　三菱ビルヂング

**＊4　ポップアウト現象について**
コンクリート素地打放しの場合は問題ないが、塗装仕上げを行った場合、塗装面にポップアウトの発生する場合がある。これはコンクリートの細骨材（川砂）に含まれる粘土鉱物などの物質がコンクリート表面より3～5ミリの位置にある場合、塗装されて表面が密閉される、温室度差が大きくなった場合に粘土鉱物の核が膨張して、図2のようにコンクリート表面が破壊される。特に発生の時期は夏季に多く、パネルが製作されて初めての夏季に多い。

また、これは塗装の材料により発生の危険性があり、塗膜の厚い材料は膨張する力ををを押えられるため発生はないが、薄い塗装では押える力がないため発生が起こる。対策として骨材に粘土鉱物の混入されていない骨材を選ぶことと、塗装で通気性のある塗料を選定すべきである。

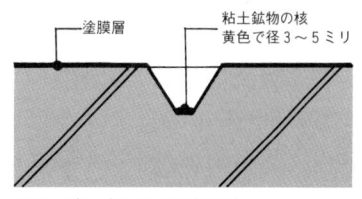

図2　ポップアウト現象機構図

鉄板間のジョイントは厳禁で必ず一枚鉄板を使用し、受けリブの溶接歪などの無いように入念な製作を行う。
② 型枠剥離剤は、吹付け塗料と相性の良い剥離剤を選び、選択に当っては塗装メーカーに確認を行う必要がある。
③ PCa版製作時の型枠の組立ては定盤と側板の接点よりノロ洩れのないように注意し、シールなどで養生する。
④ 下地補修については、セメント混入型の合成分子エマルジョンを補修材料に使用し、樹脂メーカー指定の割合で混入して使用するのが望ましい。
⑤ 吹付けに際しては、コンクリートの含水率に注意する必要がある。粗骨材に使用される人工軽量骨材の吸水率が高いことから水分がいつまでも内部に含んでおり、これが原因で乾燥遅延をもたらし、表面の乾燥状態だけの判断で塗装を開始すると、後の剥離原因となる恐れがある。
⑥ 冬季における温度・湿度管理も重要であり、工場設備としては、製品揚重設備、製品立て掛け架台、微粉末の塗料の飛散防止設備（ジャバラハウス等）、電気水道設備などが必要となる。

### 4）礫石仕上げ

昭和20（1945）年代初めより、建築用部材として「コンクリートブロック」が生まれた。この化粧ブロックとして、窓枠、手摺り、ルーバーなどのコンクリート二次部材の仕上げ材料として花崗岩、大理石の砕石を混入したコンクリートを用いて、遅延剤による洗出し仕上げが行われるようになった。この仕上げ法を用いて、化粧ブロックは次第に大型化の傾向に進んでいった。わが国最初の礫石仕上げによる外壁PCaパネルとして用いられた建物は、昭和27（1952）年竣工の「日本相互銀行本店ビル」である。この建物をきっかけとして次第に礫石仕上げが、PCaパネルの表面仕上げ法として採用されるようになった。

礫石仕上げの骨材は、花崗岩、大理石などの砕石（粗骨材20〜2.5ミリ、細骨材2.5ミリ以下）を骨材として、白色セメントに着色用の顔料を加えて着色し、礫石骨材コンクリートとして打設するものである。平板の場合は表層部分（版厚の1/2〜1/3程度）のみを礫石骨材コンクリートとし、裏面を軽量コンクリートで打設するのが一般的である。立ち上がりなどがある場合は打ち分けができないので、全て骨材コンクリートで打設する。部材成形後、コンクリート表面に小叩き・ビシャンなどの仕上げ加工を施す。

### 5）洗出し仕上げ

仕上げの方法として、遅延剤を使用した「洗出し」の方法と希塩酸などによる「酸洗い」の方法とがある。

【遅延剤を使用する場合】

初期においては、型枠に遅延剤を塗布した後にコンクリートを打設、

写真12　富山第一生命ビル

脱型後に水洗いして洗出し仕上げを行った。現在では遅延効果のあるシートを型枠に貼り付ける方法がとられ、また表面の着色も可能と成った。

初期の建物として昭和39（1964）年富山第一生命ビル（写真12）がある。この建物は開口窓のついた本格的なPCaカーテンウォールの第1号と言われている建物である。コンクリートの骨材は稲田砕石（18ミリ以下）硅砂を用い、白色セメントを使用したコンクリートで、型枠にリターダー（コンクリート硬化遅延剤）を塗布して洗い出し仕上げの方法をとっている。また内面側は白山石の入った砕石コンクリートを研ぎ出した仕上げを行っている。

【酸洗い仕上げを使用する場合】
砕石入り骨材コンクリートで打設して、脱型後適度な強度が得られた後、希塩酸（5〜10倍溶液）でコンクリート面の洗出し仕上げを行う。この場合、コンクリート強度により仕上がりの深さが変わるので酸洗いのタイミングが難しく、1枚のパネルの内でも強度が一定せず、石の出が不揃いになる。また、平板と立ち上がり面とでも石の出が違ってくる。昭和53（1973）年広島市外第二電話局（写真13）の例ではこの難しさが端的に出ている。仕様は、粗骨材（20ミリ以下）細骨材とも四国赤石と稲田石（10ミリ以下）を用い、白色セメントに赤色の顔料を加えて打設を行ったが、コンクリートの地の色である赤色の所へ白い稲田石が入ったため、洗出しの際に浅く洗えば稲田石の白色は残り、洗いが深い場合は稲田石が失われるためにむらとなって現れ、洗い深さの調節に苦労があった。

写真13　広島市外第二電話局

## 6）研出し仕上げ

砕石骨材コンクリートを打設し、外面をテラゾーブロックを造る要領で自動研磨機にて研出し仕上げを行うもの。この仕上げはテラゾーブロックの仕上げと同じであるが、製品の幅が研磨機の作業幅に左右されるので製品の巾は1.8メートル以内とされた。初期に施工された建物例には、昭和45（1970）年住友生命宇都宮ビル（白さんご・研出し仕上げ、写真14）がある。

写真14　住友生命宇都宮ビル

## 7）叩き仕上げ

砕石骨材コンクリートを打設し、脱型後所要の強度を得られた後、平ノミ、とんぼ、ビジャンなどの石材加工用の工具で、コンクリート表面の叩き仕上げを行う仕上げで、作業は石材加工職人が行った。作業能率は非常に悪く1日2〜4m²程度で仕上げが完成するまでに長期間を要する。後に機械化されたが平面のみで、微妙な力加減の必要な角出しなどの細かい作業は職人の腕にたよった。初期の建物例には昭和41（1966）年住友商事ビル（白さんご・ツツキ仕上げ、写真15）などがある。

写真15　住友商事ビル

写真16 国立劇場

写真17 鐘紡中央研究所

写真19 大石寺正本堂擁堂

### 8) サンドブラスト・ショットブラスト仕上げ

　サンドブラスト仕上げはコンクリート打設後、適当な強度（f=200kg/cm²程度）が出た時点で、4〜5号硅砂を圧力が7〜8kg/cm²のエアガンで吹出してコンクリート表面を破壊し、粗面に仕上げる方法で、硅砂の代わりに鉄砂を使用する場合はショットブラスト仕上げである。一日当りの作業能率は、ショットブラストで軽量二種コンクリートの場合20〜25m²、サンドブラストで普通コンクリート、砕石コンクリートの場合7m²程度である。仕上りは、製品の角部分や型枠の鉄板ジョイント部のノロ洩れなど、コンクリートの脆弱部分がサンドの噴射により深く堀れるか飛散するため、均一に仕上げるには如何にしてコンクリートの強度を均一に打設できるかが課題であり、残念ながら均一なコンクリートを打つことは現状では困難である。またこのブラスト作業は、エアガンのサンド噴出時の振動、高い音響、室内の砂埃など、作業員の作業環境が劣悪になり易いので対策が必要となる。

　初期の建物には、昭和40（1965）年清水商工会館（普通コンクリート、サンドブラスト）、昭和41（1966）年国立劇場（軽量コンクリート2種、ショットブラスト、写真16）、新京阪ビル（軽量コンクリート2種、ショットブラスト）、昭和47（1972）年鐘紡中央研究所（普通コンクリート、サンドブラスト、写真17）などがある。

### 9) 埋込み仕上げ

　この方法はコンクリートを打設したのち、上に薄くモルタルを敷き、この上に砕石、玉石などを一つずつ敷き並べ、振動を加えて石を埋込み、セットする特殊な仕上げ方法である。大きな面積の部材には向かない。

　初期の建物には、昭和34（1959）年国立西洋美術館（土佐青石・埋込み仕上げ）、昭和36（1961）年東京文化会館（大理石砕石・埋込み仕上げ、写真18）などがある。

### 10) 寒天を使用した打込み工法

　型枠定盤面をレベルにセットし、20〜70ミリの砕石を敷き並べ寒天を煮沸させ液状になった寒天を定盤面より定められた寸法まで注ぎ込み、固まった時点でコンクリートを打設する。脱型後寒天を除去すれば、所定の寸法の深みが得られる。この際、液状になった寒天に遅延剤を加えれば、石間のコンクリートの肌が洗出しの状態になる。使用された建物は、昭和47（1972）年大石寺正本堂擁堂（白竜石・洗出し仕上げ、写真19）などがある。

写真18　東京文化会館

　以上のように、PCaカーテンウォールの仕上げ方法として初期の時代を築いた礫石仕上げの工事は、昭和45年頃より陶磁器質タイル、本石打込み仕上げが急速に進むにつれ、次第に少なくなっている。しかしながら、礫石仕上げは礫石材料のコスト高、作業職人の不足、そして経年変化による仕上げ面の劣化、メンテナンス費用の増加などの諸条件から工事量は次第に減少し、現在では小規模な工事若しくは部分的に採用されることが多い。しかし近年、表面仕上げに「洗出し仕上げ」（「品川インターシティ」平成10（1998）年　P.48参照）や「カラーコンクリート」（「霞城セントラル」平成13（2001）年　P.39参照）を採用したPCaカーテンウォールの大規模工事が竣工した。ファサードの古くて"新しい"工法として見直されたのか、コンクリート系カーテンウォールの表面仕上げ方法として、選択肢を増やす動きがある。
　この礫石を造る技術は簡単ではなく、当時を知る技術者も少なくなった。PCaカーテンウォールメーカーとしては原点に戻り、石としてのPCaカーテンウォールを改めて見直し、技術の継承をして行かなければならない。

## 2.3 陶磁器質タイル

### 1）はじめに

　タイルを直接コンクリート表面に先付けする工法は、現場施工での「タイル型枠先付け工法*5」がある。この工法は東京オリンピックを前にした昭和30年代の中頃を初めに10数年間施工例が増えたが、「PCa版タイル先付け工法」が一般化すると次第にメインな工法としては消えていった。タイル型枠先付け工法、PCa版タイル先付け工法とも、タイル貼付けの熟練工不足から来る剥落防止を目指して開発された。当時、比較的熟練を要さないタイル圧着貼り工法を採用する工事が多くあったが剥落する例も多かった様である。

　その様な時代背景の中、PCa版タイル先付け工法は、タイル型枠先付け工法が持つ現場打設で壁部分に全くジャンカの無いコンクリートを打つ難しさから、"タイルを先付けして水平にした壁面"を工場で打設できる工法は、高いタイル付着力を得ることが出来る魅力のある工法であったと言える。また、建設現場においては無足場でタイル壁面が完成するなど、現場のプレファブリケーションを進める工法として時代の要求でもあった。

　タイルを先付けしたPCa版の最初の例は、昭和39（1964）年のホテルニューオータニ本館（写真20、21）である。この施工例はかなり早く、施工例が増えてくるのは昭和40年代前半からで、一般化したのは昭和

写真20　ホテルニューオータニ本館（妻壁）

＊5　陶磁器質タイルの現場打込みとPCa版打込み
仕上げ材としてのタイルの発展のなかで、PC構法とともに同時代のタイル仕上げとして特筆できる「現場先付け工法」があげられる。この工法は安全と施工工期を総合的に解決するべく、昭和30年頃に考案され、「ブリックタイル」（壁体打込みブリック）と呼ばれた。この打込み工法は磁器質、せっ器質の大型タイルを現場の型枠内部に桟木で取り付け、コンクリートを打設し、型枠脱型後はそのまま仕上げになるというタイル施工法。
　代表例として前川國男による作例が多く、昭和35年日本相互銀行砂町支店を皮切りに、昭和39年新宿・紀伊國屋ビル、41年埼玉会館、50年東京都美術館、国際文化会館（増築）など多数ある。特にこの工法は設計者並びに施工業者、タイル施工業者そして製造メーカー側との綿密な施工上での連携が必要であり、ジャンカのない密実な現場でのコンクリートを打込む技術が必要とされた。

写真21　ホテルニューオータニ本館

40年後半となる。一般化に至る過程の中で様々な工夫と経験の積み重ねが行われた。

### 2）試行錯誤のタイル先付けPCa版

縦と横の大きさが型枠で拘束されるPCa版は、タイルの寸法誤差を吸収するしくみが問題であった。タイル仕上げ壁面の仕上りチェックポイントは、浮き沈みがなく目地が通っていて美しく見えることが必要とされる。

この目地通りを良くするために目地マス工法が取られた。型枠のベット面にマス状に目地棒を固定し、そのマスの中に一枚一枚タイルをはめ込んでゆく方法である。しかし、「タイルの誤差が思ったより大きくてセット出来ない」、「目地通りが悪く思ったより悪く蛇行する」、「マス型枠にスチールを使用した場合、タイルの角欠けを起すことが多い」など、中々上手くいかなかった。この他に、フィルムでタイルマス型を作成した方法（昭和43年11月、ナゴヤキャッスルホテル内壁に使用）や、「ゴムマス工法」と名付けたプレス加工のゴム型枠（写真22、昭和50年、阪急グランドビル等）なども用いられた。

写真22　阪急グランドビル

予め図面通りの大きさにタイル目地が出来ている事を前提としたこの工法は、タイルの寸法誤差を許容出来ず、特にタイル誤差が大きい場合には、プラス0.5ミリのタイルでさえ3枚並ぶと少しの振動でもタイルがマスから抜け出し、打込み後動いたタイルは面から沈みこむ現象が現れた。また、小さいタイルばかり選び出して使おうとすると、タイルの小口にモルタルペーストがこびり付きタイルが汚く見えてしまった。神経を使う割には苦労が多いこの方法はいつの間にか採用されなくなった。

タイルの製作誤差を吸収し固定するための試行錯誤の結果、型枠側を細工する方法として「決め目地工法」が生まれてきた。決め目地工法は、2〜5本置きに固定目地を作って目地通りを確保し、その間の目地はスポンジゴムあるいは発泡ポリスチレンなどの置き目地材でタイルの誤差を吸収するものである（図3、4）。決め目地工法は、中間に使用する置き目地材を何種類か用意し、使い分けることによって程ほどにタイルを固定する事ができた。しかし、この「決め目地工法」にも「タイル並べに時間がかかる」、「決め目地と置き目地の目地通りに差が出る」、「型枠の修正変更に手間がかかる」などの問題があった。しかしながら、この工法はタイル打込みの基本工法として、小口2丁掛けタイルなど大きめのタイルでは現在でも時に応じて用いられている工法である。

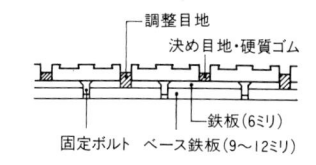

図3　決め目地工法（標準）

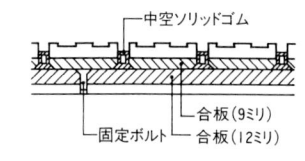

図4　決め目地工法（アレンジ）

### 3）真空パック工法

「目地マス工法」や「決め目地工法」では、タイルの寸法精度に対して許容値が小さく、PCa版工場においてはタイルの選別使用が増えてくる事になった。使用不可として選別したタイルをタイルメーカーに返すと、また紛れて戻ってくることがあり、残ったタイルは工事が

写真23　大阪ロイヤルホテル

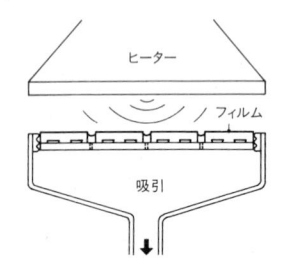

図5　真空パック製作要領

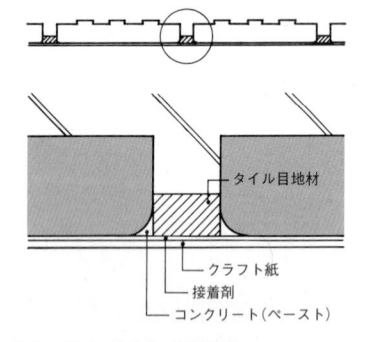

図6　PCパック（紙）の断面構成

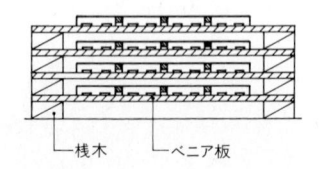

図7　デンプンのりの乾燥

終了するまで返品せず、PCaカーテンウォール部材の製作が終わってから大量に返品すると言うことがしばしば発生した。JISの寸法許容差（P.159、表5、6参照）のなかに十分納まっているタイルが不良として返品されることに対して、タイルメーカー側としても対応が求められたが、タイルの寸法精度の向上にも限界があった。

これまで、タイルメーカーは素材としてのタイルを供給するだけであったが、積極的に

工法の開発が行われた。伊奈製陶（現、INAX）は、PCa版先付け工法として「真空パック工法」を開発した。昭和46年大阪の「ロイヤルホテル」（写真23）が45×45ミリのタイルを用いた最初の実施例と思われる。真空パック工法は、タイル精度を気にすることなくシート状にパック化しPCa工場に納品、PCa工場は型枠にシートを敷き並べコンクリートを打設する工法である。また、タイル表面にセメントペーストが廻ってしまうノロ漏れの心配も無かった（図5）。しかし、この工法にも「パック間のジョイントが目立つ」、「真空パック用の製作に時間が必要で納期が遅い」、「冬季においてパック用のフィルムシートが硬くなり部材成型後のシートがはがし難い」、「タイルパック化のコストが高い」などの問題があった。特に高コストは仮設材料として致命的で工法として残らなかった。

同じような工法に「樹脂パック工法」も開発された。この方法も高コストが問題であったが、特殊なタイルで表面に凹凸があってもシートパック化が可能な方法として、現在でも採用されることがある。

### 4）リターダー工法

モザイクタイルは、通常クラフト紙に貼りつけられて市販されている。理由はコストが安く取り扱いが簡便だからである。PCa版用のシートパックも、初めは紙から始まった。現在は使われなくなった紙パックではあるが利点もある。モザイクタイルの端部は小さく球面状になっていて、この部分にコンクリートが被さってくると目地が巾広く見えたり、タイルがいびつに見えたりする（図6）。この紙パックの接着剤（その主成分はデンプン糊）にセメントの硬化遅延剤を混入することで、タイルの小口や表面に付着するセメントペーストを洗い落しやすくする。この方法を積極的に利用したのが「リターダー工法」である。タイルの間の目地材は何も使わず、接着剤の遅延効果だけでタイル目地を仕上げる方法である。昭和50年大阪駅前に建設されたマルビルはこの工法で施工された。

工数が掛からず合理的な方法と思えるが、施工上に難点があった。コンクリート硬化後、シート用の紙をはがすには水洗いすれば水溶性ののりは接着力を失いシートは簡単にはがれる。しかし、フレッシュなコンクリートは硬化するまでは水分を多量に含んでいる。この水分で、のりは接着力を失いタイルがズレを起こしてしまう欠点があった。これを解決するため、のりの改良が試みられた。デンプンの他に水溶性のある酢酸ビニルを混入し耐水接着力を高めたが、今度はコンクリ

ート硬化後の紙シートがはがれなくなった。特に冬期に12平方メートルの紙パックシートをはがすのに、お湯を掛けながら丸一日やってもまだ残っているという例もあった様である（昭和56年2月、大阪御堂筋ビル－大阪日航ホテル、写真24）。酢酸ビニルの混入量のコントロールが難しく、夏と冬とでは酢酸ビニルの混入量を変える必要があり、また一方で紙シートの破れやすさも問題であった（図7）。

リターダー効果を持たせた紙によるシートパック化は、扱いの難しさからその後試みられなくなり、シート材はクラフト紙から樹脂フィルムと変わっていった。

### 5）ラチス目地材

現在ではPCa版工場納入されるタイルは特殊な場合を除き、フィルムによるシートパック化が常識となっている。シート化されたタイルの間に入れる目地材についても工夫がなされた。シートパックのタイル間目地にはめ込まれた目地材は、ポリエチレンの30倍発泡程度の板材をタイルの大きさでタイル割りのとおりに打抜いて、残った網目状のものをはめ込んで使用した。これを「ラチス目地」と言う。昭和50年頃には採用されていた工法であるが、このラチス目地の製法は昭和48年に清水建設が所有する特許として成立していた。ただし特許としての認知度が低く、昭和52年4月の日刊建設通信に「タイル打ち込みPC版の製法について」と言うタイトルで、製法の無断使用についての警告文が掲載されている。

このラチス目地方式は、タイル誤差の吸収がしにくい欠点を持ちながら、45×95ミリ（45二丁掛け）以下のモザイクタイルでは、今なお原則的にこの目地であることを考えると、扱いの良さと一本ずつ切り離した目地を入れる手間との関係で、捨てるとこが多く材料費ではコストアップとなっても工数の低減は魅力のある工法である。

目地材の材質は、コンクリートの肌の仕上がり具合、離型性、適度な弾性、コストなどから発泡ポリエチレンに勝る材料はないとされた。発泡倍率と厚みの関係もまた大変重要なポイントで、倍率が高いと弾性が増してペースト漏れは少なくなるが、引裂き抵抗性が極端に下がって打設後の除去が難しいものとなる。厚みも3mmより薄くなっても同じことが生じる。コンクリート打設時にタイルの小口に食い込んではさみこまれる強さに対し、自分を引きはがすだけの強さが足りなくて切れ切れの状態で残り、洗いの作業が極端に難しいものになった。

### 6）おわりに―タイル打込み工法の残された問題点―

タイルの先付け工法は今、小口タイル以下の小さいタイルはタイルメーカーでパック化。

小口タイル以上の大型タイルは、PCa版工場にバラで納入されPCaメーカーが独自にパック化するか目地マス工法にするか独自の判断でというのが一般である。割り肌タイル（写真25、26、図8：滋賀銀行梅田ビル）や特殊形状のもの、大型陶板・テラコッタ（写真8：大同生命本社

写真24　大阪日航ホテル

写真25　滋賀銀行梅田ビル

写真26　滋賀銀行梅田ビル　タイル敷込み状況

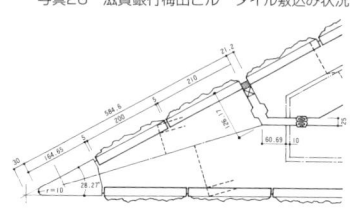

図8　滋賀銀行梅田ビル出隅詳細図

写真27　大同生命本社ビル

ビル$^{*6}$）などの打込みは、PCaメーカーの才覚で型枠に工夫をする、シートパックに仕掛けを行うなど工法の得手不得手を上手く使い分けながら行われている。

　打放しや礫石仕上げから始まったPCa版であるが、日本流のPCa版表面仕上げ法として、タイルの先付け工法がPCaカーテンウォールのかなりの面積を占めている。PCSAはタイル先付け工法の普遍化に際しては、昭和55（1980）年「タイル先付けPC部材製作指針」をまとめ、会員会社に配布している。この25年の間にタイルの製法が大きく変わった。当時、タイルの製法は湿式であったが、今では汎用的なタ

132　3　PCaカーテンウォール技術の変遷

イルは乾式工法で製造される。このため、裏足の形状も蟻足とは言えない形状となった。

タイル先付け工法は三つの点で、今だ未完であると言える。
①タイルの誤差を吸収してペーストを漏らさない目地材がまだ、完全には開発されていない。
②タイルシートの固定方法にまだ満点がない。両面テープを用いるとラスタータイルのように極めて光沢のあるタイルの場合、そのタイルパックのジョイント部は判で押したようにくっきり見えてしまう欠点がどうしても隠せない。
③タイルとコンクリートとの付着の機構が学理的に明解でない。タイルの形状・材質など選択権の無いPCaカーテンウォールメーカーだけに諸問題の責任があるのか疑問である。

特に最後の問題の解明は、タイル業界と共に今後我われPCSAにとっても死活問題である。共同研究もしくは協同委託研究など積極的な取り組みが早急に求められる時期に来ている。また、タイルのシートパック化などによる産業廃棄物の問題も正面から考えなければならない。

＊6　大同生命本社ビルのタイル打込みについて
このビルには実に多くの種類が使われている。45×95ミリのモザイクタイルから二～四丁掛の湿式せっ器質タイル、厚さ70ミリもあるテラコッタまではば広い。その打込み方法についても様々な手法が使われており、技術の集大成といっても過言ではない。「パームボールト」に使われているモザイクタイルは、天井使用ということで付着強度が問題であった。付着を高める方法については、タイルの吸水率を上げることと、裏足の形状を考える事が大切である。吸水率を上げると付着強度はほぼ直線的に増していく。しかし凍害の危険も増える。INAXの観測によると、吸水率5パーセント以下であれば、上薬がかかっていても問題ないとのことであった。釉薬がかかっていない生地そのものでは7パーセントまで問題ないそうだ。つまり釉薬は生地との温度差・温度による線膨張係数が異なるので、凍結によって釉薬の部分だけ弾けて飛ぶのだそうである。裏足の形状については実験の結果2.5ミリ深さの蟻足付きに落ち着いた。こうして天井タイルは2.5パーセントの吸水性能を持つ湿式製法のせっ器質タイルとなった。パームボールトをそれらしく見せているリブタイルは、あえて中空に加工して、タイル自体を食い付きよくすると共に、4ミリ径のステンレスP字アンカーを両端につけることで全く心配無くなった。600角の大型陶板や曲面状のテラコッタは、シリコーンゴムによる裏面処理を施した上に、「ホークアンカー」と「シアコネクター」を併用して問題の発生を極力減ずる努力をした。閉じた形状の打込みタイルはコンクリートの縮減でしばしばひび割れが生じているからこれを防ぐわけである。四丁掛タイルはクリップアンカーを併用して、少しでも付着強度が上がるよう考え、最善を尽くした。四丁掛未満のタイルは通常の蟻足だけである。

また、この他タイル輸送方法についても工夫した。数多くのタイルをPCa工場で仕分けるのは労のみ多く無駄である。そこでPCa版毎にタイル工場でセットしてもらって分別輸送してもらうことにした。こうすることで、役物タイルを作りすぎることもそれが不足でPCa版が打てなくなることも無く、実にスムーズに製造が進んだ。この輸送方法はヒットであった。

## 2.4 本石を打込む技術

　PCaカーテンウォールの外面仕上げ材として石材（本石）を用いる場合、その石材の種類によってMPCとGPCの二つの略称がある。MPCとは「Marble Precast Concrete」のことで、GPCとは「Granite Precast Concrete」の略とされる。外壁に使用する場合は、MPCの施工例は少なく、本石先付けPCa版と言えばGPCを意味するほど花崗岩を先付けした例が多い。

　本石先付けPCa版が採用された初期の例は、昭和41年に富士銀行本店（現、みずほ銀行本店）の低層棟に稲田御影を打込んだPCa版が登場している（図9、10・写真28）。また、2年後の43年にはトラバーチンを打込んだ鴻池組本社ビルが竣工している。両方ともそれぞれ石材メーカーの矢橋大理石㈱、熊取谷石材工業㈱が施工を担当した。

　当時のPCaカーテンウォールの置かれた技術的状況やディテールから推測すると、「PCa版の表面化粧材として石材」を使用したと言うより、むしろ経済的理由により「石材そのものの使用量を減らすためコンクリートを裏打ちしてパネル化した」と考えられるもので、PCaカーテンウォール工事と言うより外壁石積工事の延長線上にあるものと思われる。

　初期のGPCの代表的な建物として、昭和48年に竣工した三和東京ビル（現、UFJ銀行東京ビル、写真29）が上げられる。この工事は外装PCaカーテンウォールの「化粧材」として本石が採用され、それまでの外壁の石工事から本石先付けPCaカーテンウォール工事へと変化するきっかけとなった建物といえる。本石を先付けするに当たって裏面処理の方法、シアコネクターの本数など石屋さんの指導を受ける状態ではあったが、この三和東京ビルでの経験が、失敗も含めその後のPCaカーテンウォールとしてのGPC工法に生かされた。

写真28　富士銀行本店

写真29　三和東京ビル

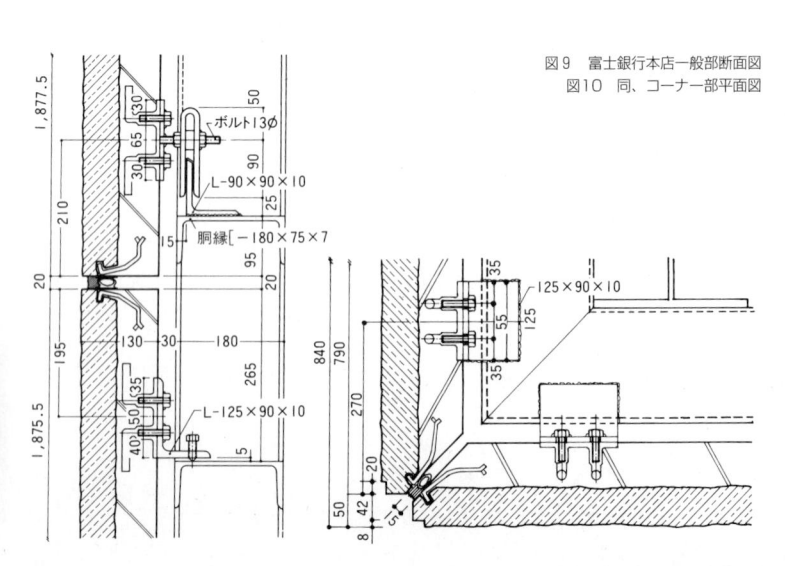

図9　富士銀行本店一般部断面図
図10　同、コーナー部平面図

1) 石材との定着の考え方

　PCa版表面に先付けされた化粧材としての石は、加わる各種の荷重と挙動に対して、版から脱落することなくその性能を保ち続けなければならない。前述したように、硬質系のGPCと軟質系のMPCを述べた。これは表面仕上げ材としての石種による分け方であるがコンクリートに対する定着の考え方の違いでもある。

　花崗岩など硬質系の石は、必要な耐力に対しアンカー金物を主体に定着を考え、大理石や石灰岩などの軟質系の石はそれ自体に付着力を期待し、アンカー金物を脱落防止の予備として配置する。この考え方は三和東京ビル以後、基本的な部分では今日まで続いている。しかし一方で昭和50年後半より、もともと物性が違う石とコンクリートを打込み一体化させることは不可能であり、熱挙動の違いはいずれ剥離の原因となり、また強引な付着は石の割れにつながる可能性がある。それならば最初から絶縁し、それぞれ自由に挙動させようという考え方が登場してきた。GPCにおいては、裏面処理材は初期付着と長期の止水性（エフロ防止）を目的に施工し、石材の定着はシアコネクターなどのアンカー金物に期待する考え方となっている。

　大理石などのMPCについてはGPCと同様の手法を取るが、比較的コンクリートと馴染みが良いこと、また機械的性質が比較的小さいことから定着金物の強度が出難く、材質的な理由により付着を期待した打込み方法が用いられている。

2) 石材の裏面処理材の変化

　裏面処理材に求められる性能は、定着の考え方と共に変化してきた。初期の頃にはGPC、MPCとも石とコンクリートを付着させるためのバインダーとしての性能のみが求められたが、昭和50年後半頃よりGPC工事が増えてきたことなどにより要求性能が見直され、個々の素材の物性差によるの挙動の違いを緩衝する性能と、裏打ちコンクリートによる白華現象を防ぐため止水性能を併せ持つことを要求されるようになった。

　裏面処理材として現在及び過去に使用された材料を上げると以下のようなものがある。

【セメントペースト系】

　ペーストのままか樹脂を混入して使用され、昭和50年後半頃まで石との馴染みを良くするため一般的な工法として使用された。特に止水性能は持たない。

【エポキシ樹脂系】

　ハマタイトY-1700で代表され、コンクリートの打継ぎ材として使用されていたものを石の裏面処理材として使用した。エポキシ樹脂を石の裏面に塗布することにより止水効果を持たせた。実績は古く、富士銀行本店にも使われた。

写真30 大正海上本社ビル

【 弾性エポキシ樹脂系 】

　昭和60年初期、柔らかく接着させる目的で開発された。裏面処理材として石の挙動に対する緩衝性と付着性を期待している。GPCの裏面処理材として望ましいため、最近の施工例ではほとんどが弾性エポキシを使用している。

【 シリコーン系 】

　エポキシ樹脂では硬過ぎて緩衝材としての性能が弱いため、石の挙動に対する緩衝性能を重視して裏面処理材として使用されたが、シリコーンオイルによる汚染の懸念や高価なこともあって使用実績は少ない。

　昭和59（1984）年大正海上本社ビル（現、三井住友海上駿河台ビル、写真30）が竣工。この建物は、施工時に石の裏面処理材が持つべき性能を検討した結果、それまでのセメントペースト系から、樹脂系の裏面処理材に変わるきっかけとなった。使用された裏面処理材はハマタイトY-1700であったが、セメントペースト系から樹脂系に移行するに際して有機系材料特有の問題に悩まされた。一つには「臭い・かぶれる」があった。これはエポキシ樹脂にアミンが含まれるためで、臭気が強いことや作業者の体質によってはかぶれる者も出、作業員には不評であった。二つ目の問題は「硬化不良を起す」ことであった。理由は主に作業者の不慣れによることからで、主剤と硬化剤の二液混合タイプのため、撹拌不良や混合量の不適により硬化不良が発生した。

　その後、PCaメーカーの要求により開発された裏面処理材は、この工事の経験が生かされ一液性となり問題が解消されている。

### 3） 石材定着金物

　PCa版用の石材定着用金物の基本的な種類には、面外力支持用の「シアコネクター」、「かすがい」、鉛直力支持用の「だぼピン」の3種が上げられる（図11）。それぞれいつの頃から使用され始めたのか不明であるが、いずれも古くからあったと思われる。形状的にはGPCの採用例が増加する間にずいぶん変化している。

　富士銀行本店では「かすがい」と「だぼピン」が使用されている。石厚が60ミリと厚いこともあるのだろうが、図12のようにかすがいは5ミリ厚の曲げプレート、だぼピンには13φの丸鋼が使われた。ともに材質はSUS27であった。富士銀行本店から3年後に竣工した「日本銀行本店営業所」では、石厚は同じ60ミリであるが、かすがいがプレートから9φの丸鋼に変わっている（図13）。現在は先付けされる石厚は30ミリ前後が主流なことから、4ミリφのSUSばね鋼線が一般的に使用されている。

　シアコネクターについては、いわゆる「えもんかけ形」のものが三和東京ビル以前から存在し、現在ではえもんかけも含め種々の形状が使用されている。スプリング式のシアコネクターが考案されたのはこ

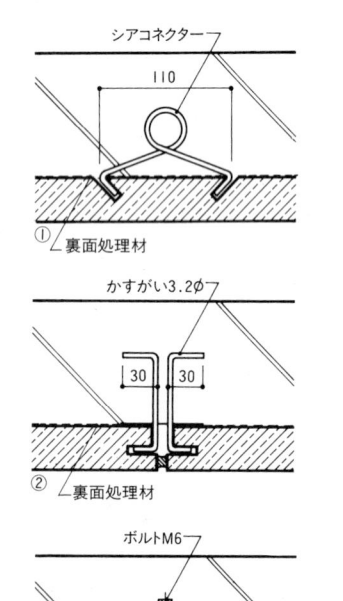

図11　本石打込み裏足アンカー金物

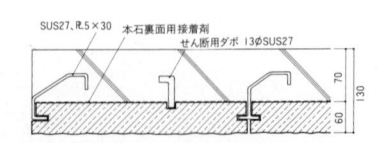

図12　富士銀行本店本石打込み裏足アンカー金物

の三和東京ビルがきっかけであった。現在ではシアコネクター用の穴は、コンピューター制御のドリルで加工され精度も良いが、当時は作業員による手加工であり、45度に穴を開けると言うことはかなり難しい作業で角度のばらつきが多かった。仕様は45度であるが、実際に計測した結果では59～67度の範囲で、かなり起き上がった状態であった。このため、シアコネクターの引き抜き耐力の低下とばらつきが発生した。また、穴の中に接着剤を充填し「えもんかけ」を固定する仕様であったが、作業性から数十万個と言う穴全てが同じ様に充填され固定できるとは考えられず、ばねの復元力で耐力を安定させようと考案されたのがこのスプリング式シアコネクターであった。これには、石の型枠内への敷並べの際、揚重機フックの掛け代になる二次的な効果も得られている。

### 4) 本石とコンクリートの界面シール

界面シール（裏面処理材）とは、図14の様に外面に先付けされた本石とコンクリートとの境目に施すシールのことで最初の施工例は大正海上本社ビルである。

PCa版を現場に取り付けた後、部材間の目地は外面側の一次シールが施工されるまで、かなりの時間上面が解放されたままとなる。この間に降雨があると石とコンクリートの界面に雨水が侵入し、石のぬれ色となって現れることがある。また、この状態で一次側のシーリング工事を行うと雨水が閉じ込められ、逃場を失い何時までもぬれ色現象が現れることになる。この様な現象を防ぐ目的で、部材側面全周に界面シールを施した。最近では雨水の受け勝手となる上面全てと部材側面の上部に施され、他の部分は開放されている例が多い。

### 5) 石目地間のシール

PCa版に先付けされた石間の目地の材料は、初期の頃から変動が少ないと言える。初期の頃にタイルの後目地と同じようにモルタルで施工された例もある（日本興業銀行本店・現、みずほコーポレート銀行・昭和49年竣工、P.28参照）が、古くからポリサルファイド系のシール材が使用されている。これは石目地間の動きは他の部位とシールと比べて微少であることと、耐汚染性が良いため他の材料に変える必要性を感じなかったものと思われる。

### 6) 乾燥収縮と版の反り

コンクリートにとって乾燥に伴う収縮は宿命的なものである。石材先付けPCa版の場合には、この乾燥収縮が版の精度確保に重大な影響を与えている。外面が石で密閉された状態の部材は、乾燥が内面側の一方向からのみ進行する。解放され空気と接する面とコンクリート内部では乾燥の度合いが異なる。このため、バイメタル現象により外面凸状に変形する。この事は経験的にも、またその理由も解っていながら、いまだ有効な対応策を見い出していない。昭和55年当時の資料に

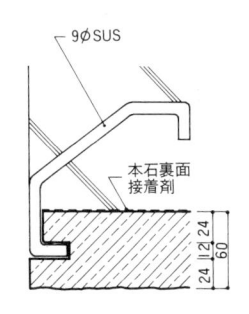

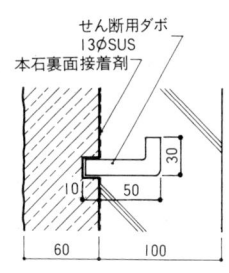

図13 日本銀行本店営業所本石打込みアンカー金物

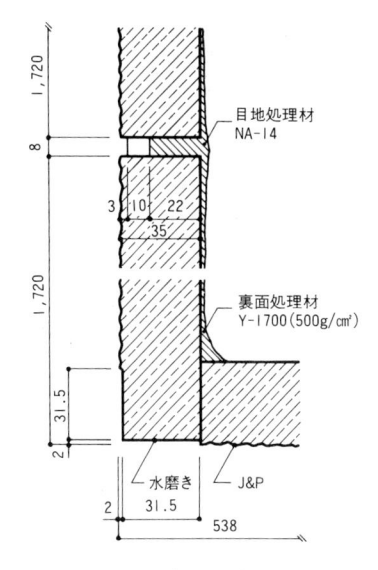

図14 大正海上本社ビルの石目地の納り

写真31 大生相互銀行

よれば、「版を設計する上ではコーナー版の変形が少ない現象からリブを付けること、製造上では平ストック時に部材の自重を利用して反り方向とは逆方向のモーメントを加えること」と記されている。その他、あらかじめ型枠に予想される「反り変形」とは逆の「むくり」を付けておく方法も試されたことがある。しかしながら、反り量の予測は難しく決定的な手法となり得なかった。

### 7) 石材の海外加工

石材先付け部材用として使用される本石は、ほとんど全てが海外から輸入され、国際的である。使用されている本石の国籍を見ると、北米、南米、インド、中国、南欧、北欧、アフリカなど全世界にわたっている。かつては原石を輸入し国内で板材にし加工していたが、昭和50年前半頃よりイタリアで加工される例が急増した。石材の種類によっては、アルゼンチン産の原石をイタリアに運び、板材加工、シアコネクター用の穴加工まで済ませて輸入し、国内では最終的な色合わせ程度という例もある。最近では、価格の点から中国産花崗岩の採用例が多い。

海外での石材加工が行われたため、それまでとは仕様が変わったところがある。昭和53年竣工の大生相互銀行（写真31）の石材はイタリア産の「ルナパール」であるが、これをイタリアのカンポロギー社で加工し輸入した。ところが当時のカンポロギー社にはシアコネクターの穴加工用のドリルが6ミリしか無いとのことで、穴径を6ミリとしシアコネクターの線径を4ミリに変えた。それまではスプリング式シアコネクターの線径は3.2ミリであり、これに4.8ミリの穴を空けシアコネクターを装着していたが、この工事以後シアコネクターの線径は4ミリのまま現在に至っている。

以上のように、GPCが本格的に高層ビルに使用されるようになった建物は、三和東京ビルであることは前にも述べた。それ以前のGPCの施工例は少なく、製作に当たってはシアコネクターの本数やそれを固定する接着剤の選択など、試行錯誤が多々あった。また、GPCを用いた複合耐火もこの工事で実施され、合成耐火構造の認定取得のため実験も実施した。外壁に使用された石材はカナダ産の花崗岩で「カナディアン・ブラック」であるが、この石はかなり硬質で、コンクリートに付着させるという意味では相性の悪い石であった。また黒色であるため、熱の影響を受けやすく剥離し易いなどの問題もあった。施工中に様々な困難が現れ解決を強いられたが、三和東京ビルのGPC工事で学んだことは、"石とコンクリートとはくっつかないもの"と言うことであった。

## 3. 防水・気密技術

### 3.1 ガスケット

　PCaカーテンウォールに限らず、工場で製作される建築部品には必ず現場で接合する部分がある。外壁にとってPCaカーテンウォールの目地は、外部と内部を通じる隙間と言える。一般に、弱点となり得る隙間は無い方が良いが、PCaカーテンウォールにとっては構造上不可欠なものである。この隙間である目地を、風雨に対しては漏水が生じないように遮断する機能、地震時の層間変位に対しては部材挙動の吸収代としての機能、相反するこのような要求にシーリング材やゴムガスケットが応え、非構造部材としてのPCaカーテンウォールを成立させている。

　また、その初期に「プレコンサッシ枠」の呼び名があったように、PCa版に直接ガラスを取付け可能なジッパーガスケットは、PCaカーテンウォール初期においては当時高価なアルミを使用しない手法として注目され、現在でもガラスが使用されない建物は無く外壁コストを低減する工法として有用されている。

#### 1）ゴムガスケット
【環状目地ガスケット】

　PCa版に先付けしてカーテンウォールを水密・気密材とする環状目地ガスケットは、構造上ストレート部分は問題ないが、コーナー部同志がぶつかり、せり合う交差部分はガスケットの変形吸収に無理が生

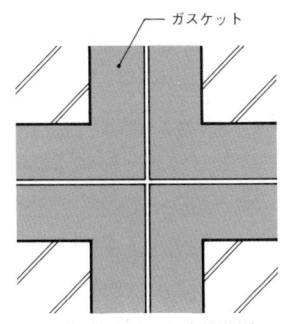

図1　クロス部目地ガスケット（理想状態）

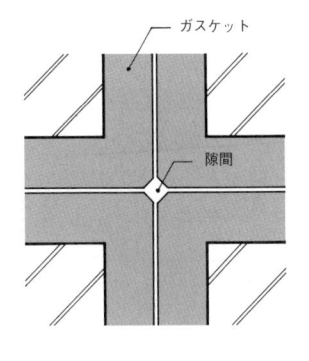

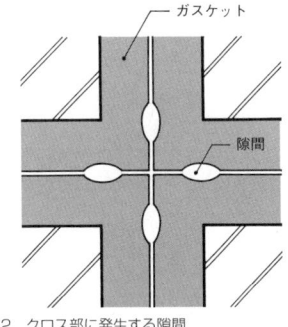

図2　クロス部に発生する隙間

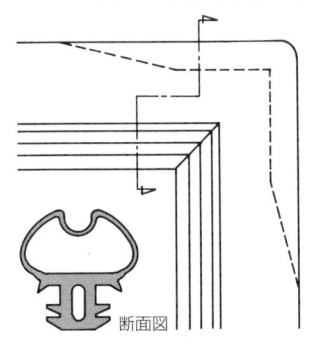

図3　ガスケットコーナー部断面形状の応用①

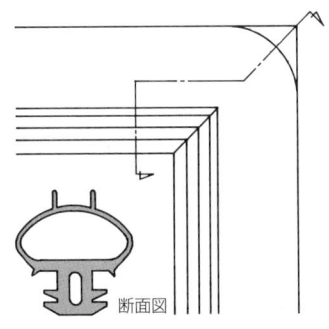

図4　ガスケットコーナー部断面形状の応用②

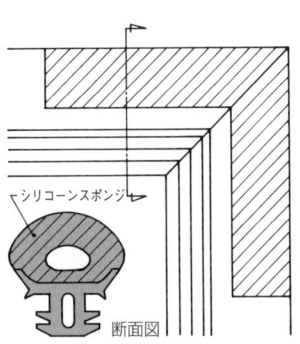

図5　シリコーンスポンジによる環状目地ガスケット

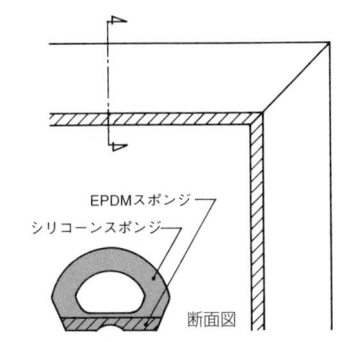

図6　シリコーンスポンジとEPDMスポンジの一体化成形

写真1 新京阪ビル

じる。図1の様に納まって隙間なく密閉するのが理想であるが、実際には図2のような隙間が生じ、この隙間が漏気の面でも最大の欠陥となっている。

　ガスケットメーカーでは当初からこの欠陥を無くすべく様々な試行・試作が行われ、図3、4のようにガスケットコーナー部に溝を付けたりヒレを付けたりと種々試みられた。隙間を無くすにはスポンジゴムで作れば柔軟な変形吸収特性で解決するが、スポンジの気泡状膜の肉厚が0.1ミリ程度の薄膜であるため、一般の合成ゴムスポンジでは耐候性が無いのと、圧縮永久歪（へたり）が大きいという欠陥があり、採用が難しかった。

　昭和57年シリコーンゴムスポンジが開発され、ガスケットコーナー部をシリコーンスポンジで作った環状目地ガスケット（図5）や、ストレート部・コーナー部も一体型となったシリコーンスポンジが誕生した。また、部材間に使用する環状ガスケットは、その初期においてはアンカーつきの環状ガスケットのみであったが、タイルなどの先付けパネルが主流となり、PCa版の形状が平板に変わってくると、PCa版の厚みの関係から環状目地ガスケットをはめ込む溝が作れない場合が生じてきた。このため貼り付けタイプが作られたが、シリコーンゴムは同種のシリコーンコーキング材でしか接着できず、接着完了までに動かない様に長時間の仮止めが必要なことなどの難点があった。

写真2　マーチャンダイズマート

昭和62年シリコーンスポンジとEPDMスポンジを一体押出し成形（図6）した環状ガスケットが登場した。この環状ガスケットの登場で、PCa版へのシリコンスポンジゴムガスケットの接着は通常の一般用合成ゴム接着剤を使用して接着が可能となり、作業性の大幅な改善となった。

## 【Y型ジッパーガスケット】

　PCaカーテンウォール用のY型ジッパーガスケットは、アメリカにおいて昭和30年頃よりメタルカーテンウォール用H型ジッパーガスケットと共に開発されたものである。アメリカでは耐風圧性能も風速40m/s（風圧70kg/m²）で可とされているが、わが国では室戸台風の風速85m/s（風圧300kg/m²）以上の例もあり、この性能アップと施工性改良が行われた。

　ジッパーガスケットを採用した最初の建物として新京阪ビル（昭和40（1965）年、竹中工務店設計施工、写真1）、大阪マーチャンダイズマート（昭和42（1967）年、竹中工務店設計施工、写真2）がある。また、部材間目地にアンカー付き環状ガスケットもこの建物が最初の採用となった。PCa版のY型ガスケット、環状目地ガスケットをはめ込むための溝は、エアーだまりが出来易く、また溝巾精度±1mmも確保し難く、当時の多くのPCaメーカーは尻込みをしていた。ジッパーガスケット溝の寸法精度は、昭和56年にJASS 17[*1]、昭和60年にJASS 14[*2]で制定され、PCaメーカーに浸透するまでには長い年月を要した。

　当時のガスケットの原材料である「クロロプレンゴム」は耐候性、難燃性に優れているが、耐寒性で冬期は結晶化による硬化が大きく、放置中に硬くなってしまう現象がおきた。この特性は施工に際して大きな問題となった。当時、PCa版は地上でガスケット、ガラスの嵌め込みをする事が多かったので何とか施工が可能であったが、メタルカーテンウォールの場合には高層での作業となり、サッシを取り付けてからガスケット、次にガラスの嵌め込み作業を行うので、低温で硬化が進むと施工が出来なくなってしまう状態となった。

　メタルカーテンウォール工事の施工例であるが、昭和43年南紀白浜空港ビルにおいてはドラム缶で湯を沸かし、これにガスケットを漬けて柔らかくして施工した。また、昭和46年大阪大同生命本社ビル（竹中工務店設計施工）では、冬期現場に小屋を作りジェットヒーターで温めながら施工を行った。

　この低温硬化の問題で、原材料ゴムの原材料メーカーであるアメリカのデュポン社に改善対策を申し入れても、「バス（風呂）に漬けろ」とか「温室に入れろ」と言った返事が来る状況で、暫らくの間この問題は改善されず冬季の施工性に大きな難点となった。同一の原材料を使用する環状目地ガスケットも同様の現象を示したが、ボリュームが無く肉厚が薄いのでかろうじて施工可能であった。

　この低温硬化の問題が解決された後、Y型ジッパーガスケットは、水密性・遮音性・メンテナンスフリー・低いコストと優位性が語ら

---

[*1] 日本建築学会・建築工事標準仕様書／ガラス工事

[*2] 同／カーテンウォール工事

れ、PCaカーテンウォールの発展と共に、新宿の京王プラザホテル、安田火災ビル等の超高層ビルに採用され急速に施工例が増大していった。

## 3.2 シーリング

【油性コーキングとポリサルファイド】

プレキャストコンクリートとシーリング材の出会いは、戦後住宅の大量供給を目的とした集合住宅にあった。当初の公団住宅は2～4階建ての建物であったが、その後プレキャスト鉄筋コンクリート造の2階建て組立て住宅が試作され、そのパネル間目地に採用された材料が、昭和25（1950）年頃から輸入され始めた油性コーキングである。

PCaカーテンウォールとシーリング材（油性コーキング材も含む）の歴史は表1の様である。古い建物としては、昭和27（1952）年日本相互銀行本店に採用されたと言われている。当時、ジョイント防水材とし

| 年度 | シーリング材の歴史 |
|---|---|
| 1950～51 | 油性コーキング材の輸入開始 |
| 1955 | 油性コーキング材の国内生産開始 |
| 1958 | 建築用ポリサルファイド系シーリング材の輸入開始 |
| 1961 | JIS A 5751（建築用コーキング材）制定 |
| 1963 | 2成分形ポリサルファイド系シーリング材の国内生産開始 |
| 1963 | 1成分形シリコーン形シーリング材の国内生産開始 |
| 1964 | ブチルゴム系シーリング材（溶剤タイプ）の国内生産開始 |
| 1966 | JIS A 5751（建築用油性コーキング材）改正（名称変更を含む） |
| 1966 | アクリル系シーリング材（エマルションタイプ）の国内生産開始 |
| 1967 | 1成分形ポリウレタン系シーリング材の国内生産開始 |
| 1969 | JIS A 5754（建築用ポリサルファイドシーリング材）制定 |
| 1969 | JIS A 5755（建築用シリコーンシーリング材）制定 |
| 1970 | 2成分形ポリウレタン系シーリング材の国内生産開始 |
| 1971 | SBR系シーリング材（ラテックスタイプ）の国内生産開始 |
| 1971 | 2成分形シリコーン形シーリング材の国内生産開始 |
| 1972 | JASS 8（防水工事）にシーリング工事追加制定 |
| 1975 | JIS A 5757（建築用シーリング材の用途別性能）制定 |
| 1978 | 2成分形変成シリコーン系シーリング材の国内生産開始 |
| 1978 | 2成分形変成アクリルウレタン系シーリング材の国内生産開始 |
| 1979 | JIS A 5758（建築用シーリング材）制定 |
| 1979 | 1成分形変成シリコーン系シーリング材の国内生産開始 |
| 1980 | 1成分形ポリサルファイド系シーリング材の国内生産開始 |
| 1984 | 「適材適所表」の発表 |
| 1985 | 建設省「共仕」4節にシーリングが追加 |
| 1986 | 1成分形変成ポリサルファイド系シーリング材の国内生産開始 |
| 1986 | JIS A 5758（建築用シーリング材）改正 |
| 1992 | JIS A 5758（建築用シーリング材）改正 |
| 1994 | 防火戸用指定シーリング材の指定を日本シーリング材工業会が開始 |
| 1997 | イソシアネート硬化の2成分形ポリサルファイド系シーリング材の国内生産開始<br>JIS A 5858（建築用シーリング材）改正及びJIS A 1439（建築用シーリング材の試験方法）制定 |
| 1998 | 2成分形ポリイソブチレン系シーリング材の国内生産開始 |
| 2000 | JASS 8（防水工事）改定<br>外壁接合部の水密設計および施工に関する技術指針（案）・同解説制定 |
| 2004 | JIS A 5758（建築用シーリング材）及びJIS A 1439（建築用シーリング材の試験方法）改正 |

表1　シーリング材の変遷

写真3　京王プラザホテル

て使用されていた材料は「油性コーキング材」であったが、まだ国内生産されておらず輸入品を使用していた。その後昭和30（1955）年に国産化され、PCaカーテンウォールに数件使用されたようである。

　昭和33（1958）年から「ポリサルファイド系シーリング材」が米国より輸入されるようになり、PCaカーテンウォールの目地にも使用されるようになった。現在、汎用的に使用されるポリサルファイド系シーリング材は、昭和38（1963）年より国内生産が開始された。

　また同年、建物が「高さ制限から容積制限」に移ったことから、鉄骨造による高層化について研究・開発が盛んになり、昭和43（1968）年のわが国初の超高層ビル三井霞が関ビルが竣工し、高層ビルにおけるカーテンウォールの時代の幕開けとなった。構造体がＲＣ造から鉄骨造へと低層から高層建築と変化に伴い、目地間に充填する弾性シーリング材の重要性がさらに増した（表1参照）。

【シリコーンシーリング材と変成シリコーン】

　PCaカーテンウォールの超高層ビルとしては、1971年当時の新宿副都心に京王プラザホテル（写真3）が竣工した。その後、メタルカーテンウォールも含め、中低層ビルから超高層ビルに至るまで、しばらくの間、二成分形ポリサルファイド系シーリング材の時代が続いた。しかし竣工後、経年劣化や熱伸縮などで接着破壊や材料破壊が生じ、漏水などの原因となった。

　この様な状況から、弾性シーリング材としてより高性能で京王プラザ建設当時から開発中であった「二成分形シリコーン系シーリング材」が注目され、各シーリング材メーカーはプライマーを含め、改修工事などで施工し実績を重ねた。その改修工事での調査・接着試験で問題の無いことを確認し、1978年GPCカーテンウォールの大規模工事日本郵船ビルのすべての目地に「二成分形シリコーン系シーリング材」を採用した。

　その後も数物件にこの材料が施工されたが、最初に施工した日本郵

船ビルの目地周辺が汚染する現象が見られた。施工を担当したマサルと各シリコーン材料メーカーは、試験と検討を重ねた結果、シリコーンよりにじみ出る低分子のオイルが汚染の原因であることが判明した。当時、シリコーンシーリング材を採用するに当たって、シーリング材そのものが原因で周辺汚染が発生するなどとは考えられず、他と材料に比べ優れた接着性能のみを考えて採用に踏み切ったと言える。この工事以後は目地周辺の汚染が考慮され、コンクリート系の建物への使用は控えられる様になった。材料メーカーにおいてもシリコーンの汚染防止に付いて研究を行っているが、現在までにまだ有効な解決を持っていない（写真4）。

昭和53（1978）年「変成シリコーン系シーリング材」が開発された。性能的にはポリサルファイド系シーリング材と、シリコーン系シーリング材の中間に位置すると考えられるシーリング材であった。長期の屋外暴露により周辺汚染は生じ無い事が確認され、昭和56（1981）年第一勧業銀行本店（現、みずほ銀行・写真5）に採用され、その後多くの建物に採用され現在に至っている。しかしながらこの材料にも、周辺汚染は見られないがシーリング材表面に埃が付着する欠点があった。また、ガラス面には使用できないと言う欠点もある。ガラスへのシール材は、周辺汚染の恐れはあるがシリコーン系シーリング材が使用されている。

最近、目地周辺を汚染せずガラス面にも使用できる二成分形ポリイソブチレン系シーリング材（PBI-2）が開発され、シリコーンや変成シリコーンに変わり得る可能性を持っていると考えられ、徐々にではあるが採用され始めている。今後、特性が見極められれば採用事例が増えるものと思われる。

　PCaカーテンウォールのジョイント部の雨仕舞い（目地止水）は、ほとんどの場合シーリング材とガスケットで行っているが、材料の耐用年数として限界があり、建物と同等の耐用年数とはならない。ガスケット用の材料は、材質が改良され「シリコーンゴム」、「EPDMゴム」、「クロロプレンゴム」と耐候性の優れた三つの材料が選択可能となり、また、不定形のシーリング材も「油性コーキング」から始まり「ポリサルファイド」、「シリコーン」、新材料として「ポリイソブチレン」が開発されて、建築外壁では納まりと選択を間違わなければ、風雨や日光に曝されながらもその性能をある程度の期間耐え得る可能性を持つものとなった。

　部材として地震や台風などへの力学的な安全性も大切ではあるが、非構造部材としてのPCaカーテンウォールを成立させている目地ジョイント部の雨仕舞いは、それと同様にまたはそれ以上に日常的な"安全性"として重要である。

写真4　シーリング材の屋外曝露

写真5　第一勧業銀行本店

## 3.3 オープンジョイント（等圧目地）

従来のPCa目地シーリング工法は、「現場施工という悪条件」、「コンクリート面とプライマーの塗布」、「接着性能のバラツキ」、「ムーブメントの追従性」等で水密・気密性能に問題を起こしがちであった。これを解決すべく昭和50年頃より「等圧工法」という防水方式が本格的に実設計、施工に採り入れられるようになって来た。この工法は昭和36年ノルウェイ、続いてカナダで研究されていたものであり、わが国では当時、東海大学石川廣三教授、東京工業大学茶谷正洋教授らが昭和40年から基礎研究が開始され、昭和46年には建設省建築研究所の瀬尾文彰氏、鹿島建設技術研究所の依田和久氏らによる「PCa版接合部のオープンジョイント」として研究、実験が行われた。

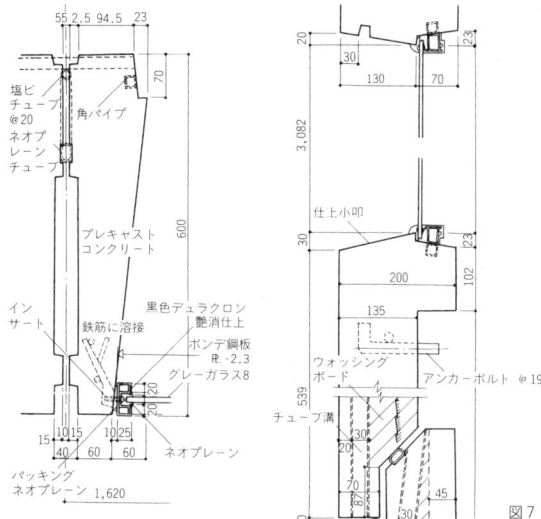

写真6　住友商事美土代ビル

### 1）住友商事美土代ビルのオープンジョイント

わが国でオープンジョイントの研究、開発が始められたばかりのころ、PCaカーテンウォールでの実施例が存在する。

PCaカーテンウォールへのオープンジョイントの最初の適用例は、昭和41（1966）年の住友商事美土代ビル（写真6）である。大林組の設計施工で、監理は日建設計工務が担当した。彫りが深く大きな開口を持ったパネルで、部材の奥行きは600mmある。部材の取り合い部分は図1の様に外部に対してオープンジョイント方式となっている。ウインドバリアとしてネオプレンゴムガスケットを用い、大きな水返しを持った断面となっている。縦目地部分には大きな減圧空間を持ち、部材の側面にはウォッシングボード（洗濯板、写真7）加工が行われている。部材の接合部から縦目地に浸入した水は、ウォッシングボード部分でガスケットに到達する前に排出されるような工夫がなされている。PCaカーテンウォールの発展期に、現在施工されているオープンジョイント目地と比しても、先駆的なディテールとなっている。

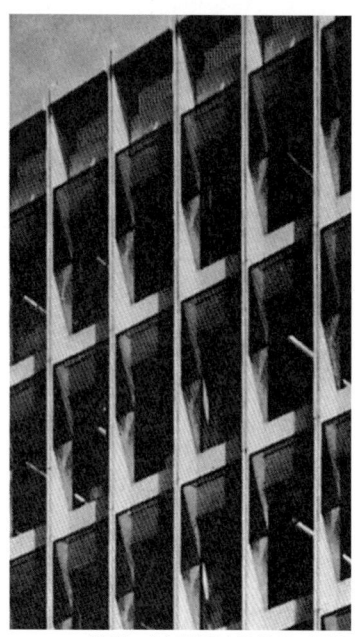

写真7　住友商事美土代ビル開口部詳細

図7　住友商事美土代ビル開口部
平面・断面詳細図

145

写真8 新宿センタービル

### 3）高層ビルへのオープンジョイントの採用

　住友商事美土代ビル以後PCa版へのオープンジョイントの適用例は、昭和47（1972）年に日本鋼管岸谷アパートの例があるが、しばらくの間PCaカーテンウォールの目地納まりとしてオープンジョイントは現れなかった。

　この間昭和50年ごろ、メタルカーテンウォールでは工法の研究が盛んに行われた。この背景にはシーリング材の経年劣化による漏水が問題となってきた事があり、カーテンウォールの総合的な雨仕舞としての等圧目地工法が研究された。研究の成果として昭和52（1977）年小倉興産KMMビル（日建設計設計）、昭和54（1979）年には高層ビルへの初の採用として、商船三井ビル（日本設計設計）に等圧カーテンウォールが採用された。この工事を担当した日本軽金属㈱では、等圧カーテンウォールシステムとして「ＴＡＷ」を発表し、開発記録が映画として残っている。

　PCaカーテンウォールへの採用は、昭和54（1979）年竣工の新宿センタービル（大成建設設計施工、写真8）で、オープンジョイントによるPCaカーテンウォールの超高層ビルへの初の採用例となる。

　この建物の目地の納まりは、縦目地ではレインバリアにガスケット、ウインドバリアにシリコーンシーラントが使用されている。水平目地ではレインバリアが無く、室内側のウインドバリアと120mmの高さを持つ水返しのみとなっている。この納まりの有効性を確認するため、角部の部材に透明なアクリルを打込み、室内側から暴風雨時に雨水の動きを観察できるような配慮を行った。この高層ビルへの採用で、PCaカーテンウォールでも、メンテナンスフリーを魅力に他の中・高層ビルでも採用が検討されるようになった。

　PCaカーテンウォールのオープンジョイントは、関西地区と関東地区では少し違った開発経緯をたどった。関東地区ではウインドバリア

写真9 大阪YMCA会館

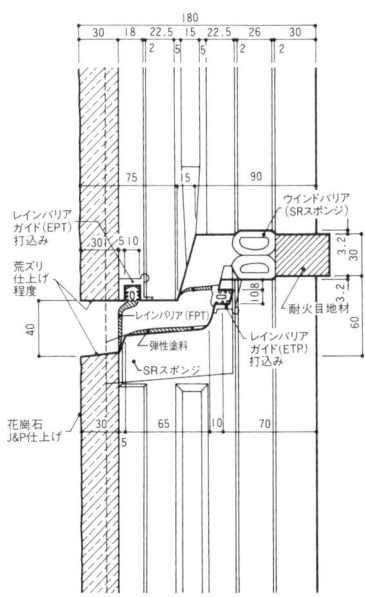

図8 大阪YMCA会館 オープンジョイント縦断面詳細図

にシーリング材を併用する例が多いが、関西地区では、完全な乾式を目指して等圧目地工法の開発が行われた。この例として昭和57年に大阪YMCA会館（竹中工務店設計、写真9）がある。この建物では、図8のようにレインバリア、ウインドバリアともガスケットを用いた乾式工法を採用した。また、この建物でも水密・気密性能を確認するためピックアップした部材の目地部と中央部にアクリル透明版を打込んで、階高別に随時室内側から等圧構造部を観察できる様にした。この大阪YMCA会館での経験を基に、昭和50年大阪ツイン21ビルA棟・B棟（日建設計設計、写真10）ではレインバリア、ウインドバリアともガスケットを用いた完全乾式工法による超高層ビルへの適用例となった。

写真10 大阪ツイン21ビル

#### 4) オープンジョイントの適用

　高層建築物においては、外壁改修工事が容易ではないため、より高耐久な止水方法が求められる。オープンジョイント工法がPCaカーテンウォールの目地部に採用される理由としては、可能な限りメンテナンスフリーを目指す工法として位置付けられる。また、高層建築物の施工時においては、シーリング作業時のゴンドラ作業が軽減できる利点も大きい。

　しかしながら、オープンジョイント構法は、高層建物などでの同一形状の部材が連続し、止水ラインが明快な壁面に向き、低層部などの他部材との取り合いなどで止水ラインがPCa版として不連続になるような場所には不向きと言える。オープンジョイント構法は一種のシステム工法であり、建物の設計から施工まで統一された思想で行わなければ、かえって漏水の危険性が高まる可能性がある。これらの特徴を良く理解した上で、適用を考えて行かなければならない。

　建設現場においてプレファブリケーションの立場から見れば、PCaカーテンウォールからウエットシールが無くなり、ガラスまではめ込まれた部材を取付ければ外壁が完成する工法は、超高層ビルにおいては非常に望ましい工法である。また、メンテナンスの面から見て、シーリング材の劣化の問題が解消することは建物の高耐久を目指す工法といえる。

　しかしながら、全ての建物・部位に等圧目地工法が万能とは思われない。PCaカーテンウォールの雨仕舞いを考える上で、従来型のシーリングを用いた納まりと等圧理論を用いた工法とを吟味し、使い分けをして行く知恵と工夫が必要であると考えている。

# PCa Column 1

## PCaの未来に向かって

**横田輝生 YOKOTA Teruo**
（横田外装研究室 主宰）

### profile
1937年京都市生まれ。1961年鹿児島大学工学部建築学科卒業後、日建設計に入社。在職中は石の乾式工法やPCaへの打込み、ガラスのDPG工法などの開発に従事。1988年定年退社し横田外装研究室を設立。主に建築の外装におけるコンサルタント、技術開発業務を行う。

### 1.外装に流行はあるのか

業界の方々と、良く、下記のような迷問答に出会う。

近年、極端に目立つガラス建築は、一時の流行であろうか。ここでまず断っておくが、ガラス建築とは、主にアルミ材を骨組みとしたガラス面積の多い外装をいう。

主題のプレキャストコンクリートカーテンウォール（以下、PCa）が活況の時代が再来するであろうか。もし、外装のデザインや採用される材料に流行があり、しかも、流行の浮き廃れの動向が読めると、関係業界では今後の業界の浮沈事情の把握はもとより、受注量の予測にも多いに役立つというわけであろうか。

ここでは、思い切って脇から、建築の「流行」に付いて、建築関係三者の見解を独言すると
1) 建築家は、流行は作りたいが、流行には乗らないと考える。
2) オーナーは、時代錯誤は避けたいと考える。
3) ゼネコンは、安ければ良いと考える。

ここで、建設を「事業」の部分という観点から捉えて、建設は上記三者の「意気投合」が基本であることを考えると、その対象である建物が既に流行の範中にあるという事であろうか。前述の答えは、「外装に流行はある」が無難な答えであろう。

### 2.外装の流行は読めるだろうか

日本におけるガラス建築は、短期間に目立って件数が増加した。これをガラス建築の流行と捉えよう、では、その流行は下火になりつつあるのだろうか。この事態の確認の一つの糸口として、以下の見方をしてみたい。

「ある要求を満たす為の技術が嘱望される時、期待される複数の技術の内、出遅れた方は先行に追い付く様に急進展する」という技術競争事象に当てはめて考えると、日本は疑い無く、外装へのガラス採用（全面熱線反射吸収ガラスビルやDPG類工法の出現）の後進国であった。

一方PCa技術（耐震工法、耐火工法、薄石打込み工法他）では早くに先進国であった。求められるCW技術に於いては、ガラス材は後者の追い付くべき技術であったというわけだ。即ち、欧米に遅れたガラスCW業界では、建築界のガラス外装への期待の高まりと共に、人材の確保、組織の充実、施設の拡充、経費予算の増額、などの手立てが図られ、より充実した技術環境の中での技術方針の選択、判断が可能となった。

業界の雰囲気の一端を担う設計業界も似たような流れ、思考体制の中で、あのガラス建築より、このガラス建築を、の技術足し算的なトライとなる。かくてガラス外装は多くなったと言われる。このところへ来て、ようやく外装設計に関するガラス技術とPCa技術がそれなりにバランスしたという見方はどうであろう。しかし、それぞれの技術環境は違っていて、ガラス側はこれまでの技術環境の縮小、判断機構の脱日本化の状況を背負い、PCa側は停滞した技術の中からの再出発となろう。外装に関して、ガラスとPCaのより高密度な技術のコラボレーションのチャンスの到来ともなり得ようか。

### 3.アルミ・ガラスCWに大きく引き離されたPCaに、立ち直り逆転の道はあるであろうか

1990年頃以後、中国、特に上海の超高層ビル群が話題になりだした頃から、日本の超高層にもアルミCWの海外調達機運が高まり、海を渡ってガラス・アルミCWのコスト急低廉化の波が押し寄せ始めた。一方、アジア産の影響を受ける事無く停滞していたPCaのコストが低廉化したアルミCWのコストを大きく上回ることとなった。PCaは比較的廉価であるという外装材料神話がここで、崩壊し始めた。

### 4.建設業の低迷、PCa業界の課題は

今後更に、竣工以前に証券化など、建築が収益狙いの事業の一道具の意味が大きくなるにつれ、PCaのコスト高は外装工法としての価値評価に、大きなハンディを背負う事となる。更に、PCaは、日本に於ける、バブル期、東京拠点ビルラッシュと2度の需要過剰の多忙の中、新多機能技術開発もままならない状態で、いきなり置いてきぼりを食らった形となった。この現状に至り、将来のPCa繁栄の為に、業界を上げて、PCaの新機能、新システムを提案し、外装はPCa、のムード作りに取り組む必要が急務である。

### 5.世界に誇るべきわが国のPCa技術とノウ・ハウの集積

#### 1.日本の超高層とPCaの黎明期

日本で2番目の超高層建築、世界貿易センタービル（東京浜松町、設計：日建設計、1970年竣工）にPCa案（設計1967年頃）があった。単窓PCaパネル式のユニットで、PCaユニット間ジョイントは一次側はオープンの目地、二次側は既にダブルの環状ガスケットの採用が考えられていた。仕上げは打放しコンクリート表面荒らし（サンドブラスト）、表面を構成するコンクリートの、細骨材には（米国産風の）薄黄味色の砂を使用したベージュ色系の物であった。元々、設計担当の一人であった高橋威氏（元日建設計）はI・Mペイの事務所で学んだ方で、この案はペイのPCa技術を下敷きにした物であった。ペイの事務所は、自らコンクリート研究工房を有し、打放しコンクリートのテクスチャー等、実験を伴う詳細多岐に渡る研究を行っていたと聞く。したがって、上記のPCa案は一度に世界水準物であった。

また、軽量化のスタディにあたり、アソウホームクリート社のプレ発泡コンクリートの打込み実験等でその採用も検討された。

#### 2.PCa外装の免震工法としてのロッキングシステム～日本アイ・ビー・エム本社ビル（写真1・設計：日建設計、1971年竣工）の超高層PCa外装の果たした技術的役割～

・PCa板ロッキングシステムの工夫と採用。
・PCa板と湿式岩綿吹付けによる柱、梁の複合耐火被覆工法の採用（竹中工務店と日建設計とで、個別耐火認定を獲得した）。
・PCa板の仕上げ表面（厚20ミリ分）を細骨材は寒水（石）の粉末、粗骨材は、メサライトの白セメントまぶしとした2度打ち工法の採用（製造、現ミナト建材社）。
・超高層の汚れ難いディテールの工夫。

- 現場外装定例の開催。
- カーテンウォール設計性能仕様書の作成（当時は建具工事仕様書のみ）。
- 耐火被覆工事仕様書（新規作成）、等の実績を積んだ。

六本木IBMビルのデザインは三栖邦博氏（現、日建設計会長）である。三栖氏はSOM事務所（シカゴ）から日建設計に移籍されての第一作である。細身の柱型を通し、梁型を奥深に納めた縦線強調ファサードの単純美は現在もその新鮮さが変わらない。外装のデザインでは柱型、梁型の出入り寸法関係とプロポーション、そのPCa間目地の位置が重要視された。PCa板のロッキングシステムの工夫無くしては、それらの設計意図をまっとうできなかったと、私は今も信じている。その後、このPCa板のジョイント耐震工法であるロッキングシステムは、金属CWはもとより、ガラスDPG工法類の耐震工法にもごく当たり前に活用されている。また、現場で、設計者と下請け業者との直接の会話は、むしろ禁じられていた当時としては、珍しく、鳶職も参加メンバーとした「現場外装定例」は、先進的な会議システムであり、「現場外装定例」とは三栖氏が命名した。以来、この現場での専門家同士の対話進行システムも、現在多くの現場で生きている。

### 3.薄石板打ち込みGPCa工法
～完成までに約15年の歳月がついやされていた～

大規模な薄石打ち込みGPC工法の初例は大手町の三和銀行東京ビル（写真2・現、UFJ銀行東京ビル、設計：日建設計、1973年竣工）である。打ち込みのカナディアンブラック石が、工事中、PCa板から剥離して浮くという事態が発生した。事態への対応の過程で、ショックベトン・ジャパン社の（故）諸橋滋己氏により、薄石打ち込み工法の3種の神器と言われるアンカーボルト（石板の中央に1箇所）、シェアー金物（ばね効果を有する石とコンクリートのアンカー）、カスガイ（石板の端部に使用）による合わせ技的石板アンカー工法が開発された。

当時は、常識として石板とコンクリートは単に打ち込むだけで接合するものと信じられていた。また事前の暴露実験においても、なぜか疑問点は持ち上がらなかった、という事情もあった。この現象を契機に、私は薄石とコンクリートは「絶縁」すべきとの考えを持った。その絶縁体とは、石板とコンクリートの間にあって、防水性が第一、接着性は低く、耐久性は高い物が望ましい、と考えていた。竹橋合同ビル（設計：日建設計、1979年竣工）の設計段階、および現場で「絶縁体」に関する提案の機会を得た。しかし現場外装定例で検討の結果では、その目的に適う絶縁物質は無い、次の機会に、ということで終わった。次の機会は、伊藤忠商事東京本社ビル写真3（設計：日建設計、1980年竣工）であった。しかし、この時点では、すでに実例が存在した。竹中工務店社の施工になる大阪の某ビルであった。横浜ゴム製エポキシ樹脂（Y-1700）を石の裏面に塗布して打ち込んだ工法であった。伊藤忠商事ビルの工事においても、迷うことなくこの前例を、踏襲させて頂いた（注・最初のY1700採用のいきさつは未調査）。トヨタ自動車東京ビル（設計：日建設計、1982年竣工）のGPC外装実験では、打ち込み石の木口からの浸入水による石の汚れへの有害な影響を確認、打ち込み石間の目地のディテールを工夫し、次の大正海上本社ビル写真4（現、三井住友海上駿河台ビル、設計：日建設計、1984年竣工）のGPC外装に望んだ。

現場では、鹿島建設社、三井建設社の技術力をあげて、これまでの、GPC外装工法の集大成とも考えられる工法が工夫、採用された。

個人的には、この工法を持って、GPC外装工法の一応の完成と見なしている。
（現在最も一般的な工法で、石の裏面にNA-14K等を塗布し、更に石目地シール部に隙間を作らない工法の完成）

### 4.アルミサッシ打込みPCa板工法
～繊細極まるノウ・ハウが存在する～

新宿NSビル（1982年・写真5）のPCaでは、現場外装打ち合わせに於いて、「アルミはコンクリート中でも水が介在しなければさびない」という大成建設の松本敏夫氏（現、吉野石膏常務取締役）の提案を受けて、アルミサッシ打込みPCa板が開発、採用された。

PCa製造時にアルミサッシもコンクリート型枠に取り付けてコンクリートを打込む製造法で、PCa板完成時にはサッシも一体で取付いているという、サッシ取付け工事の省力化製品である。その後、この工法は好評で、新宿グリーンタワービル（写真6・設計：日建設計、1986年竣工）、新霞ヶ関ビル（写真7・設計：日建設計、1987年竣工）、日比谷大ビル（設計：日建設計、1989年竣工）と実績を重ねた。この工法の品質管理のノウ・ハウは、特に製造時のコンクリートとアルミの熱伸び関係のうまいバランス関係を保つ所にある。コンクリート温度の上昇でアルミは伸びる、一方コンクリートはサッシ材へのボンドを上げながら固まってくる。

このアルミの伸び、コンクリートの水和熱による温度上昇及び硬化時間に伴うアルミとの付着発現等の微妙なアンバランス状態でコンクリートに亀裂が入るという訳だ。したがって、管理のポイントは、形状によるサッシ材のコンクリートへの固定、あるいはアルミ材を滑らすべきかの見極め、アルミの裏面処理、アルミ材端部の逃げしろの設定、コンクリート打設・養生の温度管理、アルミ材のプレ加熱、アルミ材のアンカー形状（長くしない等）、コンクリート板端部の配筋の

写真1　日本アイ・ビー・エム本社ビル

写真2　UFJ銀行東京ビル

写真3　伊藤忠商事東京本社ビル

写真4　三井住友海上駿河台ビル　　　　　　　写真5　新宿NSビル

必要、両材端部の防水シール、等、見落としてはならない。

最近、この工法に慣れが出て、ノウ・ハウの伝承が途切れてか、クレーム発生の頻度高が気になる所だ。

海外流移が予想されるこの工法、合わせて正しいノウ・ハウの伝達が期待される。

（PCa新開発の為の思考として、皆で「壁」を浮き彫りにして見る）

これまでの建築を含む広義な建造物を、全て、「壁」と「開口部」として明確に分離してみる。

【例1】デパートのプロジェクトがあれば、既案に関係なく、場合により建築家に別に依頼などして、壁部とガラス部の分離した案を作成する。

正面エントランス部は、最上部までガラスの吹き抜け、夜は照明で宝石のように輝き、壁面とのコントラストを強調する。メイン道路側は、格子状の制震壁であり、LEDを使った光情報スクリーンでもある。

ビル並び側の壁は、目クラ壁とし、壁の内側は植物仕上げ壁で、床は上階まで回廊でトップライトからの光が差し込む等の壁に仕立ててみる。などのように片端から提案しまくる。

【例2】ハイテク企業は、日本国内に、製造工場、研究機関を建設しよう。

その建築は、壁構造としよう。壁は構造体であるとともに、基礎との間は免震構造であり、壁自体は、制震構造体のPCa板である。

配筋は、配筋専門自動工場であり、型枠は日本で唯一の自動型枠製造組み立て工場で製造される。従来のPCaメーカーは、外装の営業・企画・設計を行うエンジニアリング優先の、管理事務所、工場となる。この工場では、組み立て、組み込み、仕上げ、養生等を行う。

（「壁とは、」以下のような因子を使い分けて考えよう）
○壁の印象：
重厚、エイジングによる郷愁感、落ち着き感、安心感
○壁の構成材料：
石、コンクリート、岩、苔、つた、垣根、薔薇、滝、液晶、シート
○壁の目的：
影像（色）スクリーン、風除け、爆風よけ、光よけ、影作り、日よけ、雨除け、泥除け、目隠し、遮音
○壁の構造：
制震壁、耐震壁、構造壁、断熱壁、反射壁、暖房壁、冷房壁、光壁、ハイテク壁（電子情報、自動気候演出、可動）

○壁の基本構造材：
・プレキャストコンクリート
・プレストレストコンクリート
・超高強度プレキャストコンクリート
・超軽量プレキャストコンクリート

（更に、PCa建築の将来の為に、都市の壁化についても考えてみよう）

建築を主とした、都市施設を壁の帯・群という捕らえ方をしてみよう。

都市壁の形態や機能は、縦延びの壁、横帯の壁、光の反射、風、影の為の壁、目隠し、街路、町並み、区画（防火や地域）、安全、等である。

先ず、都市壁計画に従って、壁の配置を行う。次にそれら壁に対して生活空間が取り付く、植物との共存、天候、季節との融合感、高さ数百メートル、長さ数十キロ、大壁から、高さ50センチ、長さ1メートルの小壁、時として曲がり、傾き、踊り、うねり、捩れ、都心でも決して40℃などにはならない、台風時に風害など起きない。

視線を遮らない、1日中影などありえない都市。通りの良い、都市それらの都市壁は、ロボットによる自動組立自動施工で構築される。素材は無論PCa板である。しばらくの間、都市に、建築に、壁を提案し続けてみることが必要である。

写真7 新霞ヶ関ビル

写真6 新宿グリーンタワービル

## 6.今後出現が予測されるPCa技術

○外装PCa板制震工法：

外装PCa板の重さ・硬さを使って、地震時の鉄骨フレームの変形をコントロールし、地震時に建物を安全に保持しようとするシステムである。

PCa板の剛性を上げるために、高強度コンクリートの使用、プレストレストの導入を図り、鉄骨との接合には極軟鋼材、弾性樹脂体、合成ゴム、金属ばね、油圧ダンパー等を使う。この外装制震システムは、「面白い、専門的である、コンピュータを使う」といった、「情熱を注げる仕事の3要因」を満たしている。今後、成長する仕事として、PCa業界も構造の分野だからと、敬遠せず、積極的参入を期待したい。

○コンクリート打放しエイジング仕上げ
米国に多く見られる表面仕上法
○町並みリニューアルPCa板連続壁
古いビルのコンバージョン時のクラディング
○屋上や壁の緑化の為のベースとしてのPCa構成材
○ガラスとPCa（GPC）板の有機的複合デザインの超高層住宅の外装

## 7.PCaの営業に流行は気にならない!?

東京、その建築様相の多種・多様性は、まさに乱数的無秩序にさえ見える。

一瞥で、その外装材料も、ガラス・アルミ・タイル・石を識別できる。窓の形態も縦通し・横連窓・単窓の混乱列。隣でもオーナーや、設計者が変わると、不思議と同じ形態は並ばない、同じ系列の色にはならない。

例えば、アメリカのサクラメント市のように、熱線吸収反射ガラス…熱線吸収反射ガラス・一熱線吸収反射ガラス…・（・は隣棟間隔の遠さを指す）といった単調な都市景観リズムにはならない。

東京の都市景観のリズムは、レゲのリズムだ。かくて、東京は世界一の建築形態自由都市であろう。すると、前述の外装の流行を読むことが営業活動に有効である、との見解は一笑に値することになろうか。

一方、日本で活動する外人建築家は、PCa技術に疎い。

確かに、PCaは工業化の匂いが薄い、アルミやガラスのような国際貿易資材ではない、設計段階で自国の業界とのコラボレーションが計り難い、等も理由になろうか。日本と馴染みの深い偉大な建築家で、コンクリートブロックの神様と言われた、フランク・ロイド・ライト、コンクリート肌表現の達人あるI・M・ペイ、PCa板の魔術師と言われたカーン、を思うと寂しい。

最近、大人気の街、六本木ヒルズの六本木ヒルズ森タワー、その外装パネルの多くは、メタリック塗装のPCaである。もともとの設計ではアルミパネルであったがPCa板に変更されたと聞く。この変更を設計側の意図的変更と見るか、あるいは、電波吸収機能の必要、コストやメンテナンスを読み切ったデベロッパーとしての「当然」の変更と見るか。外観を見上げて、「あれはPCa板だが、建築としての本来はアルミ板がふさわしいのでは?」と迷っているのは、私だけだろうか。

事業という捉え方をすると、コストやメンテナンスを最重要視するのが「当然」で、もはや、当然の時代になったということだろうか。

いずれにしろ、PCa業界はPCaの奥深い魅力、これからの外装としての可能性の大きさを信ずるしかない。日本のPCa技術の優秀・卓越性、設計の面白さ、PCa業界の仕事の熱心さ、等などを広く内外に、できれば外国語を使った教宣活動の活発化を期待して惜しまない。

# PCa Column 2

## PCaの施工技術

**相場新之輔** AIBA Sinnosuke
（鹿島　東京建築支店技師長）

### profile
1942年東京生まれ。1965年早稲田大学理工学部建築学科卒業。鹿島建設株式会社に入社。設計、現場を歴任後、同社建築技術本部にて約30年にわたり外装分野を担当する。著書に『PCカーテンウォールの設計と施工』（鹿島出版会）などがある。

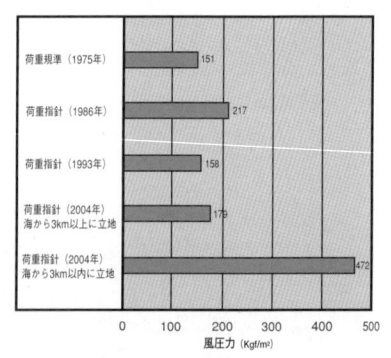

図1　再現期間の30年の風圧力（東京・高さ50m）

### はじめに
ゼネコンの技術管理部門としてPCaカーテンウォール（以下PCaと略す）に携わってから32年が過ぎようとしている。それ以前も京王プラザホテル工事の現場員として現場横の橋の下で大型PCaパネルの製造を担当していたので、合せると何年になるか…。

我々の役目は、設計者の意図するデザインを実現すべく、将来クレームが発生しないよう「いかにつくり込むか」である。当然、生産性やコストも含めてのことであるが、当時は専門メーカーともども技術的に非常に幼稚だったこともあり、色々な技術開発にまで手を出さざるを得なかった。

30数年間鹿島が施工した主なビルの外装には何らかのかたちでタッチしてきたので、思い出となる工事は数え切れないほどあるが、ここでは技術改革の第一歩となった「PCCW標準化」及びそれらの集大成として2003年に竣工した「汐留タワー」について、また最近増加傾向にある表面仕上について記してみたい。

### 1. PCaの標準化
1973（昭和48）年当時、現場打ちRC外壁にひび割れが発生し漏水にまで至る事故が多発した。その解決法の1つとして外壁のPCa化が推奨されたが、一般に外壁のPCa化は現場打工法に比較してコストアップになるとされていた。鹿島では、従来のようにJOBごとにPCaパネルの形状寸法・各部納まり・配筋・取付金物などを検討することを避けて、これらを標準化すればコストが現場打ちに近づくと考え、研究会を発足して設計から製造・運搬・取付けに至る一連の作業を検討・検証して徹底した合理化を図ることとした。

約3年に渡る研究の結果、主として次のような標準化を行い、全社に周知・展開した。

(1)　設計条件の設定
1)　風圧力：
①法による最大風圧力に対してファスナー及び鉄筋が許容応力度以下。
②再現期間30年の風圧力に対してPCaパネルに幅0.2mm（開口パネルは0.1mm）以上のひび割れを生じない。
2)　地震力：
①水平震度1.0の地震力に対してファスナー及び鉄筋が許容応力度以下。
＊水平震度を1.0と設定したのは初めて
②水平震度0.5の地震力に対してPCaパネルに幅0.2mm（開口パネルは0.1mm）以上のひび割れを生じない。
3)　変形性能：
①ファスナーは階高の1/100の層間変位に追従でき、パネルが脱落しない。
②ファスナーは温度変化によるパネルの伸縮に追従できる。
4)　水密性能：
目地は原則として二段階シールとする。
（後に等圧工法も開発）

(2)　パネル形状
フラットパネルを基本とする。パネルの最小厚さは無開口パネルで130mm、開口パネルで150mmとする。
(3)　目地など各部納まりの標準化
(4)　配筋設計
ひび割れ制御式の設定。埋込金物まわりの補強筋の標準化。
(5)　慣性力を考慮したファスナーに作用する力の整理及び標準ファスナーの開発
（スライド方式。後にロッキング方式も開発）

これらの基本となる考え方の大部分は現在も変わっておらず、いまだ広く使われている。

ここでは各々の詳細な説明は避けるが、「再現期間30年の風圧力」について現在でも問合せが多いので、決めた経緯を記しておく。

当時一般的に行われていた配筋設計は、鉄筋コンクリート構造計算規準による最小鉄筋量が入っているだけであった。一方パネルにかかる最大曲げモーメントをその部分のコンクリート断面係数(Z)で割ってその値がコンクリートの許容引張応力を上まわらないといった計算でコンクリート断面を設定していた。これはひび割れを発生させないという考え方であって、一度ひび割れが発生すると増長して種々の問題を引き起こすことになる。

われわれはコンクリートにひび割れは避けられないという前提に立って、ひび割れ幅を実害のない許容範囲に納める配筋設計方法、いわゆるひび割れ制御設計を提案した。

それではその配筋設計をするための外力をどう設定したかであるが、まず在来の配筋量と比較して過大な設計とならないよう配慮し、またコストや生産性等もあわせて考慮して、東京・名古屋・大阪など大都市の高さ45mの建物で150kgf/㎡（板厚150mmの無開口パネルが水平震度0.5を受けた時の地震荷重に相当）を基準とした。この値は『建築物荷重指針案・同解説』（昭和50年3月刊行）にて計算すると再現期間30年に相当するものであった。

当時ひび割れを制御する算定式は国内には発表されておらず、海外の文献を調査して
①溶接金網を使用した無開口パネル：アメリカコンクリート協会（ACI）の算定式
②開口パネル及び一方向配筋の無開口パネル：コンクリート構造物設計施工国際指針（CEB-FIP）の算定式

を採用することとし、ACI式にて試設計した無開口パネルの試験体を作成して載荷試験を実施した。その結果、パネルのほぼ耐力限界である835kgf/㎡を載荷しても最大ひび割れ幅は0.15mmであり、また自重を含む全ての荷重を除去した時の残留ひび割れ幅は0.06mm（最大幅の約40％）であり、過分に安全側の値であった。

一方風荷重の方は規準が昭和61(1986)年に「建築物荷重指針・同解説」と改定され、その後1993年及び2004年に改定されている。再現期間30年の風圧力もそれに

伴って変わっている。参考までに東京における（地表面粗度区分Ⅳと仮定）高さ50mの建物の再現期間30年の最大風圧力を図1に示す。特に現行指針で海から3km以内に立地する建物（例えば東京・汐留地区）の場合、地表面粗度区分Ⅰとみなされるので過大な数値となり非現実的である。今後は再現期間を固定するのでなく、建物の高さで基準荷重を設定してそれに立地条件係数を掛けたらどうかと考えている。

とりあえずは、ひび割れ制御計算に限り「海から3km以内に立地する建物」の条件を除外して風荷重を設定したい。

## 2. 汐留タワー

当建物は東京・汐留地区に建設された、38階建の事務所・ホテルの複合ビルである（写真1）。ガラスや金属を主体とした外装の超高層ビルが林立するなかで、当建物はテラコッタタイルを全面に使用した暖かみのある外観となっている。しかもタイルを下見板張りにして陰影を付け、さらにパネル間の縦目地を目立たなくして、あたかもタイルを現場張りしたような外観にしたいとの設計意図であった。

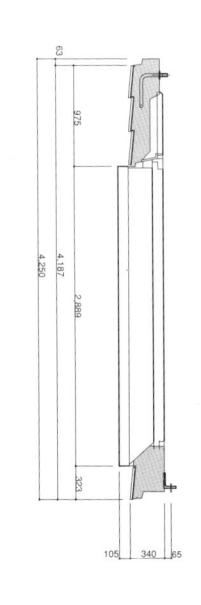

図2　パネル寸法とタイル割り

写真1　汐留タワー外観

(1) パネル形状とタイル割り（図2）

テラコッタは寸法精度があまり良くないので（±4mm）、タイルの縦目地を中央で18mm、その他を10mmとし、この10mmの部分で精度誤差を吸収した。なおパネル間の縦目地幅は18mmとした。

(2) パネル間目地

等圧目地とした。横目地詳細を図3に、縦目地詳細を図4に示す。なお縦目地のレインバリアはタイルの下見板張りに合せて段状に取り付けている（図5）。

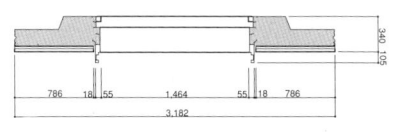

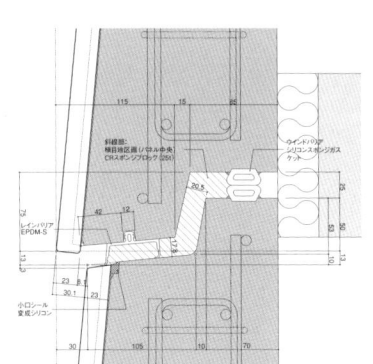

図3　横目地部詳細

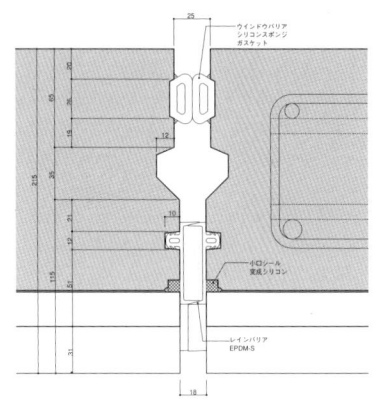

図4　縦目地部詳細

(3) タイル間目地（図6）

横目地は段状タイルを塞ぐ特殊形状の成形品とした。縦目地はタイルの寸法誤差が大きいので成形品では対応が難しく、また段状なので後打ちシーリングも手間がかかる。そこでタイル裏面からコンクリート打設前に施工できるシーリング材を採用した。

(4) 打込みサッシ（図7、8）

サッシはサイズが約2.9m(H)×1.6m(W)であり、縦枠はゴンドラガイドレールを兼用している。一般にガイドレールはパネルの縦目地に通しで設置するが、当建物の場合それをするとデザインが全く違ったものになってしまう。上下の窓間隔が約1.3mと比較的狭いこともあって、縦枠を少し突出させてガイドレールを兼用することとした。この突出が下見張りタイルに影を落として外壁全体に面白い変化を与えている（写真2）。

また上枠には吸気孔を設け、PCa部を一部欠きこんで空気を通し、ダクトに接続している。

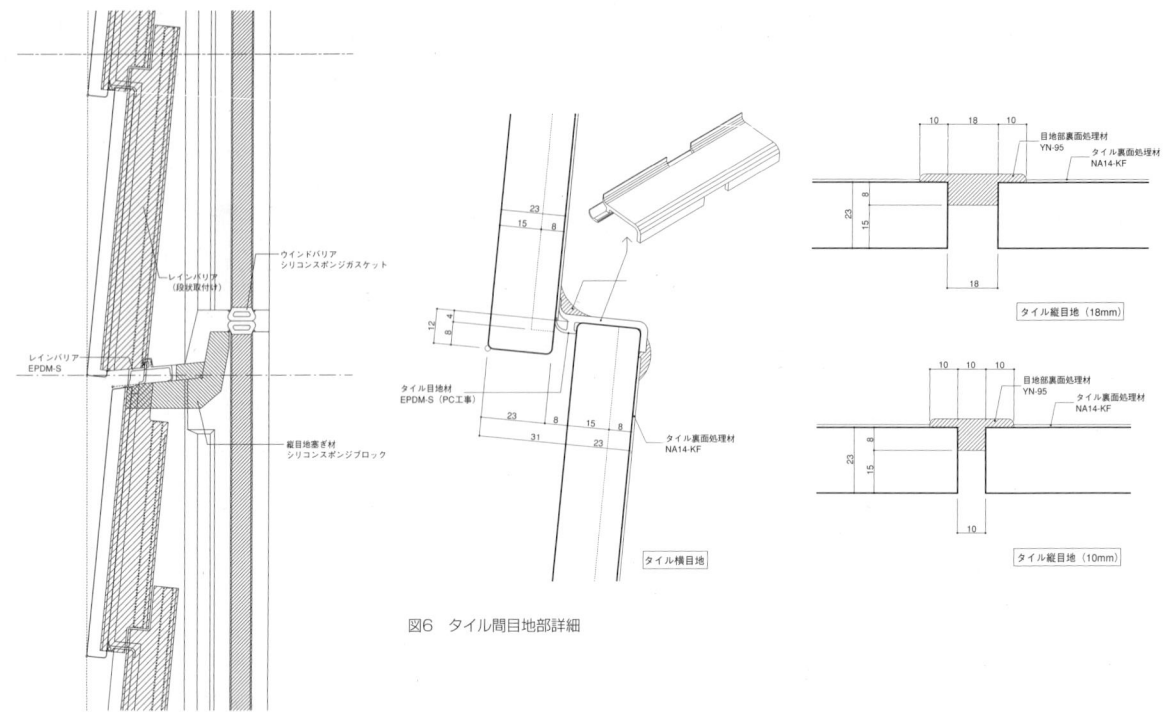

図5　縦目地レインバリアの段状取付け

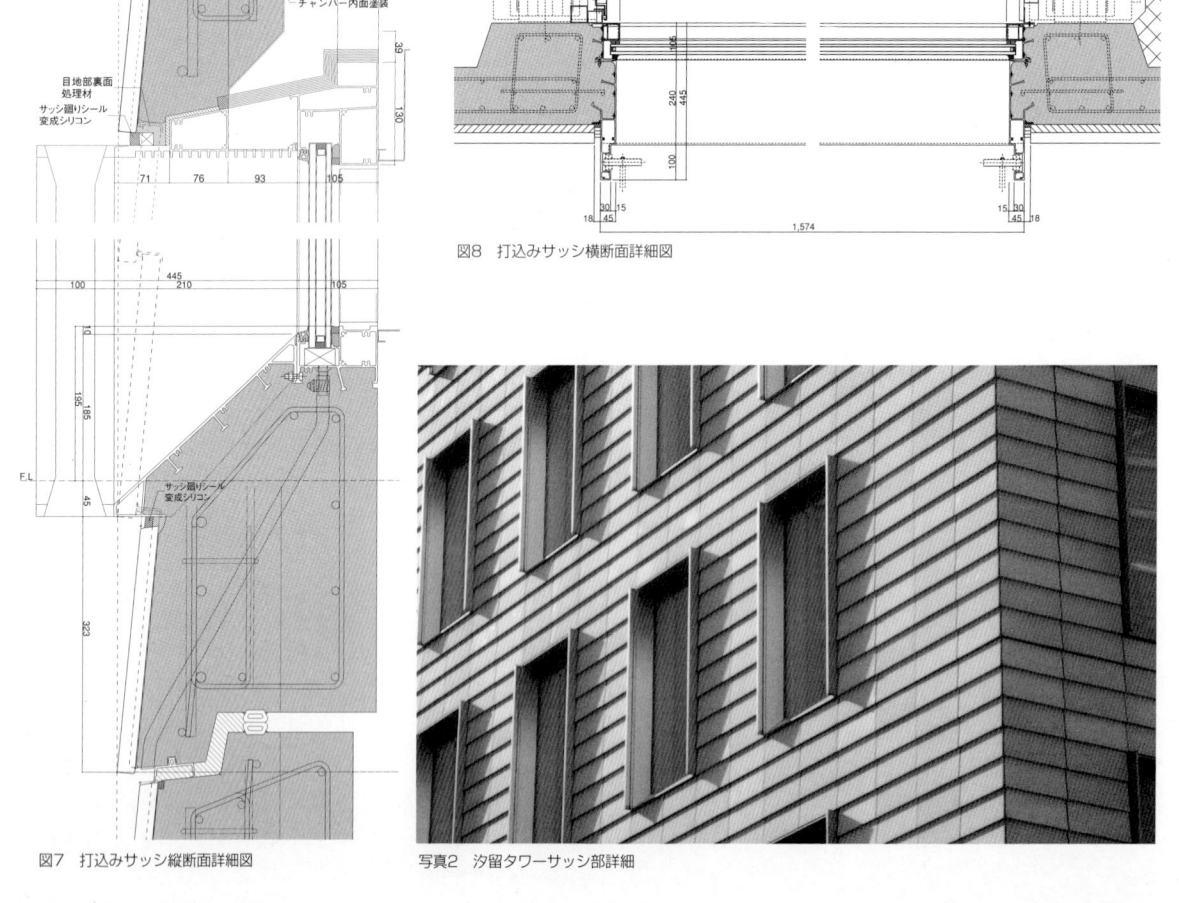

図6　タイル間目地部詳細

タイル縦目地（18mm）

タイル縦目地（10mm）

図7　打込みサッシ縦断面詳細図

図8　打込みサッシ横断面詳細図

写真2　汐留タワーサッシ部詳細

## 3. 表面仕上の一つの方向

　最近、PCaの表面に特殊な骨材を混入したコンクリートを打設して表面仕上とする工法が増えてきた。元来フランスやスペインでライムストーンに擬した仕上として採用されたと聞くが、日本では「ユナイテッド・アローズ原宿本店」（写真3 設計：リカルド・ボフィール、鹿島）を手始めに20件近くの実績がある。骨材の種類により、また酸洗いの有無や表面クリヤー塗装の種類により、様々な色調と表情が得られる。基本的には白セメントと色々な石を砕いて骨材としたコンクリートの表層部（40mm前後）と構造体となる軽量1種で構成される。表面にはフッ素樹脂クリヤー塗装又は撥水剤塗装を行う。ただ大きなパネルになるとムラが出やすいので、目地などによりパネルにパターンを入れることを薦めたい。

　例として「明治安田生命柏セイムズ」（設計：三菱地所、鹿島）を写真4に示す。また写真5・6の「時事通信ビル」（設計：鹿島、P.47参照）は寒水を骨材とした表層であるが、普通の塗装では得られない透き通るような柔らかい質感となっている。

　今までの石やタイル、塗装では物足りなく感じている設計者には選択肢の一つとして受け入れられるのではなかろうか。ガラスをふんだんに使った建物があふれている今日この頃であるが、それを否定するのでなく、むしろガラスと共存できるPCaの表面仕上が求められているのではないかと思う。

写真3　ユナイテッド・アローズ原宿本店

写真4　明治安田生命柏セイムズ

写真5　時事通信ビル

写真6　時事通信ビルパネル詳細

# PCa Column 3

## PCaへタイルを打込む技術

**山﨑健一 YAMAZAKI Kenichi**
(INAX 建材技術研究所 施工技術研究室 室長)

### profile
1957年福岡県生まれ。1982年京都大学工学部資源工科卒業。株式会社INAXに入社。社団法人全国タイル業協会在来工法研究委員長、建設省・弊政5年版建築工事施工監理指針改訂委員、建築仕上げ学会・ALC現場タイル張り工法研究委員などを歴任。タイル張りおける施工研究を行う。

写真3 乾式製法

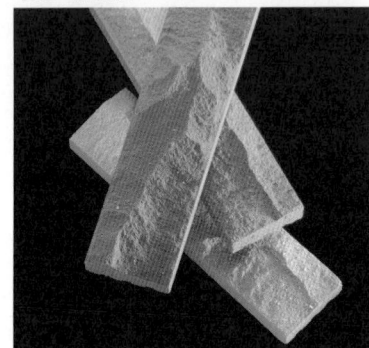

写真4 湿式製法

## 1 はじめに—タイルとは

陶磁器質タイルは、天然鉱物資源を主原料として高温焼成された焼物で、古くから建築仕上げ材料として内外装の壁材や床材に使用されている薄板状の仕上げ材料である。

### 1.1 タイルの歴史

タイルが建築の意匠材として使われ始めたのは、世界的に見れば今から約5000年前のエジプト時代にさかのぼる。以来メソポタミヤ、ヨーロッパで焼物の技術とともに発展し、全世界に普及した。数千年の時を経て現在もピラミッドの中に色鮮やかに残されているタイルも多い（写真1）。

日本では20世紀初頭に備前陶器が耐火煉瓦の製造技術を応用してタイルの製造をはじめ、1914（大正3）年に竣工した東京駅の外装に張付け化粧煉瓦が大量に使用されたのを機に外装タイルの普及につながった（写真2）。そして、1923（大正12）年の関東大震災で多くの煉瓦建築物の崩壊とともに、鉄筋コンクリート建築物が増えたことで張付けるタイルの需要が増大した。

### 1.2 タイルの特徴

タイルは、珪石、陶石、長石、粘土などの無機質天然原料を粉砕、成形、乾燥して1200℃以上の高温で焼成して作られる。その特徴は、耐熱性、耐酸アルカリ性、耐久性に優れた物性を有するとともに、色、形状、テクスチャーなどの意匠性が任意にでき、メンテナンス性に優れていることである（表1）。また、透湿・透水性がほとんどないことから、コンクリート躯体の中性化抑制効果に優れ、躯体保護効果が高いことがある（図1）。

### 1.3 タイルの製法

タイルの製法には、粉末にした原料を油圧プレスで成形する「乾式製法」（写真3）と練り土状の原料を押し出し成形する「湿式製法」（写真4）がある。

| | 性能項目 | 評価* | 備考 |
|---|---|---|---|
| 意匠性 | 色彩の種類 | ◎ | 任意の色が出せる |
| | パターンの種類 | ○ | タイル自体は正方形か長方形であるが、パターンの組み合わせは自由 |
| | テクスチャー | ○ | 表面面状は自由に変えることができる |
| 物性 | 耐候性 | ◎ | 変色・退色なく良好（数千年の耐久性） |
| | 耐汚染性 | ○ | 面状や釉薬の有無による差はあるが、一般的に良好 |
| | 耐薬品性 | ○ | 酸・アルカリに対して強い |
| | 耐熱・耐火性 | ◎ | 熱に強く、燃えない |
| | 耐水性 | ◎ | 溶解せず、強度低下もない |
| | 断熱性 | △ | コンクリートと同程度 |
| 施工性 | 遮音性 | △ | 高密度だが、熱さが薄く効果少ない |
| | 加工性 | × | 硬くて脆いため専用工具が必要 |
| | 施工性 | △ | 専門の技術と熟練が必要 |

表1 タイルの性能

写真1 現存する最古のタイル（エジプト・サッカラ）

写真2 旧帝国ホテル正面玄関（愛知県犬山市明治村）

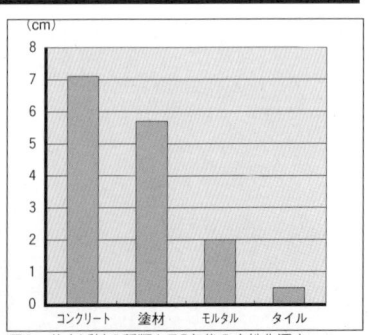

図1 仕上げ材の種類と50年後の中性化深さ

|  | 磁器質 | せっ器質 | 陶器質 |
|---|---|---|---|
| 吸水率 | 1％以下 | 5％以下 | 22％以下 |
| 焼成温度 | 1200～1300℃ | 1150～1250℃ | 1100～1200℃ |

表2　吸水による分類と焼成温度

| I類 | 3％以下 |
|---|---|
| II類 | 10％以下 |
| III類 | 50％以下 |

表3　新JISによる分類

| 用途による分類 | 使用可能場面 | 備考 |
|---|---|---|
| 外装タイル | 外壁、内壁、（外床） | 外床は滑り抵抗、耐汚れ性を満足するもの |
| モザイクタイル | 外壁、内壁、（外床、内床） | 外床は滑り抵抗、耐汚れ性を満足するもの |
| 内装タイル | 内壁 |  |
| 床タイル | 外床、内床、（外壁、内壁） | 外壁は裏面があり足形状のもの |

表4　用途による分類と使用可能場面

| タイルの寸法（L） | 外装タイル、床タイル | モザイクタイル | 内装タイル |
|---|---|---|---|
| L≦50mm | ±1.5 | ±1.0 | — |
| 50mm＜L≦105mm | ±2.0 | ±1.5 | ±0.6 |
| 105mm＜L≦155mm | ±2.5 | ±2.0 | ±0.8 |
| 155mm＜L≦355mm | ±3.0 |  | ±1.5 |
| 355＜L≦605mm | ±3.5 |  | ±2.0 |

表5　タイルの寸法精度

| 項目 | 寸法許容差（mm） |
|---|---|
| 辺長 | ±3 |
| 板厚 | ±2 |
| 対角線長差 | 5 |
| 曲がり | 3 |
| ねじれ・反り | 5 |
| 開口部内のり寸法 | ±2 |
| 面の凹凸 | 3 |
| 埋め込み金物位置 | 5 |

表6　PCaパネルの寸法精度

乾式製法はシャープな形状、湿式製法では土もの調の柔らかさを特長としている。

### 1.4　タイルの種類
陶磁器質タイルのJIS A 5209（＊）ではタイルの種類は1.吸水率による分類、2.用途による分類、3.釉薬の有無による分類がある。

#### （1）吸水率による分類
吸水率による分類では表2に示すとおり、磁器質、せっ器質、陶器質の分類がある。それらの違いは原料調合にもよるが、焼成温度の違いによるところが大きい。

#### （2）用途による分類
用途による分類と使用可能場面を表4に示す。

#### （3）釉薬の有無による分類
タイル表面に釉薬をかけたものを「施釉タイル」、釉薬をかけずに素地原料を発色させたものを「無釉タイル」と呼ぶ。

### 1.5　タイルの品質
JIS A 5209（陶磁器質タイル）によるタイルの品質では、寸法、形状、外観、吸水率、耐凍害性、耐薬品性、曲げ強さが品質基準として規定されている。そのなかで特筆すべき「タイルらしい品質」は寸法、形状、外観にある。

天然原料による成分のバラツキ、高温焼成する窯内温度のバラツキにより、乾燥収縮、焼成収縮によるバラツキが大きくなるため、寸法許容差はセメント系材料に比べても大きくなっている。そのばらつきもタイルらしさとも言われている。湿式製法では成形から焼成まで約10％が収縮して製品となっている。

表5にJIS A 5209（陶磁器質タイル）に規定されるタイルの許容寸法を示す。これはJASS 14に規定されるPCaパネ

＊ JIS A 5209（陶磁器質タイル）は、2005年に改訂が予定されており、従来の磁器質、せっ器質、陶器質の呼び名からⅠ類、Ⅱ類、Ⅲ類と変更になる予定である。吸水率の測定方法が24時間自然吸水から、強制吸水（煮沸法、真空法）による変更のためであり、強制吸水率によって表3のように分類される。

ルの製品寸法許容差と比べると長さあたりの寸法許容差が非常に大きい。二丁掛けタイル（60×227mm）の寸法許容差と3～4mの辺長があるPCaパネルの寸法許容差が同じであるということは、タイルの寸法誤差を吸収するための目地の役割が非常に重要であることがわかる（表6）。

### 1.7　タイルの目地
タイルの目地（目地割、目地形状・幅・深さ・色）は、建築物あるいはその部位の意匠を決定する重要な要素であると同時に前述したようにタイルの寸法誤差を吸収し、きれいに納めるためになくてはならないものである。また、タイル間の挙動を適度に拘束したり緩和したりする機能もあり、タイルの剥離防止にも重要な役目を果たしている。

目地割パターンにはタイルの形状によりいくつものパターンがあるが、PCaパネルに使用される目地はほとんどが「通し目地」か「馬目地」である。

目地形状はPCa先付け工法では仮目地材を入れるためそのほとんどは沈み目地となるが、タイル厚さの1/2以上の深目地は、タイルの長期的な付着強度に影響する恐れがあるので、目地深さはタイル厚さの1/2以下にしなければならない。

## 2．タイル先付けPCa工法
### 2.1　タイル施工法の歴史
タイル施工法の歴史は「剥離」と「効率化」への取り組みの流れであり、とりわけ外壁タイル張りに於いては、様々な施工法が生み出されてきた。その中でもPCa先付け工法はタイル施工法の中で最も信頼性の高い工法であり、今後も超高層ビルをはじめ様々な建物に採用されるものと思われる（表7・タイル施工法の流れを参照）。

### 2.2　PCa先付け工法のタイルユニット
タイル先付けPCaパネルが国内で初めて採用されたのは、1963年竣工のホテルニューオータニの外壁である（P.76,128参照）。当時は仮目地材を敷きながらタイルを配列し、コンクリートを打設する置目地法で製作された。その後、仕上がり品質の向上、作業性の向上を目指し、ゴム目地マス法や樹脂フィルムでユニット化したPCパックやフィルムラチスユニットが開発され、現在ではフィルムラチスユニットによる打設方法でほとんどのPCaパネ

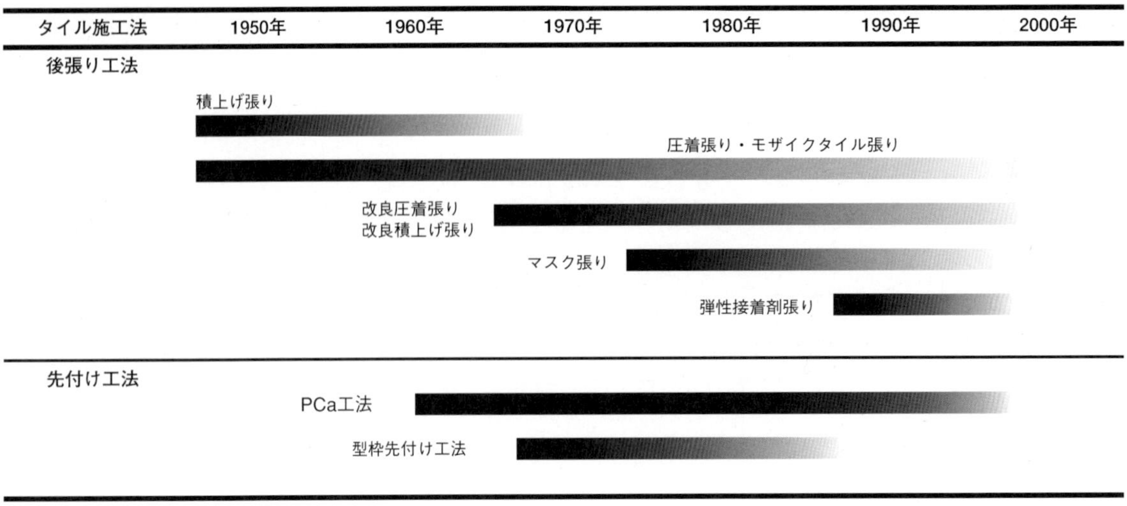

表7 タイル施工法の流れ

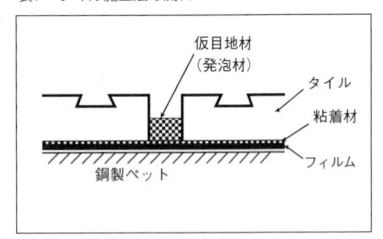

| タイル施工法 | 1950年 | 1960年 | 1970年 | 1980年 | 1990年 | 2000年 |
|---|---|---|---|---|---|---|
| **後張り工法** | | | | | | |
| 積上げ張り | | | | | | |
| 圧着張り・モザイクタイル張り | | | | | | |
| 改良圧着張り | | | | | | |
| 改良積上げ張り | | | | | | |
| マスク張り | | | | | | |
| 弾性接着剤張り | | | | | | |
| **先付け工法** | | | | | | |
| PCa工法 | | | | | | |
| 型枠先付け工法 | | | | | | |

図2 フィルムラチスユニットの断面図

ルが製作されている（図2）。

## 2.3 新たなタイルとPCa先付け工法

**① 防汚機能付タイル**—タイルは金属や塗材に比較して汚れ難い素材であるが、更にタイル表面に親水性を持たせてタイル表面に付着した汚れを洗い流す機能をもたせた防汚機能付のタイルが普及し始めている。親水性を付与するために「マイクロシリカ」を付着させた「マイクロガードタイル」と酸化チタンを付着させた「光触媒タイル」が代表的な商品である（写真5）。

○マイクロガードタイルのPCaパネル製作における注意点／

1) マイクロガードタイルは親水性が高いため、粘着材などの糊は非常に接着性が良く、そのままフィルムをタイルに貼り付けると、フィルムの剥がれが悪くなることがある。このため、タイル表面に粘着材が強固に付着しないように保護皮膜が施されている。この保護膜は水溶性で糊状の粘性があるため、PCa表面の水洗い時には滑り易い状態になる。タイル表面に乗って作業を行う場合は滑りに対しての配慮が必要となる。

2) タイル表面に施されたマイクロシリカは、タイル表面のガラス質と同様な材質であり、オートクレーブ養生のような高温高圧雰囲気下では熱アルカリで浸食を受けることがある。オートクレーブ養生を必要とする軽量PCaパネルへの先付けは不可と考えるべきである。

**② 大形タイル**—300角を越えるものを大形タイルと呼び、国内最大の形状は1200mm角のものがある。従来タイルのようにタイル裏足にコンクリートが充填される直打ちではなく、石と同様にタイル裏面に加工を施し、金具留めと絶縁処理を施す方法で打設される場合が多い（図3,写真6）。

○大形タイルのPCaパネル製作における注意点／

1) 大形タイルは石材と同じように、コンクリートと絶縁するための裏面処理と金具付けが施される。タイル保持金具は、タイルの剥落を防止するための重要な部分である。この部分に破損が起きることの無いように充分に注意をして取り扱う必要がある。

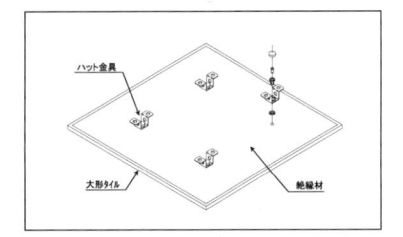

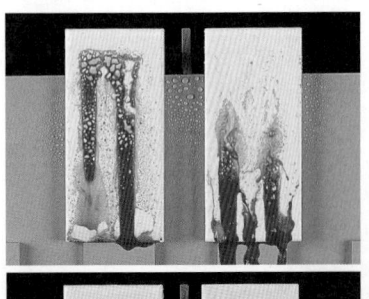

写真5（上下）マイクロガード効果比較（右・処理有、左・処理無） 　右上・図3　大型タイル裏面の金物取り付け要領　下・写真6　松坂屋南館・大型タイル施工例

## 【断熱性とメンテナンスを追求したテラコッタPCaパネル】

コンクリート打設時にタイルを一体化することで剥離に対する安全性を確保してきたPCaパネルですが、通気による断熱層とオープンジョイントを設けるために仕上げ材を先付けせずに、後張りで仕上げ材を取り付ける新しいタイプのテラコッタPCaパネルが登場してきました。

特に耐久性とメンテナンス性を重視したことによる外壁の構成と考えられますが、剥離防止の点からも仕上げ材の乾式工法による施工が要求されていますので、今後もこのような建物は増加していくものと考えられます。

380×590×40mmのテラコッタをPCaパネルへ後張りした事例の構成

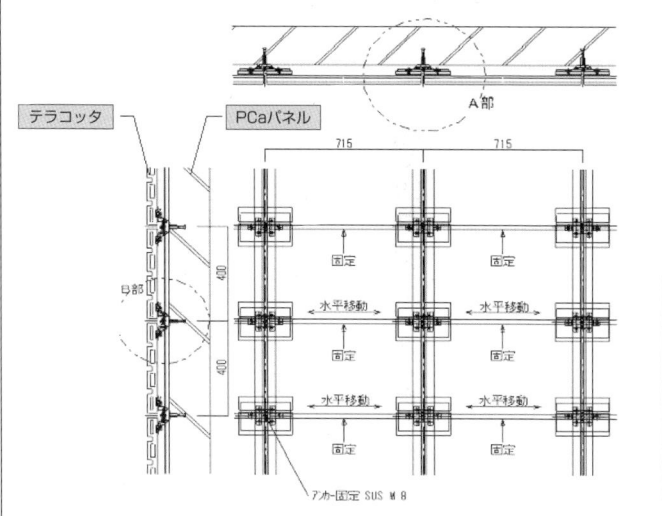

写真a　テラコッタ裏面
写真b　PCaパネルへの金具取付け状態
写真c　仕上り状態
写真d　建物例

2) 大形タイルには面反りが±1〜1.5mm程度存在する。このため、平滑性の高い鋼製ベッドに直にタイルを敷き並べると反りのためにガタつくことがある。面反りを吸収するためのクッション材（ゴム板等）をタイル目地部に敷くなどの工夫を行いタイルの敷き並べの安定性を良くする必要がある。

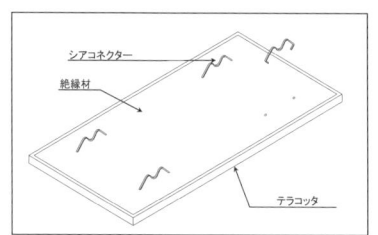

③ **テラコッタ**──大形タイルとほぼ同様な素材であるが、湿式成形で製造されることが多く、寸法精度が良くないものが多い。表面のテクスチャーは、焼物感を出すために無釉で、若干吸水率が高い材質が多いのも特徴である（図4,写真7）。

○テラコッタのPCaパネル製作における注意点／
1) テラコッタは焼物感、柔らかさを出すために吸水率が高いものが多く、コンクリートのノロ漏れにより表面を汚す恐れがある。このためノロ漏れ防止のための目地処理、端部処理を施すことが重要となる。

2) ストック時においては表面平置きでは雨水による汚れの可能性がある。このため裏面を上向けて平置きする等の養生方法が必要となる。

④ **ルーバー**──地球環境への配慮が求められる現代において、建築外装にも新たな波が起きつつあり、テラコッタ製のルーバーで、自然光との調和、遮光による省エネ、斬新的デザインを生み出した建物が現れ始めている。PCaパネルへの先付け工法は難しいが、後付けでの物件が出はじめており、その取付け方法については、ゼネコン、PCaパネルメーカー、タイルメーカーによる綿密な打合せが必要である（写真8）。

## おわりに

最近、超高層建物に使用されたPCaパネルで先付けされたタイルの剥離が起きているとの情報がある。まだ、事例は少ないようだが、原因が明確なものと原因の追求がされないまま補修が行われているものもあるという。超高層建物からタイル1枚の落下でも人命への多大な危機を及ぼすことになり、PCaメーカー及びタイルメーカーとして企業存続の危機にも直面することになる。一企業としてだけではなく、タイル業界全体の問題として捉え、プレコンシステム協会と協働してこのような問題を回避していきたいと考えている。

上・図4　テラコッタ裏面の金物取り付け要領
写真7　汐留タワー・テラコッタPCa施工例
写真8　日本工業倶楽部・テラコッタ製ルーバー施工例

# PCa Column 4
## PCaへ本石を打込む技術

**折戸嗣夫 ORITO Tuguo**
(元、矢橋大理石顧問)

### profile
1916年岐阜県生まれ。1932年(合)矢橋大理石商店入社し、1940年戦前の中国長春市の満州矢橋石廠、中国上海市の橋南建材合資会社に転務した。46年には復帰し、高度成長期の国内石材需要の戦陣を行く。76年専務取締役、後に顧問となり、退職された。

## 1 はじめに

石材が建築に使用されたのは、紀元前5000年頃からとの説がある。文化の発展に伴う建築の進歩と石材は、不可分の関係があって、採掘と運搬が安易で、しかも加工のしやすい石材の産地の近くに、古代文化が発達していることが、石と文化の関係を物語っている。

ギリシャのアクロポリス神殿(紀元前500年頃)の近くに、良質の白大理石「ホワイトペンテリコン」があり、イタリアのコロセウム他ローマの遺跡(紀元後80年頃)の地下に良質の「ローマントラバーチン」の岩盤があったことがその現れである。

太古より人々に好まれ、しかも人類史上絶対に必要であった石材は、幾世紀を経た現在でも建築を飾る必需品として、幾多の有名建築の主役として貢献しているが、その工法は幾多の変遷を経て発展してきた。

## 2 工法の変遷
### 【組積】

石塊を積み上げて、構造材と仕上げ材を兼ねた組積式工法は紀元前から続けられたが、原石を機械によって切断し板石を得る方法が開発されてから板石工法に移り変わっていった。わが国では1900年代初めまで原石を手挽きして、板石を作る方法が行われてきたが、イタリアから原石切断機が輸入されてから板石工法に移行し、従来のような純粋な組積式工法による建築は昭和30(1955)年以降はほとんど採用されなくなった。

### 【板石湿式工法】

現場貼り湿式工法は、明治・大正・昭和にわたり長期間主流を占めたが、昭和中期から躯体工事のスピード化、工事の短縮等により乾式工法が主流となった。特に、昭和53(1978)年宮城沖地震(M7.4)の際、仙台市内の湿式による外装石貼り工法にクラック等の問題が発生したのに対して乾式工法には問題が皆無であったことがあげられる。これまでの湿式工法には裏面のモルタルが原因とされるエフロレッセンスや色ムラの発生が多いこと等から、乾式工法の研究が進み、長年続いた湿式工法は次第に乾式工法に移り変わっていった。

### 【板石乾式工法】

湿式工法が石裏にモルタルを充填するのに対して乾式工法は板石の合端から支持金物により躯体に緊結する方法で、モルタルをほとんど使用しないため能率的である。またモルタルによるエフロレッセンスの発生等の問題を防止できるため、1970年頃から乾式工法の採用が増え、現在の現場貼りの本石工事は大部分がこの工法が採用されている。しかし、現在のところ板石と躯体とを緊結する支持金物の標準化には至っていない。その後、石貼りの外装が高層に及ぶにつれて、現場貼りでは追従ができず中・低層に止まり、高層建築の石貼りには「パネル工法」が新たに開発された。

### 【パネル工法(本石先付けPCa工法)】

乾式工法が追従困難とする高層建築には、工場生産された本石先付けPCaカーテンウォール(GPC等)が絶対に必要となり、今日の発展を見るに至った。その誕生と生い立ちについて、私が関与したことなどを中心にたどってみる。

## 3 本石先付けPCa工法の誕生と生い立ち

○ 昭和39(1964)年／

東京オリンピックを控えて、建築界は超繁忙となり石工事の需要も急激に増え、据付職人の払底にもっとも苦慮した。据付工の手を必要としない施工法を外装の仕上げ工法として開発するのにはまずパネル化が最適と考え、「名古屋三井中金」(松田平田事務所設計)の外装スパンドレル・方立を受注して初のPCa化に着手した。

仕上げは、当時出始めた吹付けタイル(ボンタイル)の工場吹付けで、初めての経験に苦労したが以前よりテラゾー製品で交流のあった小野田セメント中央研究所の協力もあり、まずまずの成績で完成した。当時、1㎡当たりスパンドレル4万円、方立5万円だったが、打込んでから翌日の脱型が難しく、木枠代がコストアップの主因となって利益を上げるまでには至らなかった。

○ 昭和41～42(1966～67)年／

「大阪鴻池組本社ビル」(日建設計)外装にイタリア産トラバーチンの採用が決定し、日本で初めて高層全壁面を本石打込のPCa版施工することになった。

この当時の考え方は、石とコンクリートは将来共に一体であるべきとの判断により、本石の肌離れ防止を最重点とした。今回も小野田セメントの協力を得て、型枠内に伏せた大理石の裏面にCXセメントペーストを塗り、直後に貧配合固練りコンクリートの震動打込みをした。なお、コンクリート収縮による本石との肌離れ防止のため、脱型後1ヵ月以上工場内で注水養生を続けることを厳守して、初めて

写真1 ライフジョージアビル(アトランタ・白大理石)

写真2 ニューオリンズのビル(大理石トラバーチン)

のこともあり腫れものを扱うように注意し、出荷時には本石の表面を打診して肌離れの有無を確認した。何分未経験の製品なので、長期の安全性にもっとも注意したが、おかげで無事竣工し施主から賞められ、次の「東京鴻池組本社ビル」でも続けて使用することになった。この工事の石貼りPCa版が認められて、「大阪三菱銀行」(三菱地所設計)外装の「セラストン貼り」、住友銀行福島支店・同湊川支店の外装を何れも、「キャストストーン貼り」と3工事併行での打込みの繁忙となったが、セラストンとキャストストーンは、セメント製品なので肌離れの心配はなくて済んだ。

当時、大理石PCaは15,600円/㎡、キャストストーン11,000～14,700円/㎡、据付費1ヶ4,000円位であった。

三菱銀行のPCa版は、清瀬市の大林組技術研究所で昭和41年11月震動実験を実施し、水平変位50ミリ・上下20ミリの試験結果は取り付けファスナーその他に支障なく自信が得られた。

○昭和43～44(1968～69)年／

当社では本石先付けPCa版・GPCの名称を「MAPCON」(マーブル・プレキャストコンクリートの略称)と名付け初めてカタログを製作し展開を図った。この頃、昭和43年6月から1ヵ月間アメリカ・カナダのPCa工事を視察したが、期せずして同じような製法を採っており、改めて大理石打込みの外装が優美なのに感心した(写真1、2、3)。

特に、サンフランシスコの「バンクオブアメリカ」の外装にアメリカ産花崗岩の「マホガニーレッド」4インチ(約10センチ)厚を用い、また石の裏側に軽量型鋼枠を直接締付けて、パネルにしているのには驚いた(写真4、5)。この石は日本ではもっとも高価な品種の為、この石厚で3枚は石取りをするが、現場の設計者は「アメリカでは表材を石工場からPCa工場へ、更に現場へ運ぶのに何千キロメートルとなるのでコストダウンを考えこの方法を採った」と聞いて国情の違いを知らされた感があった。52階の外装31,500平方メートルの施工単価は47,500円/㎡とわれわれとは大差だった。

この頃工場へ度々足を運ばれ新しい工法にご関心の強かった村野藤吾先生が、設計中の「近鉄六上デパート」の外装全面をユーゴースラビア産白大理石「シベック・ツヤ消し仕上げ」によるMAPCONで決めて頂いた。白大理石の外装は、アメリカでの出来栄えを見ていただけに楽しみだったが、ツヤ消し仕上げで汚れ防止に注意を要するので、工場作業員に毎朝白手袋を与えて作業させた。

村野先生は、石についてのご関心が特に強く、また新しい工法を積極的に応援して頂いて、後に開発したフレーム工法「YMストーンパネル」(図1、2)も真先に「宇部全日空ホテル」に採用して頂いた。

図1　YMストーンパネル標準断面図

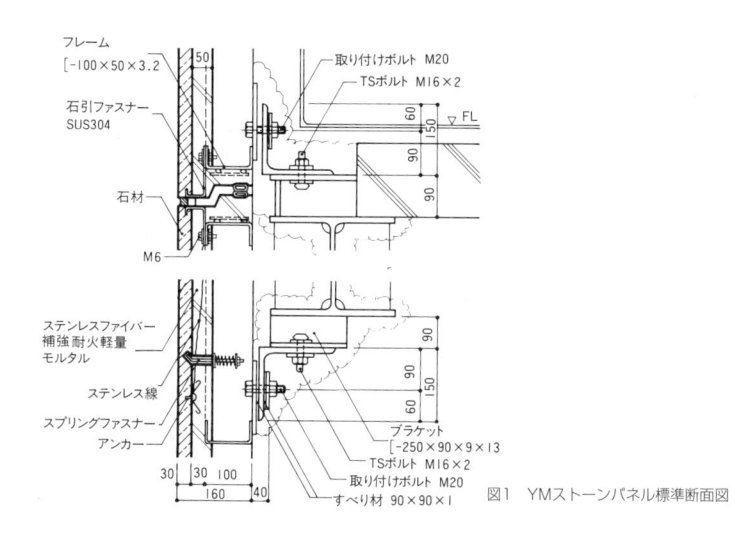

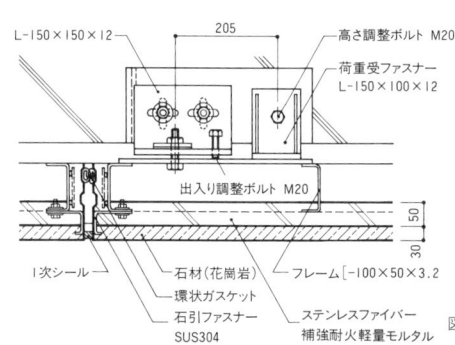

図2　YMストーンパネル標準平面図

写真3　ライフジョージアビル
(白大理石打込みPCa板)

写真4　バンクオブアメリカビル(右)
(サンフランシスコ・花崗岩マホガニーレッド)
写真5　同ビルの花崗岩石打込みPCa板(左)

写真6　上・近鉄上六ビル（白大理石シベックツヤ消し仕上げ）
写真7　中・鴻池組本社ビル（ローマントラバーチンツヤ消し仕上げ）
写真8　下・日本興業銀行

先生は「石は竣工後20～30年経った表情が一番好きだ」と言われていたが、この程この近鉄上六ビル(写真6)と鴻池組本社ビル(写真7)の竣工後25年目の外装の表情をじっくりと拝見したが、双方共明るい色調であるのにもかかわらず欠陥もなく、また汚れも認められなかった。そして、年代の貫祿に加え優美な姿を保っており、村野先生の言葉が実感出来て嬉しかった。

日本の建築界では、大理石を外装に貼ることは風化哀損を顧慮して避けるべきであるとの通説があるが、四半世紀以上を経た施工例の現状を見る限り、従来の概念を新しい工法が開発された今日では改めるべきであると思う。

アメリカでは、大理石外装の哀損度を50年間1ミリとのデータがあるが、これは誇大で、われわれの構内石貼りの実績では、山口県産白大理石が70年経て0.5ミリにもなっていない。もっともツヤ出し仕上は風雨に晒されると数年でツヤが消えるので、ツヤ消し仕上げを採用するのが良い。アメリカの大理石貼りの外装は荒摺り仕上げが多いが建物の隅角に陽光が当たっているのを日陰から見ると、半透明の感じが出てこの上なく優美な表情が現れるのは大理石の特徴であると思う。

この頃、われわれのMAPCON工法の特許申請が、特許庁の審査を経て特許公報が公布されたところ(42特願「カーテンウォール窓枠成型ブロックの製造法」公告26958号)、異議申し立てが出て国会図書館収蔵の外国文献により公知と再審され失効となったが、発明者の私もこの工法が後日これ程までに発展するとは予想もしていなかった。

○昭和45(1970)年以降／

大阪鴻池ビル、近鉄上六ビル他のMAPCON工事の実績から、日本興業銀行本店(村野・森建築事務所、現、みずほコーポレート銀行)、三和銀行東京ビル(日建設計)のGPC構想を知らされたのは昭和45年11月だった。両工事共20,000平方メートルを越す大工事であり、適確な仕様の確立と生産能力の解決に嬉しい悲鳴どころか難関山積の打解に苦しむことになった。両工事共昭和49年初めの竣工であるため、全く同時進行を必要としたが、両工事共に大林組一社の施工であったことが、工程のやりくり他に大分助けられた。両工事それぞれに仕様も石種も違っていて対応も異なったが、特に日本興業銀行本店のGPC工事を回想してみることにする。

**4) 日本興業銀行本店のGPC工事**
○ 昭和45年11月／
　サンフランシスコのバンクオブアメリカ外装と同じアメリカ産の花崗岩マホガニーレッドの本磨き仕上げで、矢橋のMAPCON仕様で行いたいと設計要旨の説明を受けると共に、協力を要請された。直ちに、原石入手の可能性を現地調査し、柱型・隅部・パラペット等の局部仕様の図面化に着手した。

○ 昭和46年5月／
　正面柱型2本を階高分の現物見本を作り、都内の矢橋寮前庭に組み、村野藤吾先生の検分を受け、PCa間の目的幅・面の太さ・飾石の形状等にわたり細かい指示を受けたが、模型から生まれた本石の柱は色調・光沢共に素晴らしく先生はご機嫌だった。

○ 昭和46年7月／
　外装用MAPCON22,000平方メートルについて11億7,000万円の設計見積書を提出したところ、事務所の予算を大幅に超えていることになり問題となった。超過分は30パーセントに及んだが、予算は先生と銀行間で打合せ済みであり、今更増額の可能性は無いのでその予算の圧縮方法について積算の中村先生と協力して検討してほしいと村野先生から要請を受けた。設計予算の基礎は、前年8月に村野藤吾先生が矢橋へ電話され、矢橋六郎専務に問合せをしたところ33,000円/㎡と返事があり、これを基準としたとのことであったが設計案が表に出ると役物が多く、当然大幅超過となったことが判った。その後も仕方なく削減策に取り組んだ。
　削減の大きなものをあげると以下の内容となった。

① 道路に面する南・東・北側は本石貼りとして、隣接建物がある西側と塔屋は同種砕石使用のテラゾーブロックとし、一部は同色によるタイル貼りとすることにより10億5,000万円に圧縮(村野先生は将来隣接の銀行協会、住友銀行が改築される場合を考慮しているとのことで、西側の南北寄りの一部を本石に戻した)。
② GPCを当社工場から現場まで運搬する運賃を節約するため、東京近郊でPCa版に打込むこととした(村野先生は近鉄上六と同一過程で製作することを主張されたが、結局ショックベトン社工場へ当社の経験工員を派遣して合同作業することとした。打込み済のGPC版は1ヵ月間屋外暴露せず、散水養生を続けること等を条件として了承された)。
③ その他細部にわたり仕様簡略化へと設計変更をお願いしたが、なお予算との差があった。

　これ以上の減額方法は見つけようがなかったので、最後の方法として一番金額の嵩張る西北面住友銀行寄りの内円径傾斜壁の設計変更を頼むことにした。ここは先生独特のフリーハンド曲線にはじまり、傾斜しつつ上るに従って絞られ上端の曲線へ納まるという、かつて前例のない大型のオブジェ様の模型が製作されていた。これを実現するには一個毎に形の異なる石を手作りし、PCaも一個毎に型枠を必要とするという実現至難の壁であった。これをできる限り、画一化して省力化することが、唯一残された方法と考えたので先生に報告した。聞いておられた先生の表情が堅くなって「ここはこの建物の象徴として考えたところです。この部分に手をつけることは止めてください」と強く言われ、私も失礼をお詫びして辞去した。その後、1週間程調整作業が頓挫のままの夕方、先生から電話が入って「いろいろ考えたが、これ以上方法がないとなれば致し方ないので、修正案を図面化して下さい」と譲歩してもらえることになった。早速原案を尊重しつつ画一化して、現在の形まで了承してもらった結果、8億6,000万円に絞った最終案を提出した。
　この年12月アメリカから入荷の原石切断を初め、翌昭和47(1972)年石材の加工も進み、11月初のショックベトン社工場に村野事務所、大林組の立会いのもと、柱型第一回を打込み、翌日脱型後の製品検査も合格して全面的に進行となった。

　日本興業銀行本店ビル (前出) は竣工後30余年を経た現在も，村野藤吾先生代表作の名建築としての偉容を示しているが、予算調整のためとは言え、ご設計の焦点であった西北隅のオブジェ的曲線壁を修正したことを、泉下の先生に申し訳ない気になり思い出深い建物である。

PCaカーテンウォールの実力

# 4 PCaカーテンウォールデザインの可能性

東京大学大学院新領域創成科学研究科環境学専攻 清家研究室編

PCaカーテンウォールの技術は、1990年代にはほぼ完成の域に達しており、様々な仕上げや形状が自由に組み合わせられるレベルになっている。しかし、建築の設計やデザインはより新しいものを追求し続けており、その後も様々なファサードを生み出している。ここでは、こうした技術を使いこなして新たな魅力あるファサードを創出している最新の事例をとおして、PCaカーテンウォールがどのように進化を遂げようとしているのかを最新実例によって解説する。

### PCa最新作品例
竹中工務店東京本店新社屋（2004年）
霞城セントラル（2000年）
明治生命青山パラシオ（1999年）
スペイン大使館（2004年）
宇宙航空研究開発機構（2003年）
品川インターシティ（1998年）
同志社大学会館・寒梅館（2004年）
日本生命丸の内ビル（2004年）
六本木ヒルズ森タワー（2003年）
汐留タワー（2003年）
丸の内ビルディング（2005年）

### 主要PCaディテール
赤坂中央ビル（1964年）
鹿島建設本社ビル（1968年）
京王プラザホテル（1971年）
旧三和銀行東京ビル（1973年）
東京海上ビルディング（1974年）
新宿センタービル（1979年）
新宿グリーンタワー（1986年）
神戸市庁舎（1989年）

※記載したデータで、PCa製造メーカーに関してはすでに会社を閉じたもの、また社名を変更した企業があるため、竣工当時の社名を用いた。

### 資　料
【年表1】PCaカーテンウォール／仕上げ材の変遷
【年表2】PCaカーテンウォール／
　　　　層間変位への対応・素材の軽量化

MARUNOUCHI HOTEL

事務所建築

## 竹中工務店東京本店新社屋　　竹中工務店

所在地：東京都江東区
主要用途：事務所
設計：竹中工務店
施工：竹中工務店
竣工年：2004年
PCaメーカー：ミナト建材

### 少ない型枠数で複雑なパターンの外観を演出

**【建物概要】**
この建物の外観は、非常に複雑な模様を描き出しているように見えるが、カーテンウォールの形状の種類は、それほど多くなく、しかも型枠の数は非常に少ない。元来、PCaカーテンウォールは、少ない型枠で大量生産することでコスト面で有利となる。しかし多くの建築物では複雑な形状の役物が発生して、多数の型枠を必要としてきた。しかしここでは大きな窓のパネルと縦長窓のパネルおよび無開口パネルの3パターンを基本とし、窓の位置が逆のものは窓の型枠だけを移動させて、外側は同じ型枠で造るという巧みな型枠転用計画を行って、型枠数を少なくしているのである。仕上げ面にも特徴があり、新規開発の石英ガラス廃材、ライムストーン、再生骨材を打ち込み、研ぎ出しを行っている。また平滑な面だけでなく凹凸のある部分をつくり、基本的な型枠は同じでも異なる表情のパネルを造っている。これらをうまく配置することで、非常に複雑な外観を造り出しているのである。また、構造と設備と巧みに組み合わせた環境配慮型カーテンウォールでもある。

南東側全景。手前は食堂棟

西側のPCa版詳細

西側外壁見上げ

西側外観

西側外観詳細。窓はPCa版に打込まれたジッパーガスケットサッシによりランダムにレイアウトされている

PCaカーテンウォールデザインの可能性

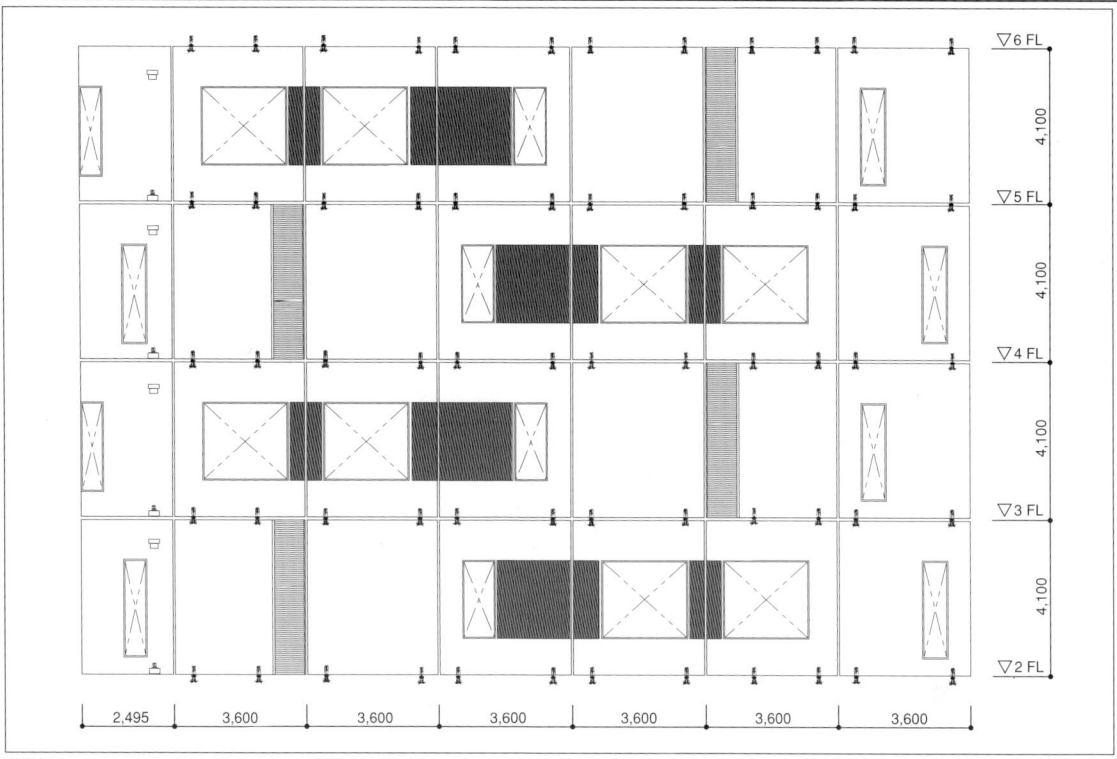

西側立図

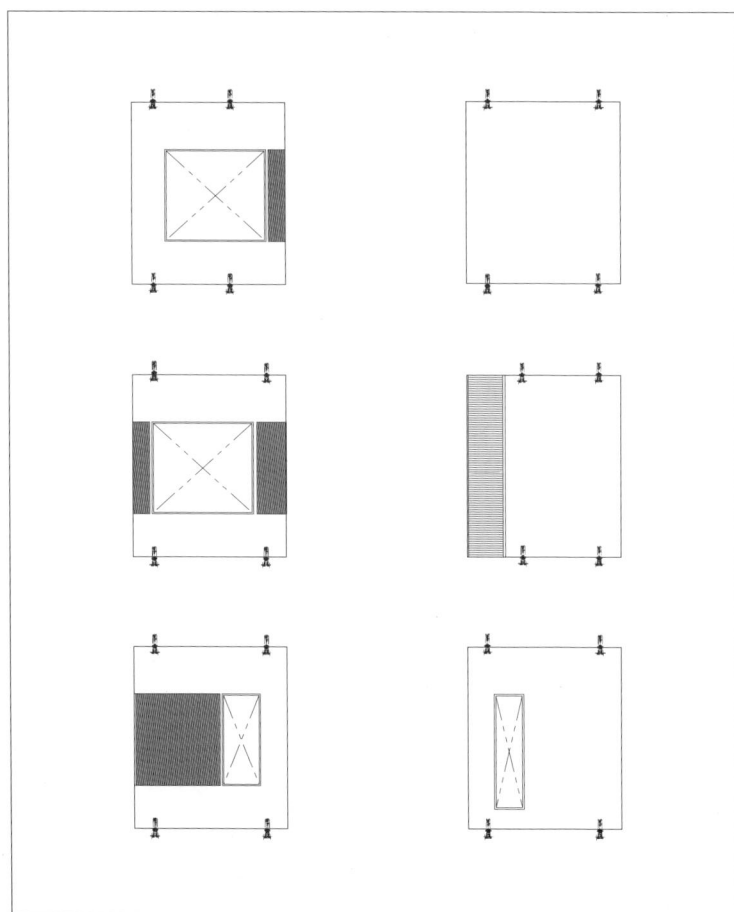

外壁パネルの種類と構成

工場での検査風景

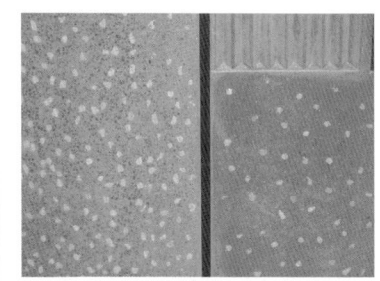

外壁ディテール。石英ガラス廃材、ライムストーン、再生骨材を打込み研ぎ出したPCa版

工場での製作風景

169

事務所建築

## 霞城セントラル

日建設計・大成建設設計共同企業体

所在地：山形県山形市
主要用途：事務所・学校・駐車場・ホテル・店舗・映画館他
設計：日建設計・大成建設設計共同企業体
施工：大成・日商岩井共同企業体
竣工年：2000年
PCaメーカー：ミナト建材（低層棟）
　　　　　　高橋カーテンウォール工業（高層棟）

### 美しいカラーコンクリートで複雑な形状を実現

【建物概要】

この建物の外観は、落ち着いた明るい色合いのコンクリートが、細やかで複雑な形状を造り出している。通常PCaは、塗装をしたりタイルや石を打ち込むことによって、様々な色をつくり出す。しかしここでは、コンクリートの中に顔料を添加したカラーコンクリートが採用され、塗装とは異なる自然石の風合いをもった外装が造られている。また、パネル強度を確保するために内側に設けるリブを外側に出してデザインに取り込み、水平垂直の庇として彫りの深い形状とするだけでなく、日射遮蔽の効果もねらっている。カラーコンクリートの色のコントロールには十分注意を払う必要があり、色合いを調整するため顔料の配合比や型枠の材質、剥離材の物性、打設時のバイブレーターのかけ方、蒸気養生の方法なども詳細に検討して打設された。この調整をしても、完璧な色の一致は難しく、ある一定の範囲内での調整を行うこととなる。また開口まわりでは自然換気のための外気導入口を設置しており、PCaの細やかで複雑な形状が設備とも一体となった外装を造り出している。

山形駅西口から見る全景

南側全景。手前は低層棟　奥に見えるのが高層棟

西側からアトリウムへのアプローチを見る

低層棟を見上げ。低層棟、高層棟ともにコンクリートに顔料を添加した工場打設によるカラーPCaコンクリートを使用

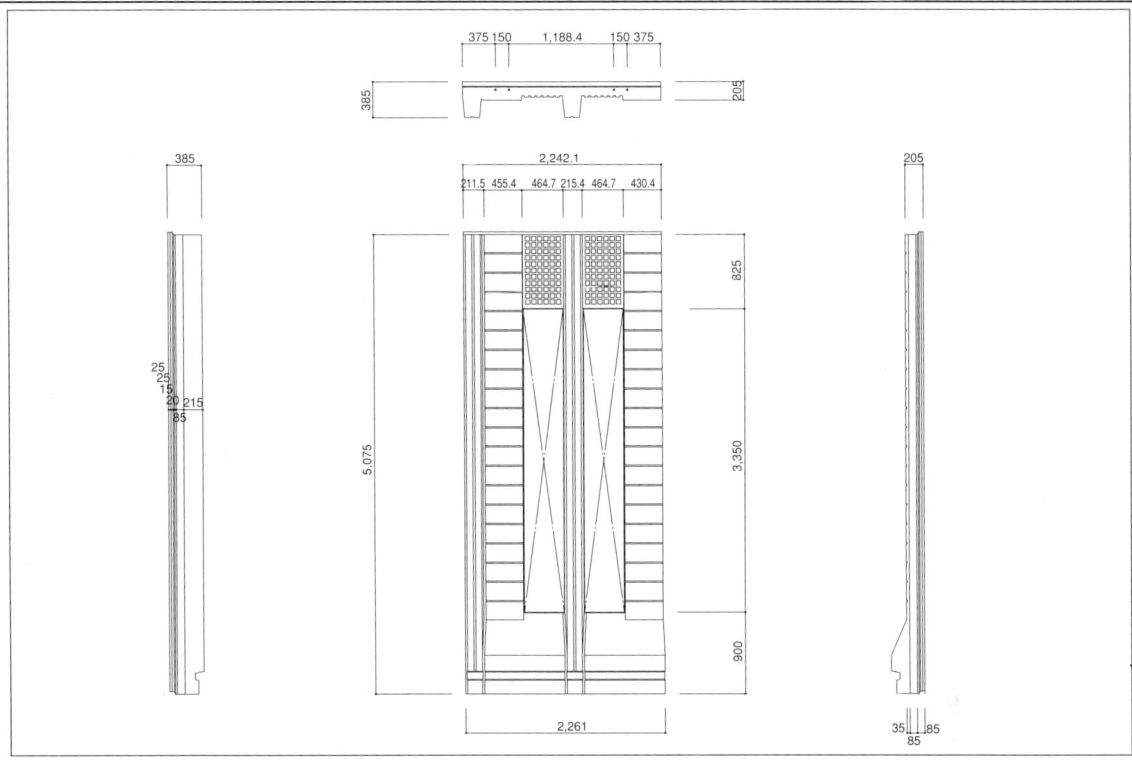

低層棟用外壁PCaコンクリート板詳細図

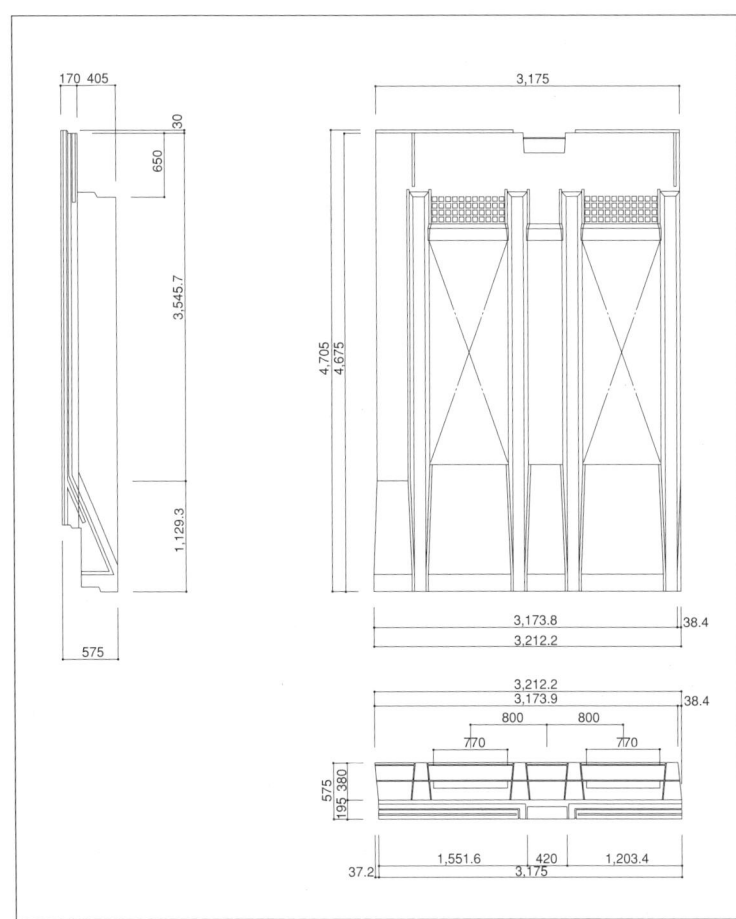

高層棟用外壁PCaコンクリート板詳細図

低層棟用外壁パネル

高層棟用外壁パネル

事務所建築

## 明治生命青山パラシオ

三菱地所・竹中工務店・戸田建設
設計監理共同体

### クラシカルなデザインの複雑な形状を実現した石張り外壁

所在地：東京都港区
主要用途：事務所・結婚式場・店舗・集合住宅
外観デザイン：リカルド・ボフィル
設計：三菱地所・竹中・戸田設計監理共同企業体
施工：竹中・戸田・まつもと共同企業体
竣工年：1999年
PCaメーカー：ミナト建材
　　　　　　高橋カーテンウォール工業

【建物概要】
この建物では、クラシカルなデザインのボキャブラリーが、花崗岩打込みのPCaカーテンウォールという現代の技術で造られている。リカルド・ボフィルのコンセプチュアルデザインを踏襲してつくられたPCaカーテンウォールは、角形の柱型と軒状のコーニースと三角形のペディメントの3つの要素から構成されている。それぞれの形状が複雑で、また一つ一つの部材が大きいため、工場での型枠製作やPCa部材の製造は難しい。なにより大変なのは、通常PCaカーテンウォールは平面的な形状をしているが、この建物では立体的な形状の部材が多く、型枠の製作に時間がかかることである。これら立体的なＰＣａ部材は現場での揚重も難しく、傷を付けないような取付け手順や施工精度の確保に苦労するが、ここでは石目地もそろうほど正確な取り付けを実現した。型枠製作の苦労話はつきないが、あらゆる形状を工場製作で実現できるというPCaカーテンウォールの実力を十分に発揮したファサードといえる。

北東側全景

北側ファサード

南側ファサード

ファサード面詳細。外壁の石は、中国産花崗岩を使用

3次元加工のボーダー状のデザイン

外壁・ペディメントPCa施工風景

172　PCaカーテンウォールデザインの可能性

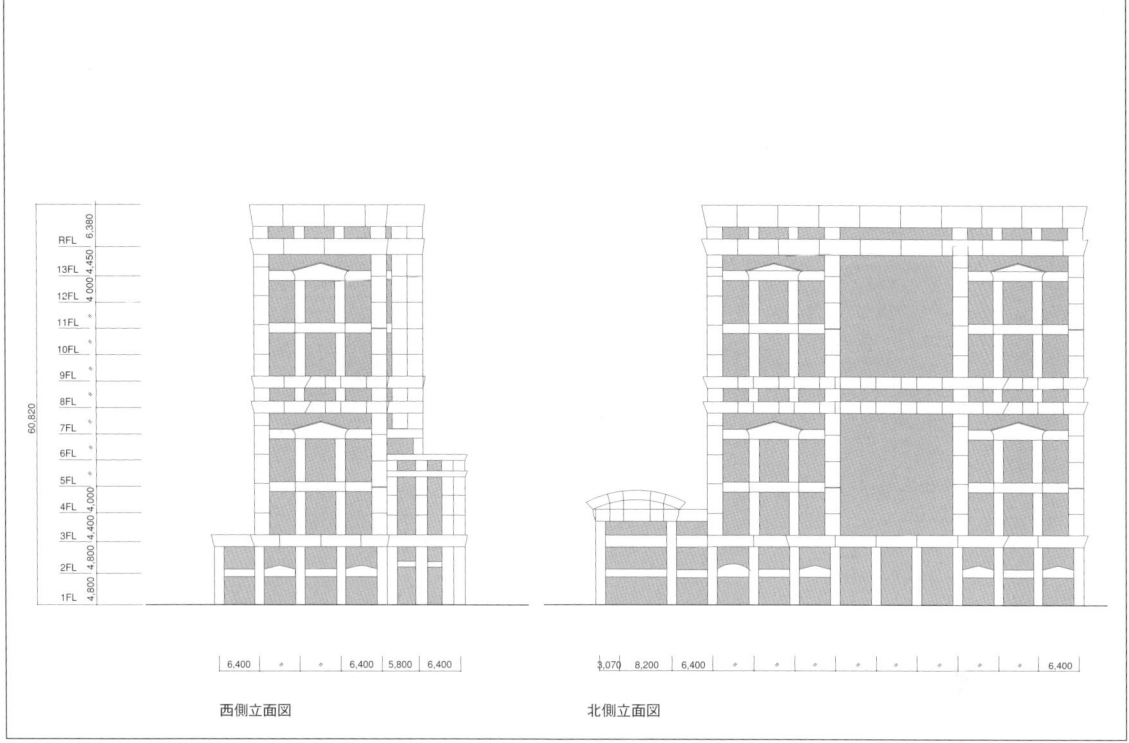

立面図

西側立面図

北側立面図

工場での型枠製作風景

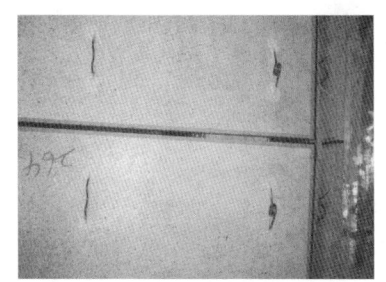

シアコネクターを設置した石の打込み仕上げ

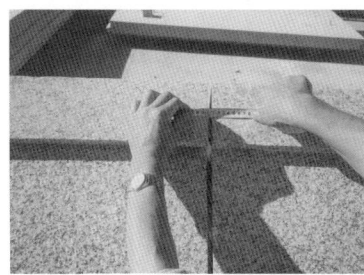

外壁目地部の計測

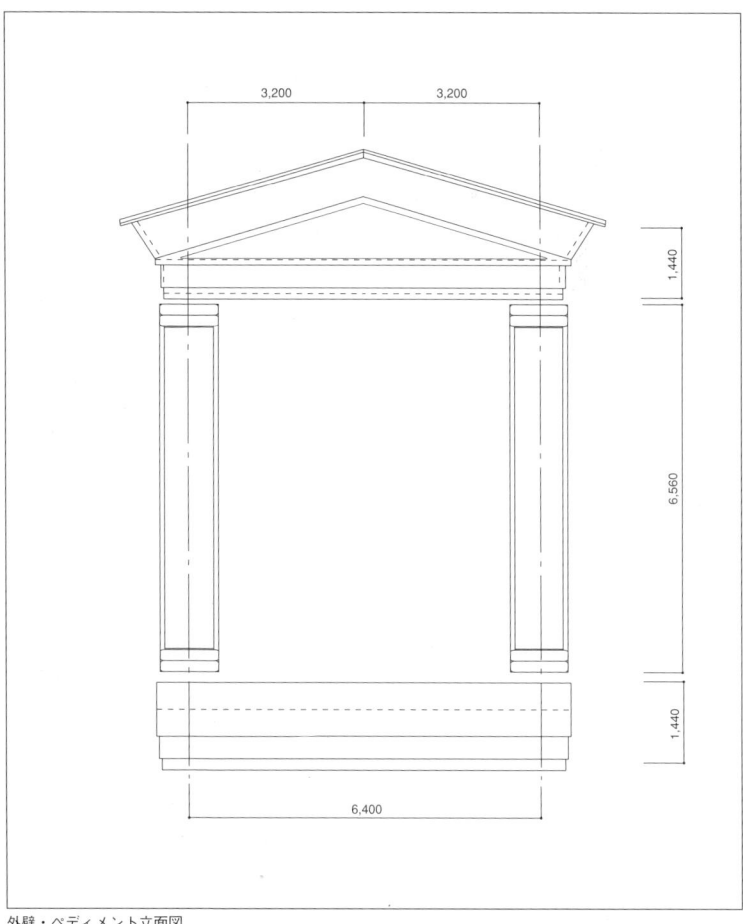

外壁・ペディメント立面図

大使館建築

## スペイン大使館　江平建築事務所

所在地：東京都港区
主要用途：大使館
設計：パブロ・カルバハル・ウルキーホ
　　　江平建築事務所
施工：大成建設
竣工年：2004年
PCaメーカー：高橋カーテンウォール工業

### 小規模だが美しいライムストーン打込みPCa

【建物概要】
この建物では、スペイン産のライムストーンの白色が、やわらかでさわやかな美しさを造り出している。ライムストーンの質感を生かすために石目地を極力小さくし、外観上ねむり目地に近いデザインで見せるため、石の精度管理をしっかりと行って、表面仕上げの目地を省いた深目地を実現している。これには仕上げ兼用の裏目地処理材を使用しており、表面化粧シーリングを省くことでコストダウンを図っている。

また、化粧目地を交えて、PCa部材ひとつがライムストーンの部材と見えるように工夫がなされている。通常PCaカーテンウォールは、大規模建築でのみ採用されていると思われがちであるが、このようにPCaの良さを生かせるものであれば、工事の規模に関係なく使うことが出来る。

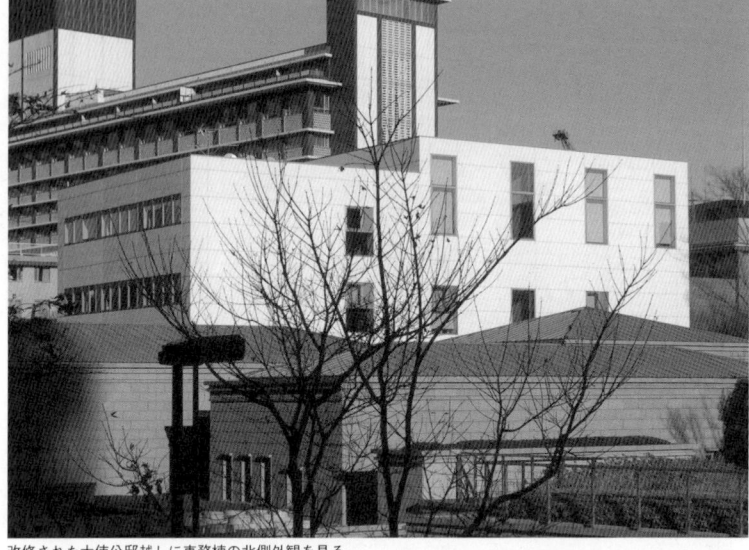

改修された大使公邸越しに事務棟の北側外観を見る

化粧目地部分

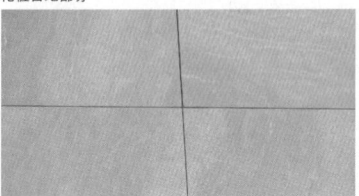

石目地部分

工場でのストック風景1

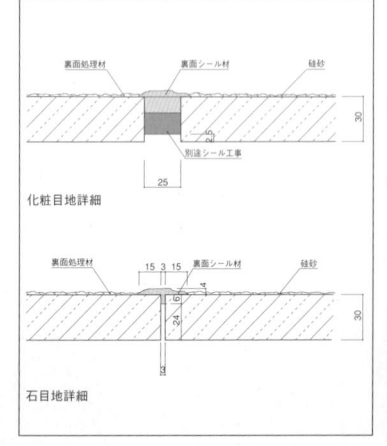

化粧目地詳細

石目地詳細

工場でのストック風景2

174　PCaカーテンウォールデザインの可能性

事務所建築

**宇宙航空研究開発機構**　日建設計
旧、宇宙開発事業団総合開発推進棟

所在地：茨城県つくば市
主要用途：事務所
設計：日建設計
施工：鹿島・フジタ特定建設工事共同企業体
竣工年：2003年
PCaメーカー：富士セメント工業

## 先進的環境配慮設備と一体となった複合外装

【建物概要】
この建物では、光ダクトという最先端の環境配慮技術と一体となったPCaが使われている。開口部の庇とスパンドレル部分を構成するPCaは、照明エネルギーを削減するための自然光を室内に引き込む光ダクトの導入口として、サッシと一体となって作られている。またPCaの仕上げには、セラミックハイブリット樹脂塗装という新しい技術を採用している。立体的な形状とサッシまで組み込んだ製作は、複雑な形状を造ることが出来るPCaならではの実力を十分に発揮していると同時に、単なる複合外装にとどまらず、未来的な形状のファサードを造り出している。

南側外観。外壁は、PCa版にセラミックハイブリッド樹脂塗装仕上げ

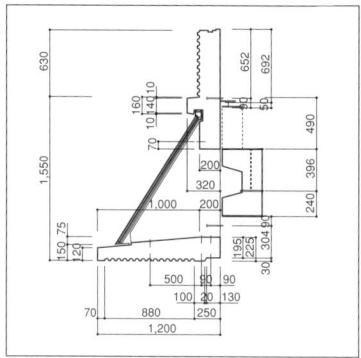

A-A'断面詳細図

PCa版による採光部のストック風景

採光部の詳細

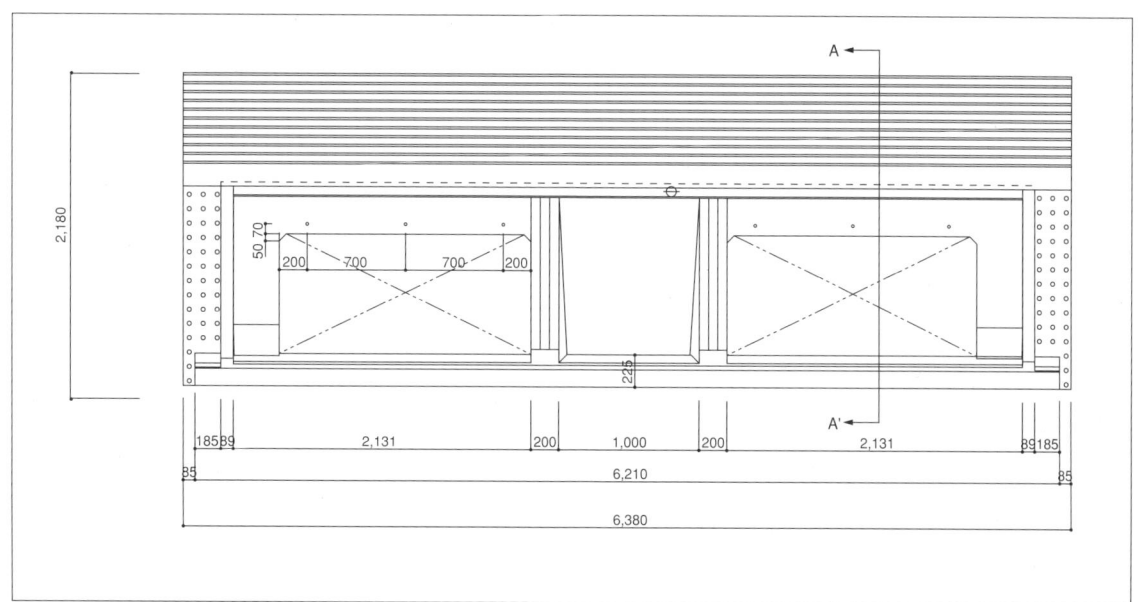

PCaパネル外観図

事務所建築

## 品川インターシティ　　日本設計・大林組

### 洗出しパネルを組み込んだ全面ガラスの外装仕上

所在地：東京都港区
主要用途：事務所、店舗、多目的ホール他
設計：日本設計、大林組
施工：大林、清水、鹿島、長谷工共同企業体
竣工年：1998年
PCaメーカー：ショックベトン・ジヤパン
　　　　　　　高橋カーテンウォール工業
　　　　　　　ミナト建材

【建物概要】
この建物は、PCaカーテンウォールを使って全面ガラスのファサードデザインを創りだした先駆的な例。スパンドレル部分のPCaをガラスで覆うことにより、建物全体のデザインは、全面ガラスとなる。このスパンドレル部分には、ガラスを通して見える仕上げとして、コンクリートの洗い出しが選択された。洗い出しは、昭和40年代に盛んに使われていたが、その後タイルや石などの仕上げ材打ち込みの流行によってあまり採用されなくなった。海外では圧力をかけた水によって洗い出しを製作するが、当時の日本では流水と人の手で表面のコンクリートを洗い流していたので、同じ方法で洗い出しパネルの製作を行っている。ただしこのPCaが大型で立体的な形状のためそのまま洗い出しを製作することは難しく、ハーフPCa部材の表面洗い出し仕上げとして、これを大型の石のように打ち込んで仕上げている。このハーフPCaを使う方法は、洗い出しに限らずほかの仕上げにも採用可能な工夫といえよう。かつての手仕事としての洗い出しを現代的な方法で再現した例である。

品川駅側（西側）からの全景

工場でのモックアップ製作風景1

工場でのモックアップ製作風景2

工場でのPCa製作風景

南西側からの外観。右からのC棟、B棟、A棟

C棟カーテンウォール詳細。アルミサッシ打込みPCa版自然石洗出し仕上げによる外観

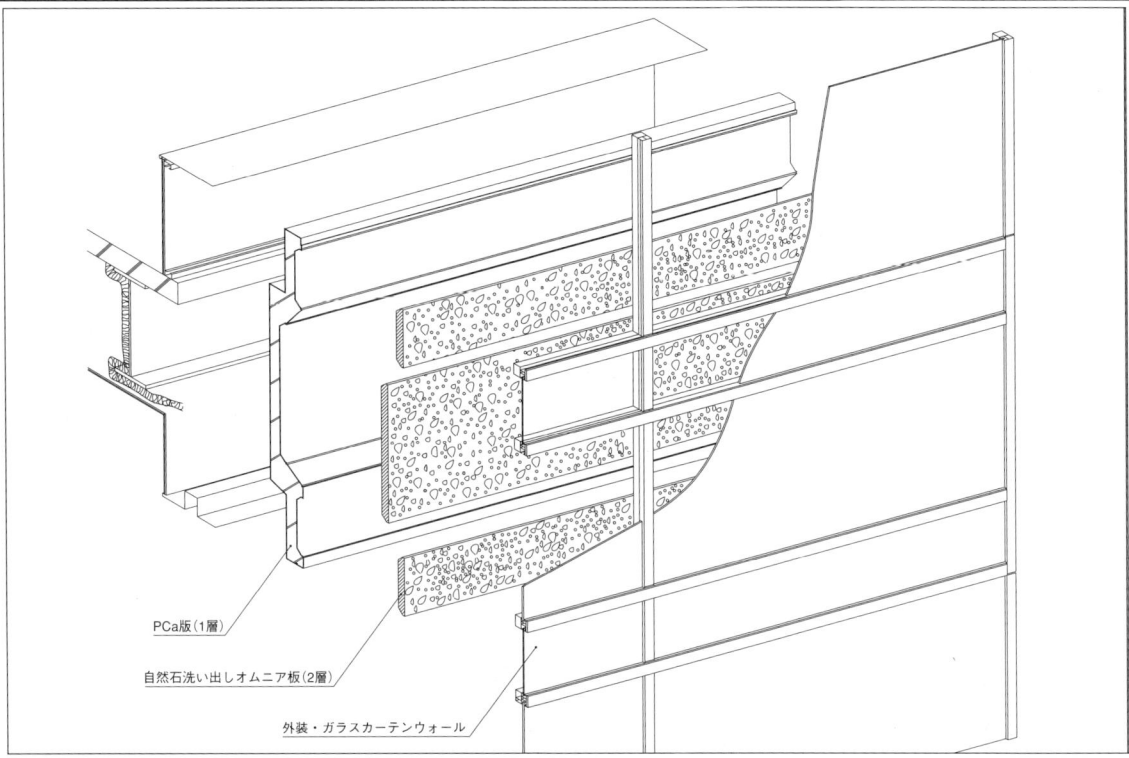

外装仕上げ構成図

- PCa版(1層)
- 自然石洗い出しオムニア板(2層)
- 外装・ガラスカーテンウォール

工場でのPCa版洗い出し様子

洗い出し後の様子

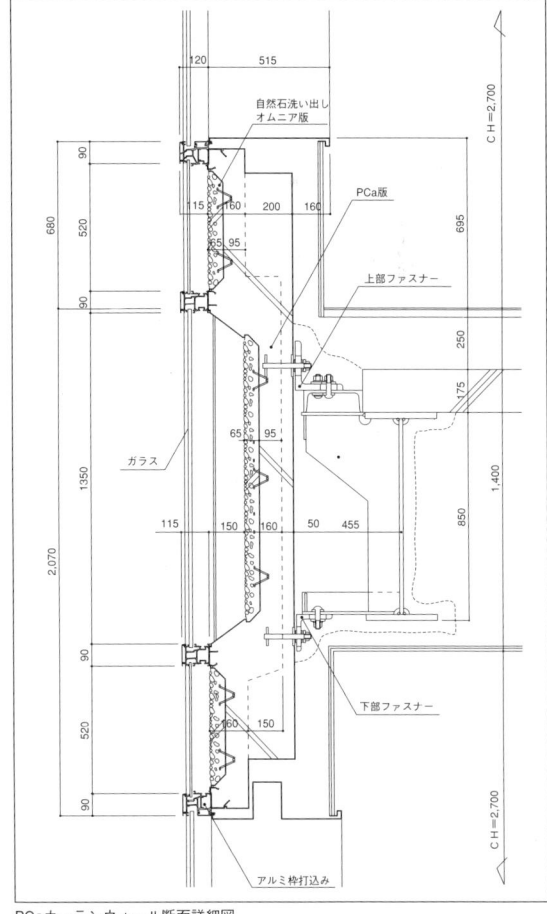

PCaカーテンウォール断面詳細図

- 自然石洗い出しオムニア版
- PCa版
- 上部ファスナー
- ガラス
- 下部ファスナー
- アルミ枠打込み

学校(大学)建築

## 同志社大学会館・寒梅館　　日建設計

所在地：京都市上京区
主要用途：学生会館
設計：日建設計
施工：大林組
施工：2004年
PCaメーカー：ショックベトン・ジャパン
　　　　　　高橋カーテンウォール工業

### 歴史あるキャンパスにとけ込むレンガ造の外観

**【建物概要】**

この建物は、歴史あるキャンパスの風格を保つために、レンガ造の外観をPCaで実現したものである。ここではイギリス製のレンガタイルをPCaでカーテンウォールに打ち込んでいるが、この材料は実際のレンガに近い性質のため吸水率が高く、エフロレッセンスの発生が懸念されたので、浸透性の吸水防止剤を塗って対応している。また、レンガタイルは比較的重いため、シートバックによる打ち込みの補強を行っている。したがって、寸法誤差が大きく通常の目地材ではコンクリートのノロを止めることが出来ないことから、寒天を目地に利用した。このようにレンガタイルという寸法精度が安定していない仕上げ材料を、現在の技術を駆使してPCaでに打ち込んだ例である。

南東側全景

東側外観詳細

PCaパネル間のジョイント部分

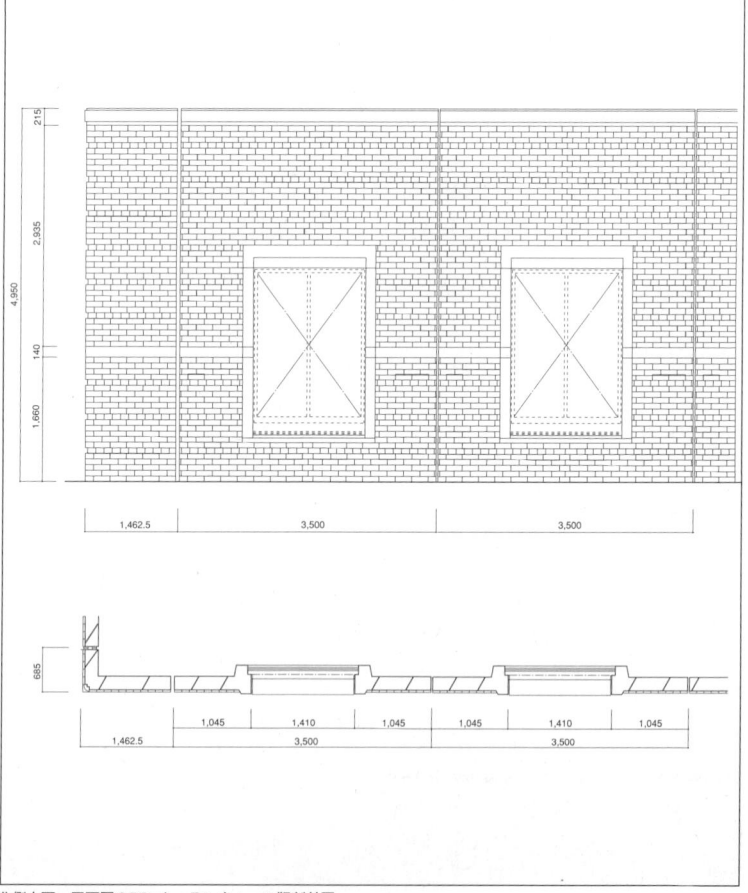

北側立面・平面図のPCaカーテンウォール版割付図

178　PCaカーテンウォールデザインの可能性

事務所建築

## 日本生命丸の内ビル　日建設計

所在地：東京都千代田区
主要用途：事務所
設計：日建設計
施工：大林組、清水建設、鹿島建設、藤木工務店、戸田建設、フジタ、東急建設協同企業体
竣工年：2004年
PCaメーカー：ショックベトン・ジャパン
　　　　　　高橋カーテンウォール工業
　　　　　　ミナト建材
　　　　　　富士セメント工業

### 制震装置を組み込んだ石打込みのPCa外装

【建物概要】
この建物では、花崗岩打込みのPCaに制震装置を組み込んだ複合機能の外装を実現している。最近は設備などの環境配慮技術と一体とするカーテンウォールが多くなってきたが、構造要素としての制震装置の役割を果たす珍しい例である。ここでは2本の柱状のPCaの間に極軟鋼を組み込んだ2本のつなぎ材を取り付けている。大きな地震動を受けたときには、柱が層間変位に追従して傾き、その間の極軟鋼が変形してエネルギーを吸収し、PCaや石張りの外観には影響がない。カーテンウォールとは非耐力壁の総称でもあるが、これは構造の一部として働くものであり、もはやカーテンウォールとは呼べない複合機能の外装といえよう。

南西側全景。外壁は花崗岩打込みによるファサード

ダブルマリオンPCaカーテンウォールの取付けの様子

工場でのダブルマリオン配筋状況

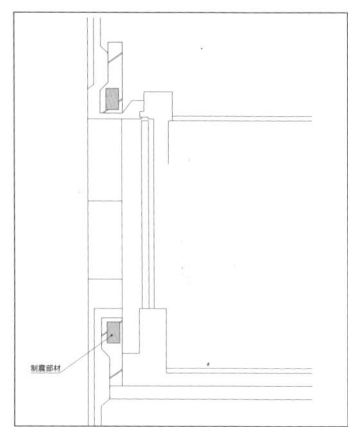

断面図

ダブルマリオンへの花崗岩打込みの様子

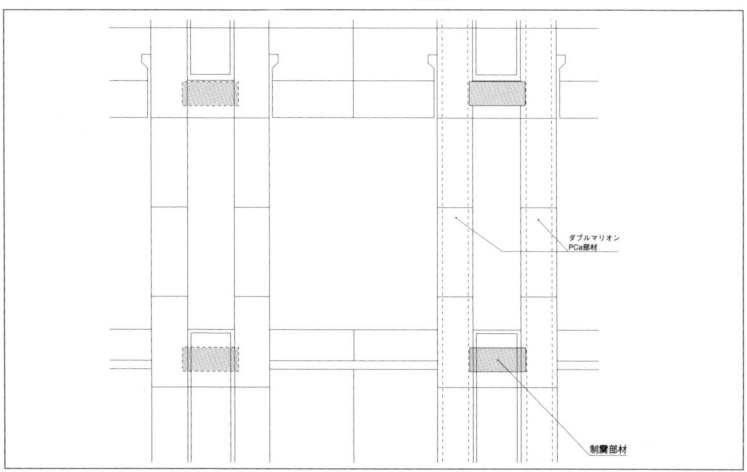

ダブルマリオン廻りの制震装置の配置

事務所建築

■ 六本木ヒルズ 森タワー　　　森ビル、入江三宅設計事務所

### 金属パネルのような曲面のPCa外装

所在地：港区六本木
主要用途：美術館、事務所、店舗、駐車場他
デザイン：コーン・ペダーソン・フォックス・アソシエイツ
設計：森ビル、入江三宅設計事務所
施工：大林組、鹿島建設共同企業体
竣工年：2003年
PCaメーカー：エフ・アール・シー
　　　　　　ショックベトン・ジヤパン

【建物概要】
この建物は、PCaカーテンウォールによって金属パネルのようなファサードを実現している。日本でフッ素樹脂塗装が盛んに行われるようになった1990年代以降、塗装によるPCaカーテンウォールのデザインは、金属パネルのように見えることを目指してきた。そのためには通常のコンクリートではなく、繊維補強コンクリートを採用して平滑性のある表面仕上げとして塗装しなければならない。これまでカーボンファイバーやスチールファイバーによる繊維補強コンクリートで同様な取り組みが行われてきたが、この建物では「ビニロン繊維補強コンクリート」（VFRC）による曲面のパネルを、まるで金属のように平滑で反射性の高いフッ素樹脂塗装で完成させている。外観のデザインも、単に金属のような表現を採用しただけではなく、PCaの曲面パネルとガラスカーテンウォールによって面をいくつかに分割して立体的な陰影をつくり、さらに塗装によって曲面に明暗を与え、さらに暗色部に凹凸をつけるなどの様々な工夫を凝らして、彫刻的な外観を実現している。

開口部廻り詳細

外装は、VFRCによるフッ素樹脂メタリック塗装PCaカーテンウォール

北東側遠景

PCaカーテンウォールの取り付けの様子

曲面部分はメタルカーテンウォール

六本木通りより北側外観を見上げる

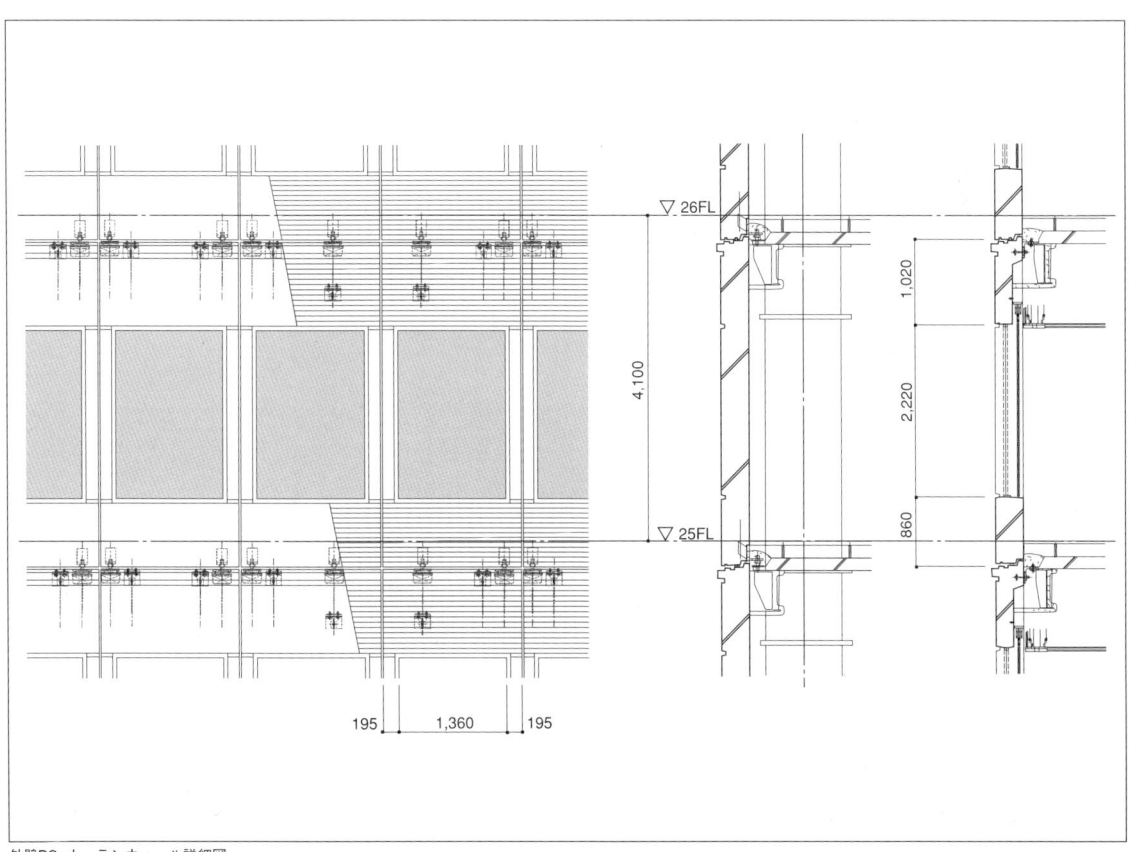

外壁PCaカーテンウォール詳細図

事務所・ホテル建築

## 汐留タワー　　KAJIMA DESIGN

### テラコッタ風タイルの風情を生かした外観

所在地：東京都港区
主要用途：事務所、ホテル、商業施設
設計：KAJIMA DESIGN
施工：鹿島建設
竣工年：2003年
PCaメーカー：タカムラ建設
　　　　　　　高橋カーテンウォール工業
　　　　　　　富士セメント工業

【建物概要】
　この建物は、大型のテラコッタ風タイルを全面的に採用したものである。タイルは23階までのオフィス部分では下見板風に、上層部のホテル部分ではフラットに取り付けられ、日中の影の落ち方の違いが異なる印象となる。テラコッタ風タイルの焼き物の風情をできるだけ自然な形で生かすために、製作時に工夫がなされている。こうした焼き物の色合いの違いは、人の目に触れると色がばらつかないように調整されてしまいがちである。そこでパネルの製作時にできるだけ人の目に触れないよう、焼いた面を下にしたまま、搬入の順番に従って上から使うというルールで型枠に設置している。そのため焼いたときのばらつきのあるタイルが、より自然な形で並んでいる。結果として色だけなくタイルの幅のばらつきもでてしまい、窓周りのタイルの端部は不揃いになっているが、こちらは目立たないように納めている。
　かつて、国立西洋美術館の洗い出しパネルの製作時には、石の配置のばらつきをなくすためあらかじめ石を手で並べてコンクリートを打設したが、そうした配慮が逆に不自然と捉えて、製作プロセスにまで気を配りばらつきを出した例である。（コラム2 p.155-156を参照）

外観見上げ。事務所部分（下）とホテル部分（上）との外装仕上げによる区分

コーナー部分

コーナー廻りの開口部詳細

南東側からの全景

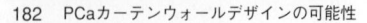

低層部分の開口部詳細

182　PCaカーテンウォールデザインの可能性

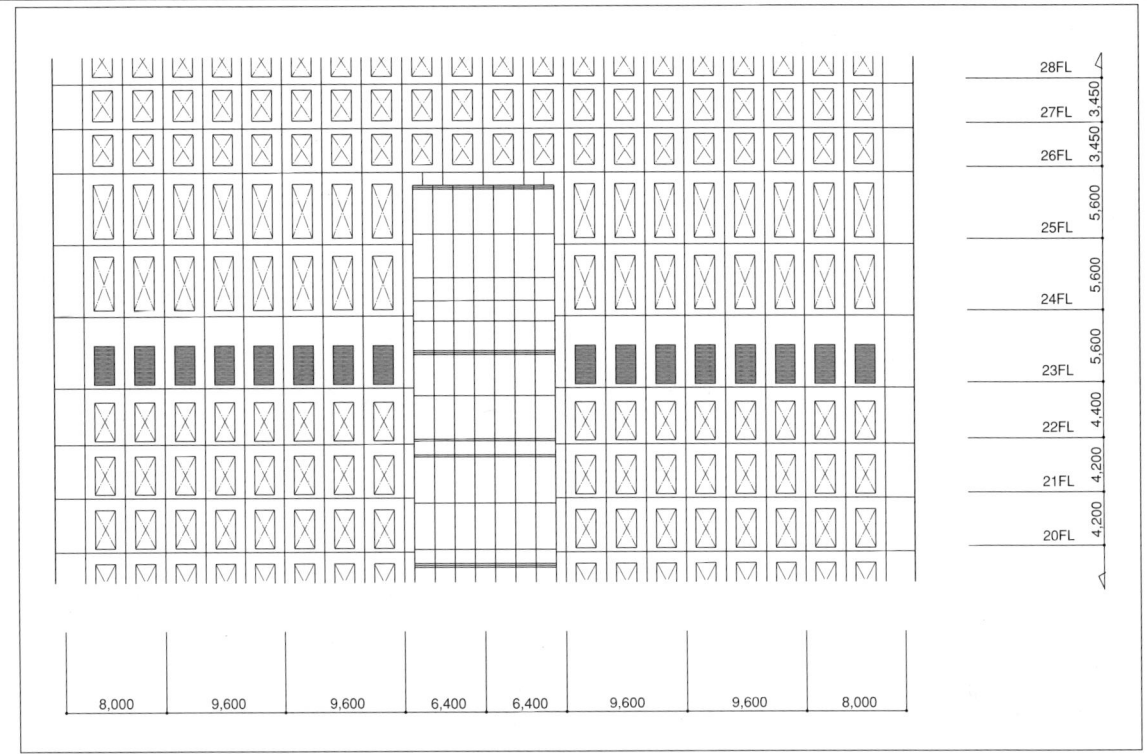

PCa板割付図・事務所部分とホテル部分とのパネル区分

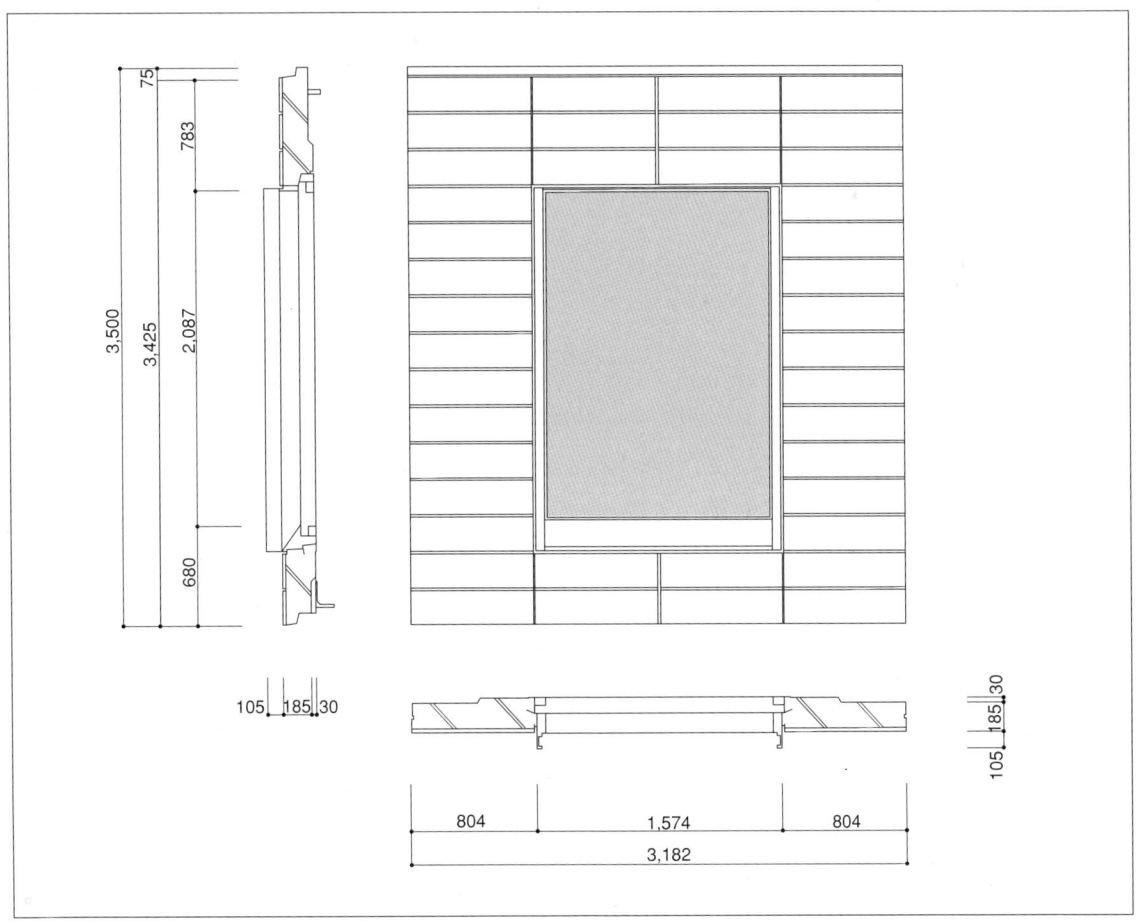

上部開口パネル詳細図

183

事務所建築

## 丸の内ビルディング　　三菱地所設計

所在地：東京都千代田区
主要用途：事務所、店舗、ホール他
設計：三菱地所設計
施工：大林組、大成建設、清水建設、竹中工務店、鹿島建設、三菱建設
竣工年：2002年
PCaメーカー：ショックベトン・ジヤパン

### 縦長のパネルが垂直性を強調している複合外装

【建物概要】
この建物では、高層部が縦長のPCaカーテンウォールとコーナー部のメタルカーテンウォール、低層部がタイル打込のPCaカーテンウォールの複合外装となっている。

特に、印象的な縦長のPCaは、「ビニロン繊維補強コンクリート」（VFRC）にフッ素樹脂塗装となっている。パネルの両側は日射遮蔽の役割もある縦リブとなっており、高層部の垂直性を強調している。パネル形式のカーテンウォールは通常上下端で固定するが、2層分のパネルであるため、中間のフロアでは支えていない取付け方法となっている。

低層部では、3層構成と高さ31mという旧丸ビルのフォルムを継承しており、このPCaにはきめ細かい凹凸のあるタイルを打ち込んでいる。また、オフィス入り口では旧丸ビルのデザインを再現している部分もあるが、全体としては全く新しいものとなっている。カーテンウォールも立体的で、PCa、メタル、ガラスと様々な外装構法が巧みに配されて、陰影のあるファサードをつくり出している。

北東側外観

南側PCaカーテンウゥール外観

低層部を見る。低層部の軒高は、31mに抑えられており旧丸ビルのイメージを継承している

184　PCaカーテンウォールデザインの可能性

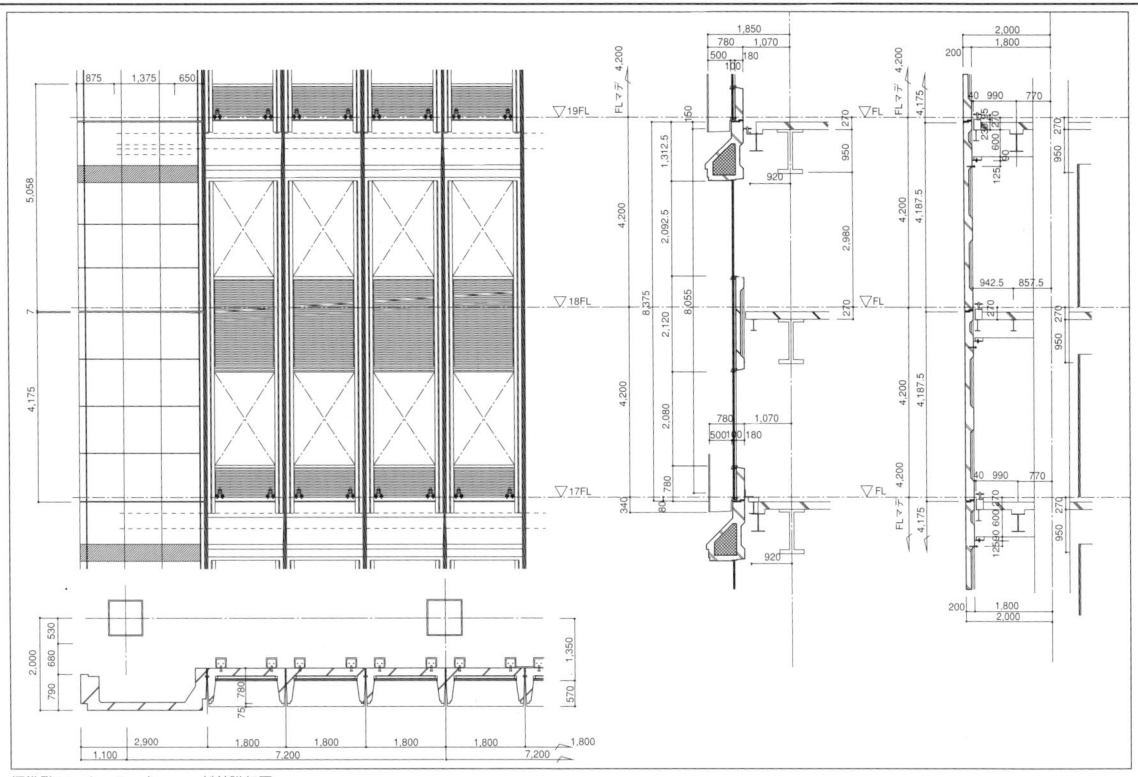

標準階PCaカーテンウォール割付詳細図

低層部PCaカーテンウォール部分詳細

旧丸ビルの外観を象徴する三連アーチの復元。丸の内エリアの象徴軸である行幸通り側に配置

高層部メタルカーテンウォール部分詳細

事務所建築

## 赤坂中央ビル　　圓堂建築設計事務所

### 国内PCaコンクリート初期の作品

竣工年：昭和39（1964）年
施工：鹿島建設
PCaメーカー：日本プレハブ
構造規模：地下3階、地上9階建　SRC造
特徴：日本で最初のPCaカーテンウォールのひとつ。当時の典型的なデザインである彫りの深い窓枠の形状をしたパネルで、鋼鉄サッシュが打込まれてガラスが留められている。建物は鉄筋コンクリート造であったため、層間変位はそれほど大きくなかった。

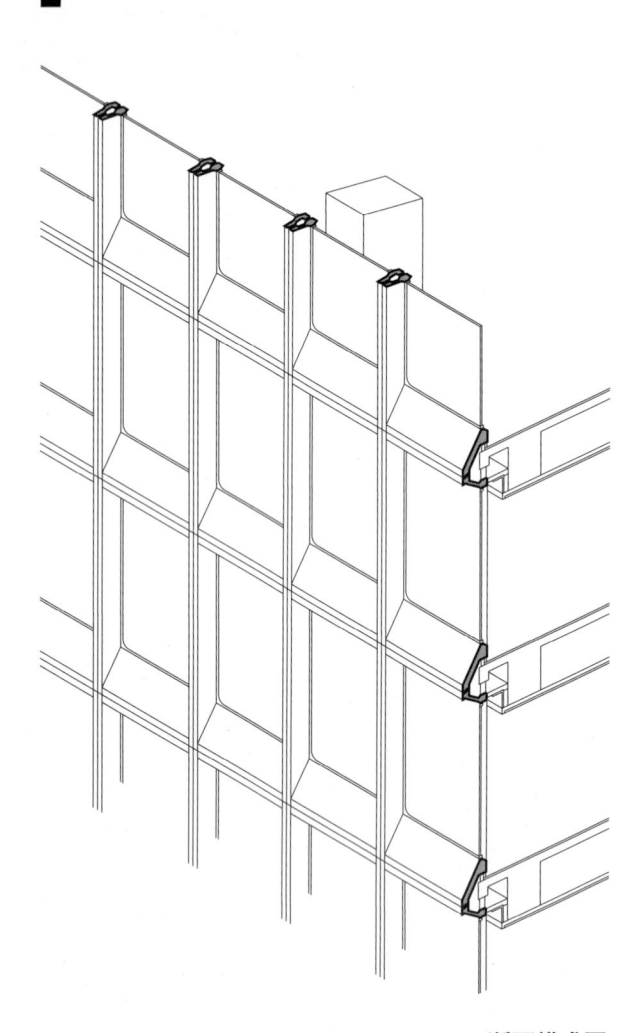

断面構成図 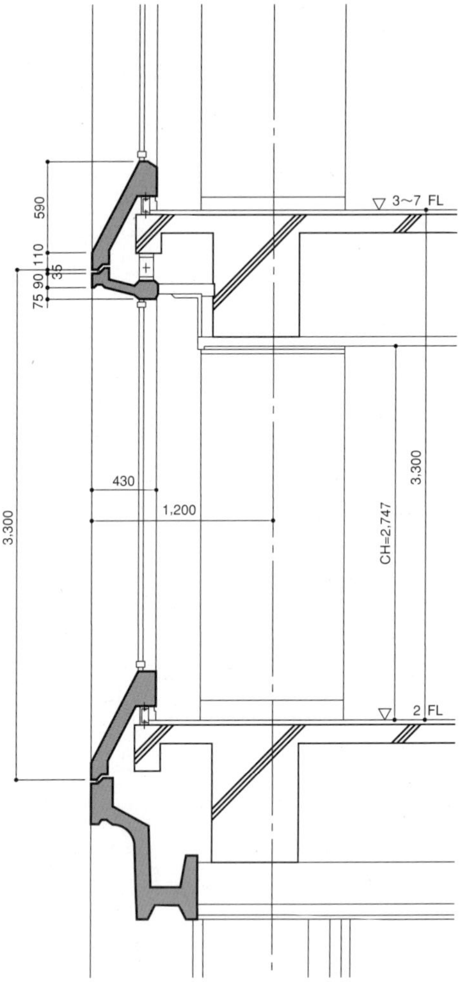　　　　　断面詳細図

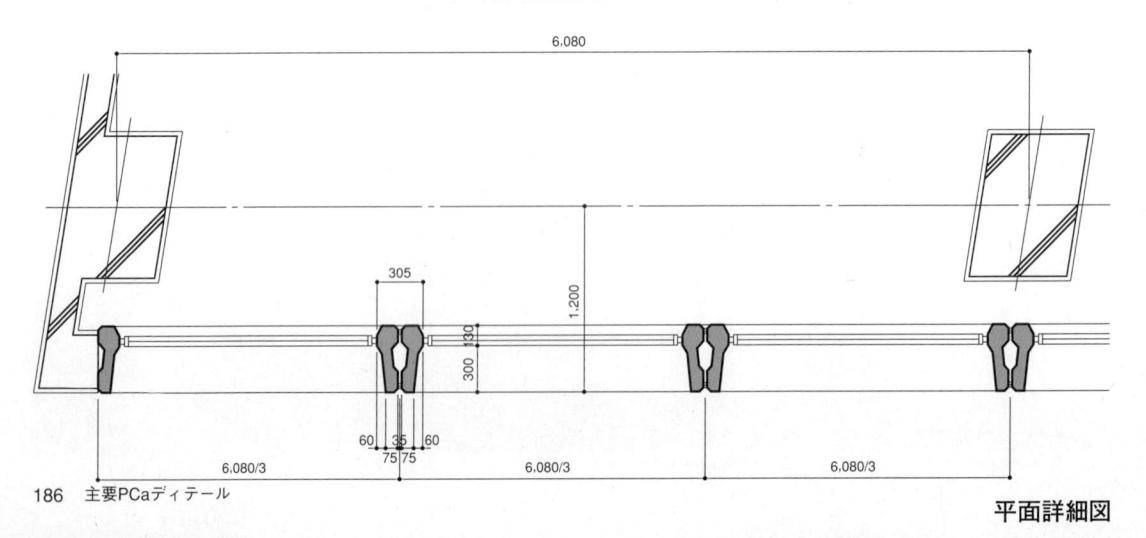

平面詳細図

主要PCaディテール

事務所建築

## 鹿島建設本社ビル　　鹿島建設

### 柱・梁カバータイプ初期の作品

竣工年：昭和43（1968）年
施工：鹿島建設
PCaメーカー：湊建材工業
構造規模：地下3階、地上18階建、塔屋1階
　　　　　低層部・RC造、高層部・S、RC、SRC造
特徴：柱梁カバータイプの最初の例。現在の柱を一つのピースがカバーするのとは異なり、柱の中心で縦にピースが分かれている。梁カバーも製作上・輸送上の制限で、スパンの中央で二つに分かれていた。

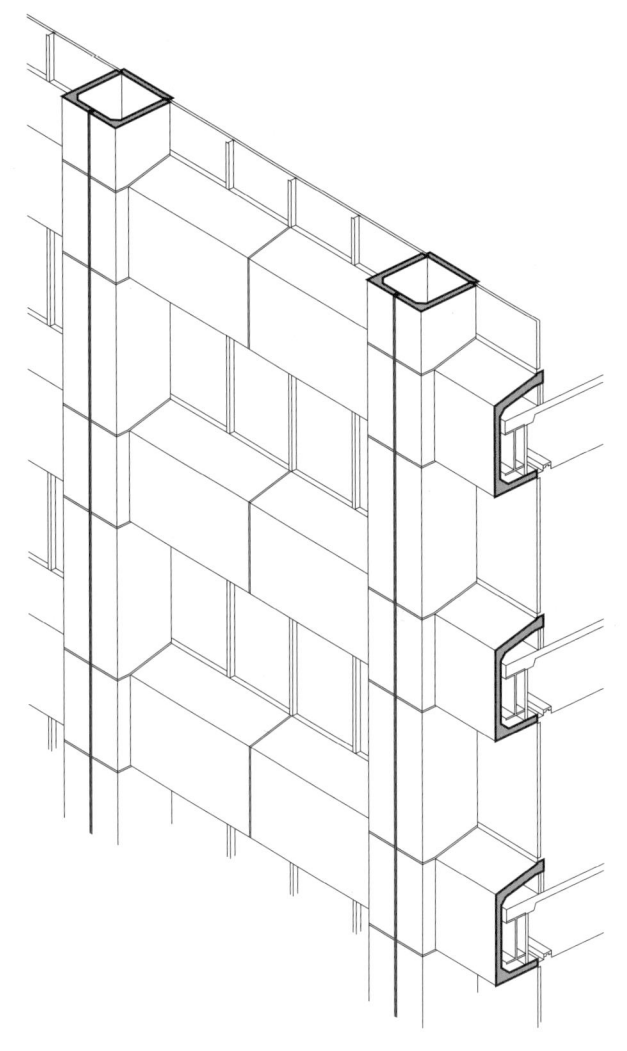

断面構成図

断面詳細図

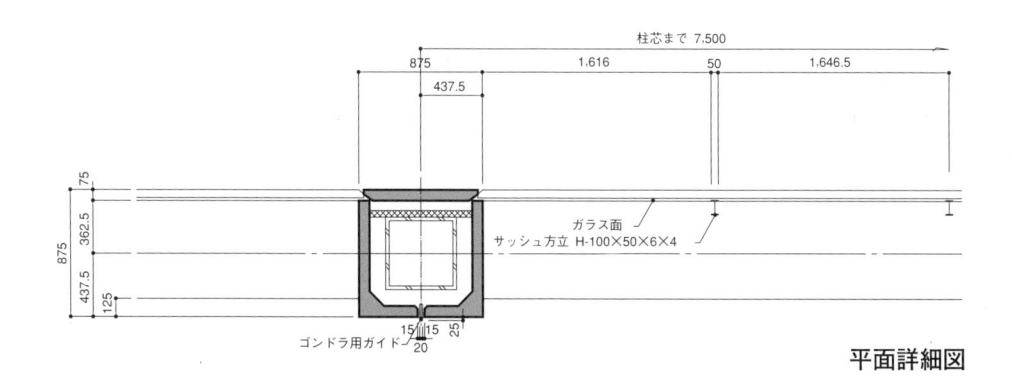

平面詳細図

## 京王プラザホテル　日本設計事務所

### 層間変位追従性能を備えた超高層建築へのPCaコンクリートの初作品

竣工年：昭和46（1971）年
施工：鹿島建設
PCaメーカー：ダイヤリブコン、興和建築工業、日本プレコン、関ヶ原石材
構造規模：地下3階、地上47階建　S造、一部SRC、RC造
特徴：層間変位追従性能を備えた今日的な意味での最初のPCaカーテンウォール。鉄骨造の超高層建築にPCaが初めて採用された。

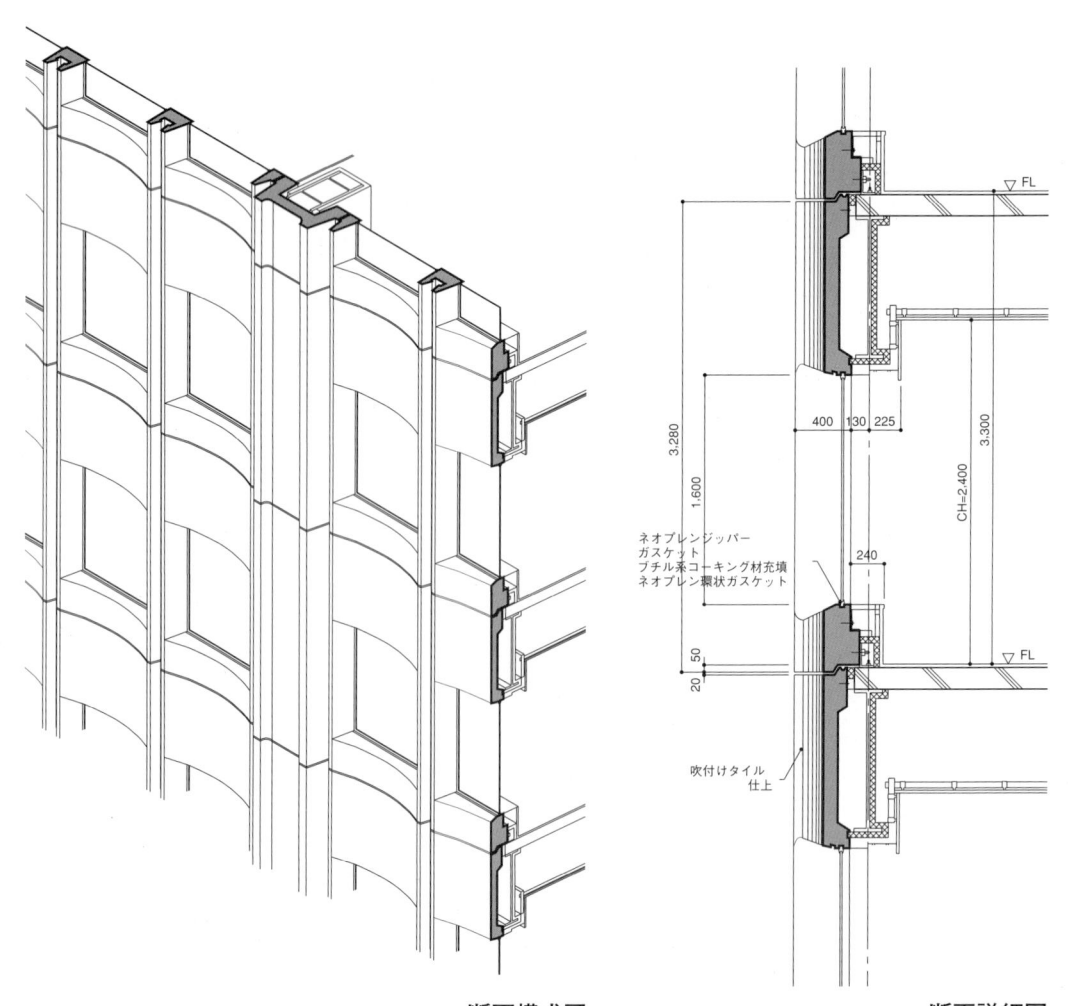

断面構成図

断面詳細図

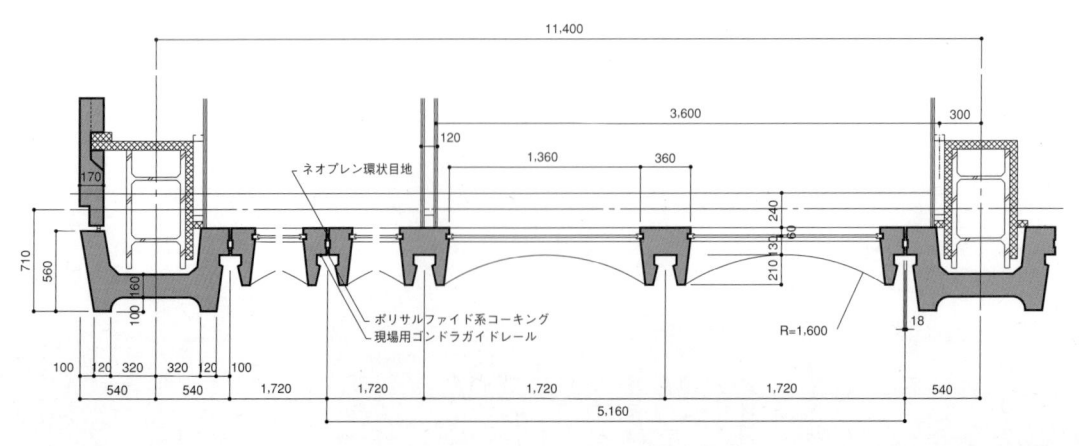

平面詳細図

主要PCaディテール

事務所建築

## 旧三和銀行東京ビル　　日建設計

### 本石打込みPCaコンクリート初期の作品

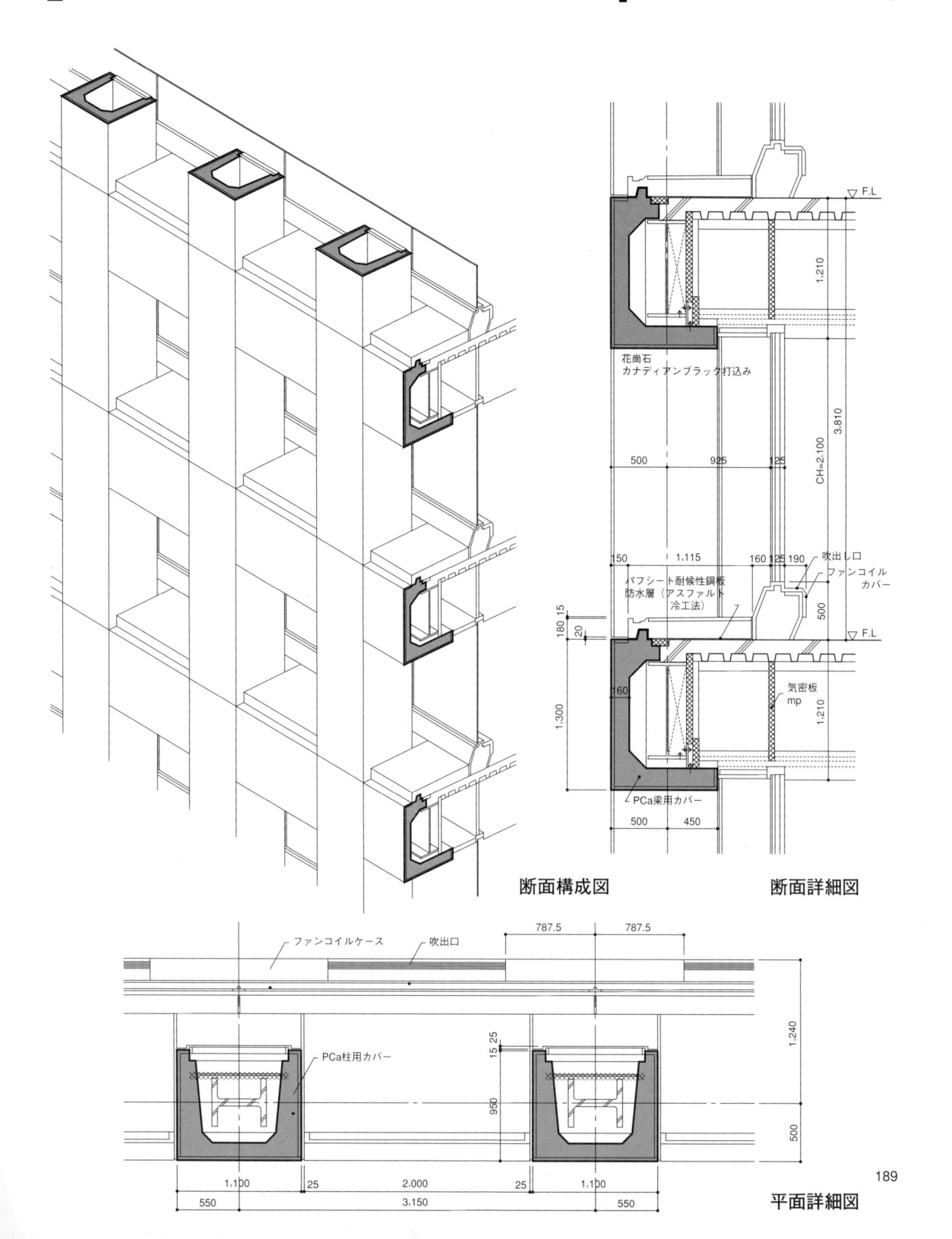

竣工年：昭和46(1971)年
施工：大林組
PCaメーカー：ショックベトン・ジャパン
構造規模：地下4階、地上25階建　地下部RC造、低層部・SRC造、高層部・S造他
特徴：本石打込みPCaカーテンウォールの最初の例。石はカナディアンブラックでジェットバーナー仕上げ。本石をコンクリートに打込む際の基本的な考え方はここで得られた技術に基づき後に大きな役割を果たした。

断面構成図　　断面詳細図

平面詳細図

事務所建築

# 東京海上ビルディング　　前川國男建築設計事務所

## 大型タイル打込み柱梁カバー方式による
## PCaコンクリート初期の作品

竣工年：昭和49（1974）年
施工：竹中工務店、大林組、鹿島建設、清水建設
PCaメーカー：湊建材工業、ショックベトン・ジヤパン
構造規模：地下4階、地上25階建　塔屋2階・S造、一部SRC、RC造
特徴：タイル打込みの柱梁カバー方式の初期の例。大型施釉磁器質タイルのレンガ色が目をひくとともに、3mスパンで外周に配された柱を強調しながら窓面は彫の深い表情を創り超高層のデザインとして斬新である。

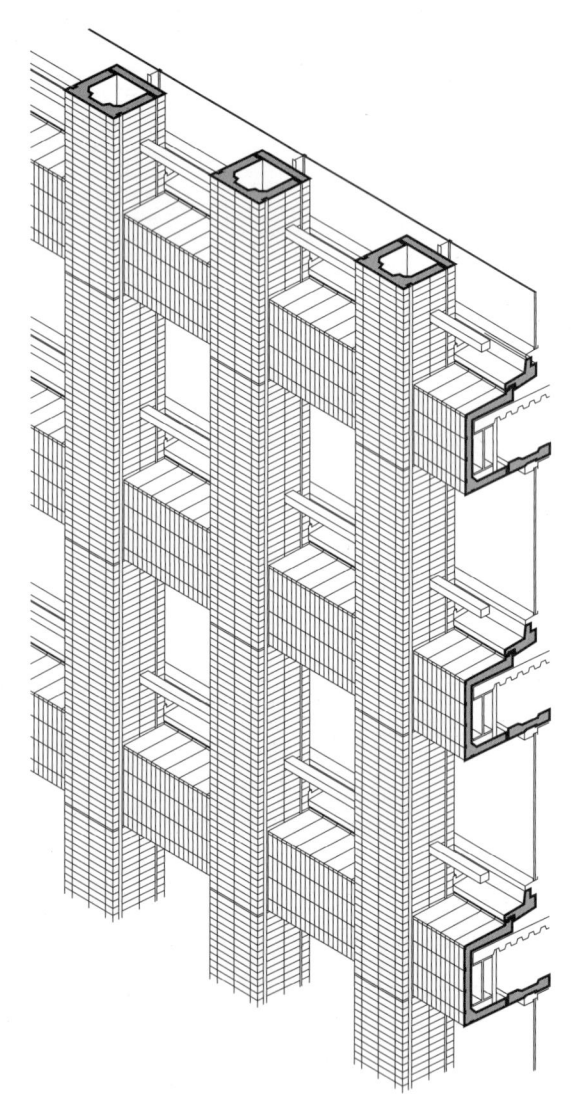

断面構成図 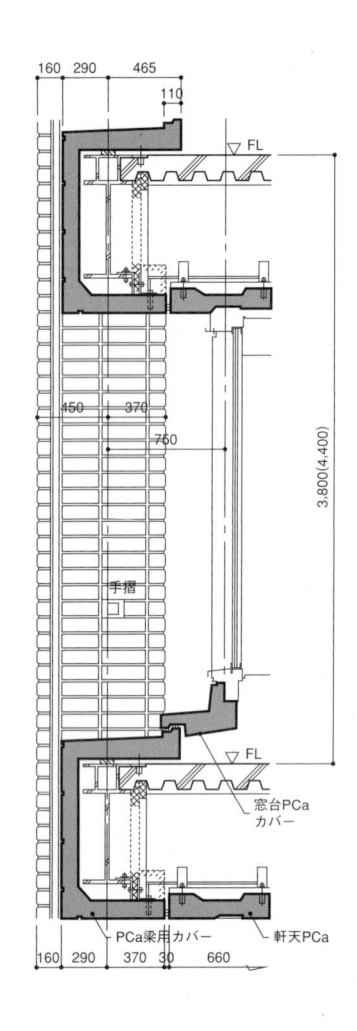　　　　断面詳細図

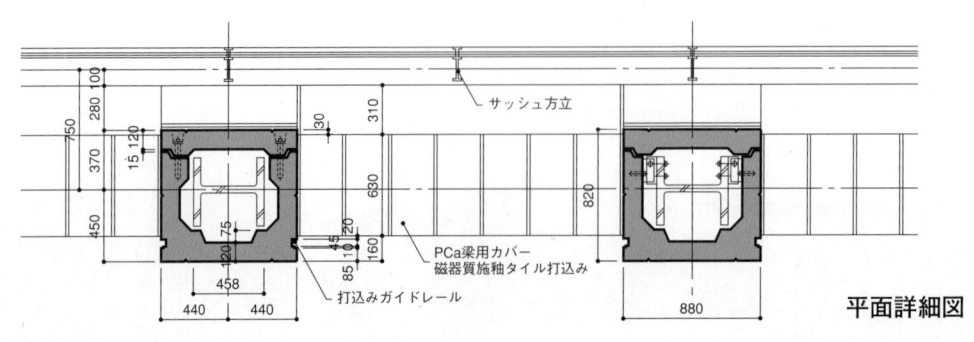

平面詳細図

190　主要PCaディテール

事務所建築

### 新宿センタービル　　　大成建設

## PCaコンクリートで本格的にオープンジョイントを採用した最初の作品

竣工年：昭和54（1979）年
施工：大成建設
PCaメーカー：大成プレハブ、湊建材工業
構造規模：地下4階、地上54階建　塔屋3階・RC、SRC、S造
特徴：PCaカーテンウォールで本格的にオープンジョイントを採用した最初の例。表面はマトリックス特殊型枠によって割石風タイル模様に成型され、吹付けタイルで仕上げており、変化に富んだ巧みなデザインである。

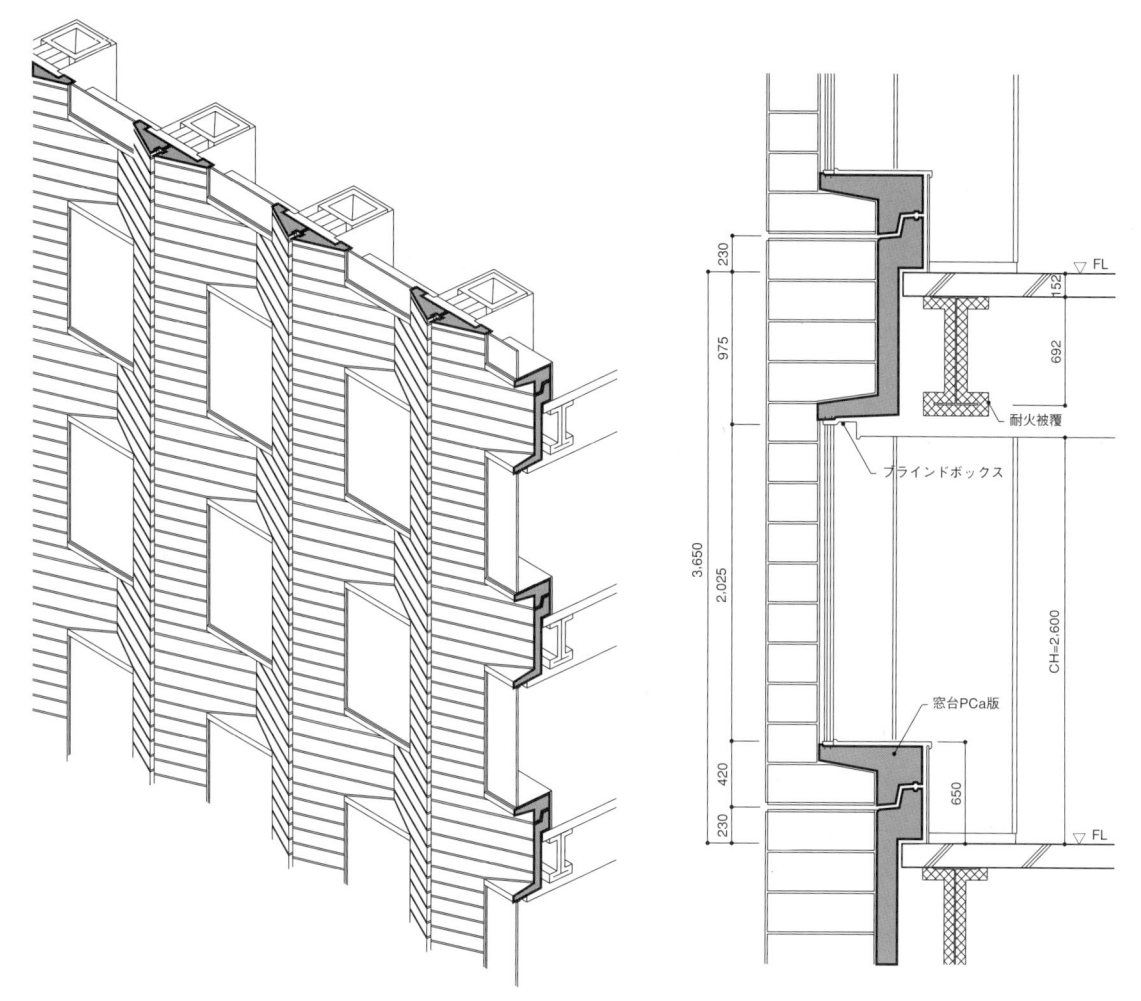

断面構成図　　　断面詳細図

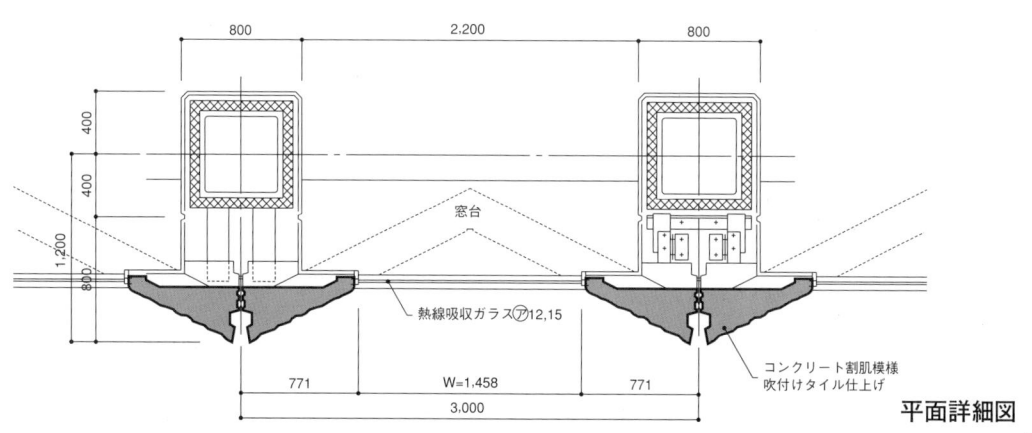

耐火被覆
ブラインドボックス
窓台PCa版

熱線吸収ガラス⑦12,15
窓台
コンクリート割肌模様
吹付けタイル仕上げ

平面詳細図

事務所建築

## 新宿グリーンタワー　　　日建設計

### 横連窓タイプでサッシュ枠を打込んだ
### PCaコンクリート最初の作品

竣工年：昭和61（1986）年
施工：佐藤工業、清水建設
PCaメーカー：ショックベトン・ジヤパン、三好商会
構造規模：地下4階、地上29階建　RC、SRC、S造
特徴：横連窓タイプでサッシュ枠をPCa版に打込んだ最初の例。緑色の45二丁掛タイルがスパンドレルのPCa版に打込まれ、外観上方立をなくした細長いミラーガラスの窓の線と独特のプロポーションで面一のファサードを形成している。

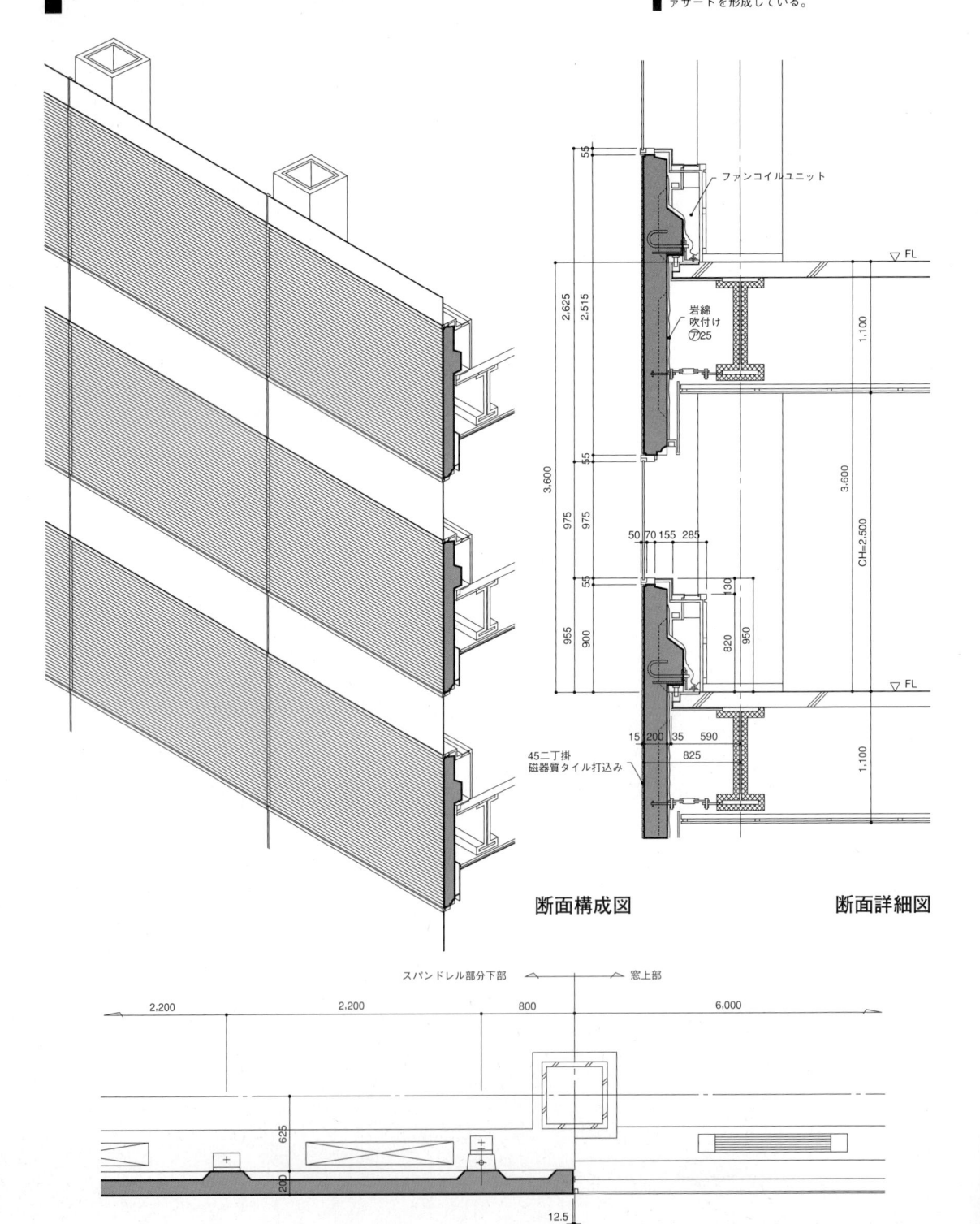

ファンコイルユニット

岩綿吹付け ⑦25

45二丁掛
磁器質タイル打込み

断面構成図　　　断面詳細図

平面詳細図

市庁舎・官庁建築

### 神戸市庁舎　日建設計・神戸市住宅局営繕部

## 本石を面でなく線として格子状にデザインしたPCaコンクリートの作品

竣工年：平成元（1989）年
施工：竹中工務店、大成建設、熊谷組、西松建設
PCaメーカー：ダイワ
構造規模：地下3階、地上30階建　RC、SRC、S造
特徴：御影石打込みのPCaを面としてではなく、線として格子状の小口や抱きのみを見せるように工夫したデザイン。スパンドレルにあたるPCa版には、はめ殺しの熱線反射ガラスが他のガラスに面の位置や色をあわせて組み込まれ、映像調整も行われている。

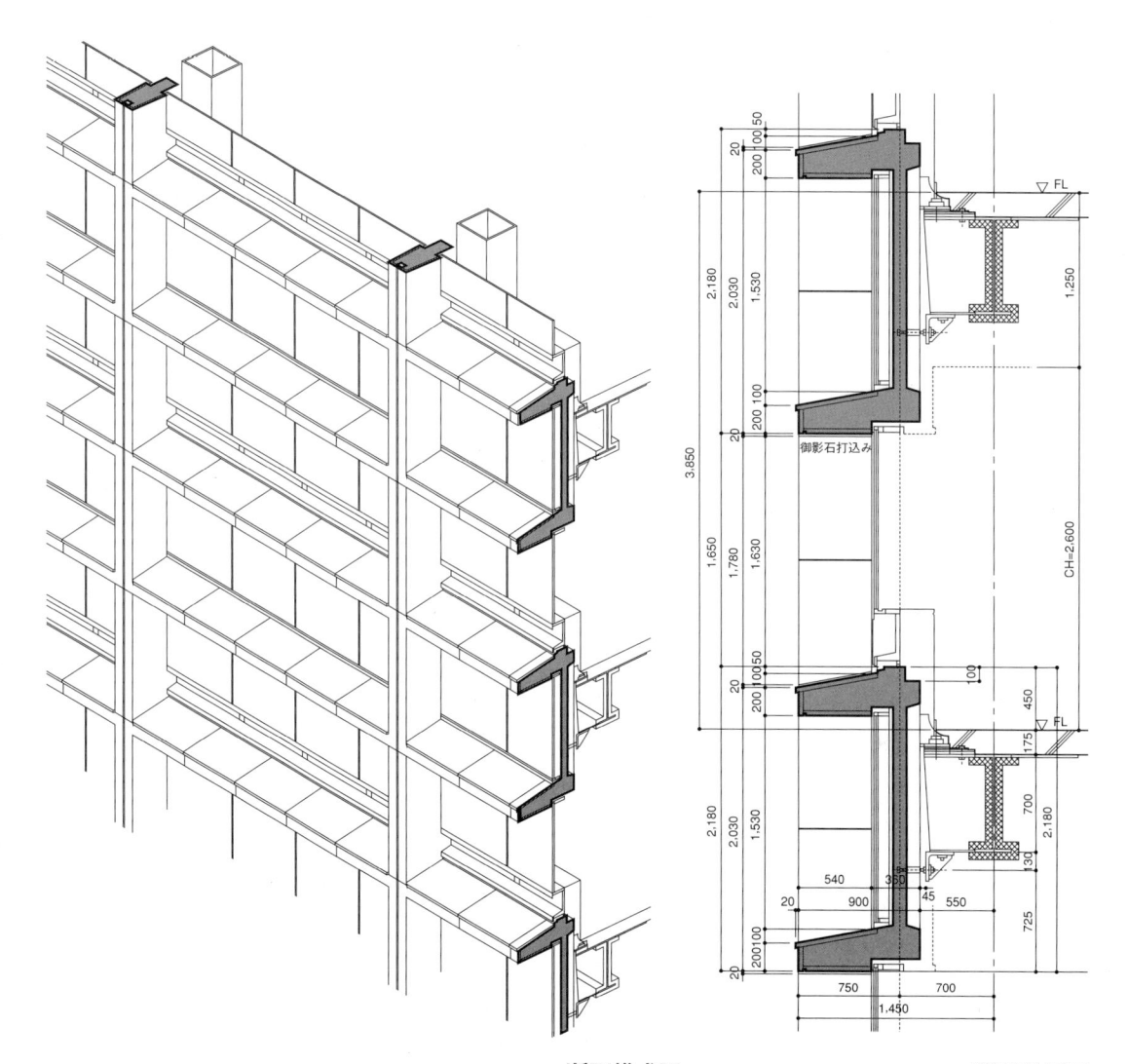

断面構成図　　断面詳細図

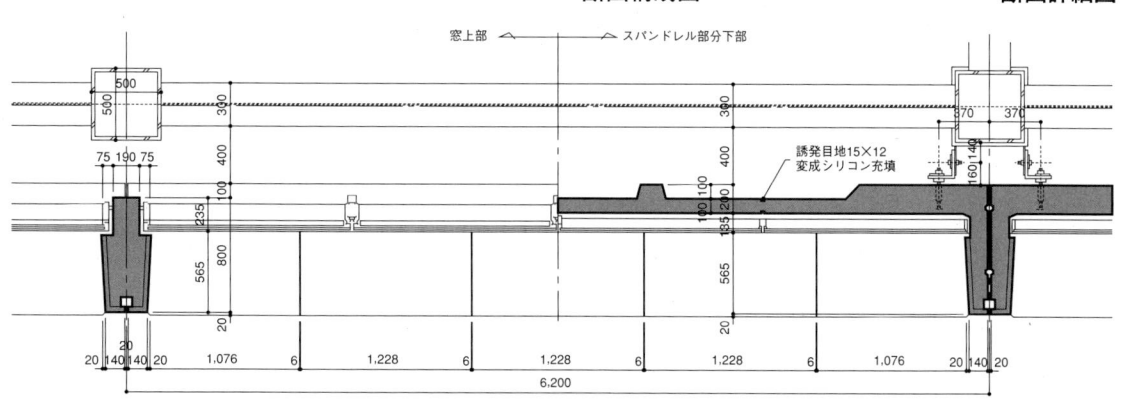

平面詳細図

## 資料2
### 年表1　PCaカーテンウォール／仕上げ材の変遷

■ 仕上げ材の変遷

| | 1950(昭和25)年 | 1955(昭和30)年 | 1960(昭和35)年 | 1965(昭和40)年 | 1970(昭和45)年 | 1975(昭和50)年 |
|---|---|---|---|---|---|---|
| 打ち放し仕上げ | ■銀座露天商組合ビル(1952)<br>■東急会館(1954) | ■日本相互亀戸支店(1957)<br>■神奈川県立川崎図書館(1958) | ■倉敷市庁舎(1960)<br>■出雲大社庁の舎(1963)<br>■埼玉農林会館(1963)<br>■岸記念体育会館(1964) | ■鹿島建設本社ビル(1968) | ■東山浄苑(1973)<br>■日本鋼管本社ビル(1974) | ■大阪薬品本社ビル(1975) |
| 礫石仕上げ | ■日本相互銀行(1952) | ■厚生年金湯河原病院(1956)<br>■国立西洋美術館(1959) | ■東京文化会館(1961)<br>■呉服橋ビル(1963)<br>■赤坂中央ビル(1964)<br>■富山第一生命ビル(1964) | ■清水商工会館(1965)<br>■住友商事ビル(1966)<br>■新京阪ビル(1966)<br>■国立劇場(1966)<br>■山梨文化会館(1967) | ■住友生命宇都宮ビル(1970)<br>■大石寺正本堂擁壁(1972)<br>■鐘紡中央研究所(1972)<br>■大阪大林ビル(1973)<br>■AIUビルディング(1974) | ■広島市外第二電話局(1978)<br>■宝塚市庁舎(1979) |
| 塗装仕上げ | | | ■日本バイリーン滋賀工場(1961) | ■蛇の目ビル(1965)<br>■東銀座総合ビル(1966)<br>■岐阜市民会館(1967)<br>■大阪マーチャンダイズマート(1969) | ■京王プラザホテル(1971)<br>■日本IBMビル(1971)<br>■三菱ビルヂング(1973)<br>■ホテルニューオータニタワー(1974) | ■中之島センタービル(1975)<br>■アメリカ大使館(1976)<br>■新宿センタービル(1979) |
| タイル打込み仕上げ | | | ■ホテルニューオータニ本館(1964) | ■ナゴヤキャッスルホテル(1968)<br>■大阪伊奈製陶ビル(1969)<br>■竹平加入電信局総合建物第2期工事(1969) | ■東京卸売りセンター(1970)<br>■ホテルパシフィック東京(1971)<br>■大阪ロイヤルホテル(1973)<br>■富士銀行新センター(1973)<br>■東京海上ビルディング(1974) | ■大阪マルビル(1975)<br>■日本プレスセンター(1976)<br>■阪急グランドビル(1977)<br>■群馬ロイヤルホテル(1978)<br>■シオノギ渋谷ビル(1979) |
| 本石打込み仕上げ | | | | ■富士銀行本店(1966)<br>■鴻池組本社ビル(1968)<br>■日本銀行本店(1969) | ■近鉄上本町ターミナルビル(1973)<br>■三和銀行東京ビル(1973)<br>■日本興業銀行本店(1974) | ■大生相互銀行本店(1978)<br>■竹橋合同ビル(1979)<br>■鐘紡銀座ファッションセンタービル(1979) |
| 技術の変遷 | ■手摺、ルーバーなどの打放し化粧ブロックの製造<br>■木製型枠による木目肌のコンクリート素地打放し | ■砕石埋め込み仕上げ | ■研磨仕上げ<br>■リターダー(遅延剤)を用いた洗い出し仕上げ<br>■大型タイル現場打込み工法(壁体ブリック)第一号 旧日本相互銀行砂町支店(1961) | ■Y型ジッパーガスケットの採用(1965)<br>■セメント系複層仕上塗材が実用化され吹付けタイルと呼ばれる<br>■ショットブラスト、サンドブラスト仕上げ<br>■型枠が木製から鋼製へと転換<br>■石材定着金物として、カスガイ、だぼピンを使用<br>■決め目地工法の開発<br>■大理石打込みPCa版工法<br>■矢橋大理石(株)、本石先付けPCaを「MAPCON」と命名(1968) | ■自動研磨機による研ぎ出し仕上げ<br>■けい酸質系複層仕上げ塗材などの樹脂系塗材の開発<br>■タイル打込み超高層ビルの竣工(1971)<br>■INAX、真空パックを開発<br>■45二丁掛けタイルの登場<br>■本石打込み超高層ビルの竣工(1973)<br>■スプリング式シアコネクターの使用 | ■紙パックリターダー工法の開発(1975)<br>■ラチス目地材の開発<br>■タイルパック業者の登場<br>■ラスタータイルの登場 |

| 1980（昭和55）年 | 1985（昭和60）年 | 1990（平成2）年 | 1995（平成7）年 | 2000（平成12）年 | 2005（平成17）年 |
|---|---|---|---|---|---|
| ■神慈秀明会（1982） | | ■渋谷南雲ビル（1992） | | ■セラミックパーク（2002） | |
| ■東京国立博物館（1982） | | ■新若尾ビル（1993） | ■品川インターシティ（1998）<br>■宮城大学（1997） | ■霞城セントラル（2000） | |
| ■京王プラザ札幌（1982）<br>■東京ヒルトンホテル（1984） | ■アーク森ビル・アークタワーズ（1986）<br>■赤坂DKビル（1988） | ■海外職業訓練協力センター（1990） | ■京都駅ビル（1997）<br>■浦和センチュリーシティ（1999）<br>■サウスポット静岡（1997） | ■JRセントラルタワーズ（2000）<br>■マルイト札幌・ホテルモントレーデルホフ札幌（2000）<br>■東京宝塚ビル（2000）<br>■赤坂溜池タワー（2000）<br>■元麻布ヒルズフォレストタワー（2002）<br>■丸の内ビルヂング（2002）<br>■宇宙開発事業団総合開発推進棟（2003）<br>■六本木ヒルズ森タワー（2003）<br>■NEC玉川ルネッサンスシティ（I）（2000） | |
| ■ポートピアホテル（1981）<br>■大阪御堂筋ビルディング（1981）<br>■東京地方簡易裁判所合同庁舎（1982）<br>■新宿NSビル（1982）<br>■新宿ワシントンホテル（1983）<br>■中央合同庁舎5号館（1983）<br>■マガジンハウス（1983） | ■ホテルニューオータニ大阪（1986）<br>■新宿グリーンタワービル（1986）<br>■国立国会図書館新館（1986）<br>■新霞ヶ関ビル（1987）<br>■新神戸オリエンタルホテル（1988）<br>■三井倉庫箱崎ビル（1989） | ■ヨコハマインターコンチネンタルホテル（1991）<br>■滋賀銀行梅田ビル（1992）<br>■大同生命本社ビル（1992）<br>■中央合同庁舎6号館（1992）<br>■豊洲小野田ビル（1992）<br>■広島中町ビル（1992）<br>■オーガスタプラザ（1992）<br>■梅田スカイビル（1993） | ■鹿児島県庁舎（1996）<br>■蒲郡市民病院（1997）<br>■JR東日本本社ビル（1998）<br>■金山南ビル（1998）<br>■静岡県コンベンションアーツセンター（1998）<br>■空リアターミナルビル（1997）<br>■小樽ベイシティホテル棟（1999）<br>■花京院スクエアビル（1999）<br>■ハービスOSAKA（1997） | ■さいたま新都心合同庁舎（2000）<br>■NTT西日本神戸中央ビル（2000）<br>■リバティタワー（2000）<br>■大阪産業創造館（2000）<br>■セルリアンタワー（2001）<br>■ホテル近鉄ユニバーサルシティ（2001）<br>■北農ビル JAパーキング（2001）<br>■佐賀共同ビル（iスクエアー）（2002）<br>■札幌駅南口総合開発ビル（2003）<br>■大同生命霞が関ビル（2003）<br>■松坂屋南館（2003）<br>■なんばパークス（2003）<br>■汐留タワー（2003） | |
| ■伊藤忠商事東京本社ビル（1980）<br>■第一勧業銀行本店（1981）<br>■トヨタ自動車東京ビル（1982）<br>■大手センタービル（1983）<br>■大正海上本社ビル（1984） | ■東京住友ツインタワービル（1987）<br>■特許庁新庁舎（1989）<br>■神戸市新庁舎（1989） | ■森本城山ヒルズ（1990）<br>■東京都新庁舎（1991）<br>■大手町ファーストスクエア（1991）<br>■ランドマークタワー（1993）<br>■東京銀行協会（1993）<br>■警視庁新橋庁舎（1993）<br>■新宿パークタワー（1994） | ■OAPタワーズ（1996）<br>■茨城県庁舎（1998）<br>■創価大学本部棟（1999）<br>■博多リバレイン・イーストサイド（1999）<br>■グランキューブ大阪（1999）<br>■森精機製作所名古屋ビル（1999）<br>■学術総合センター（1999）<br>■京セラ本社（1998） | ■安田生命大阪ビル（2000）<br>■山王パークタワー（2000）<br>■トレードピアお台場（2001）<br>■高知県民プラザ（2001）<br>■セレスティン芝三井ビルディング（2002）<br>■神保町三井ビルディング（2003）<br>■丸の内日本生命ビル<br>■大阪三井物産ビル（2000） | |
| ■合成樹脂エマルジョンペイント塗料などの薄い塗膜塗料の開発<br><br>■裏面処理材のセメントペースト系からエポキシ樹脂など樹脂系へ移行<br><br>■本石とコンクリートの界面シールの使用<br><br>■変成シリコーンシールの本格使用 | ■フッ素樹脂メタリック仕様塗膜塗料の開発<br><br><br>■弾性エポキシ樹脂系裏面処理材の開発<br><br><br>■フィルムパックの開発<br><br>■梁パネルへのサッシ上下枠打込み<br><br>■電波反射障害対策用電波吸収パネルの施工 | ■PCaメーカーによる自社タイルパック工場（1993）<br><br><br>■外部側シールの要らない石目地裏処理材の開発<br><br>■大判タイルの打込み | ■石とタイル、塗装など複合仕上げの増加<br><br><br><br><br><br><br>■金属パネル（アルミ板など）の打込み | | |

# 年表2　PCaカーテンウォール／層間変位への対応・素材の軽量化

■層間変位への対応
●素材の軽量化

| | 1960（昭和35）年 | 1965（昭和40）年 | 1970（昭和45）年 | 1975（昭和50）年 | 1980（昭和55）年 |
|---|---|---|---|---|---|
| スウェイ方式 | ■富山第一生命（1960）<br>■赤坂中央ビル（1964） | ■大阪マーチャンダイズマート（1969） | ■京王プラザホテル（1971）<br>■名古屋観光ホテル（1972）<br>■第25森ビル（1973）<br>■ホテルニューオータニタワー（1974） | ■三井アーバンホテル大阪（1977）<br>■大阪駅前第3棟ビル（1978） | ■明治生命札幌ビル（1980）<br>■新御茶の水ビル（1981）<br>■大阪御堂筋ビルディング（1981） |
| ロッキング方式 | | | ■日本IBMビル（1971）<br>■ホテルパシフィック東京（1971）<br>■三田国際ビルディング（1971）<br>■三和銀行東京ビル（1973） | ■東京堂千代田ビル（1977）<br>■サンシャイン60（1978）<br>■新宿センタービル（1979） | ■トヨタ自動車東京ビル（1982）<br>■中央合同庁舎5号館（1983）<br>■大正海上本社ビル（1984） |
| ハーフロッキング方式 | | | ■富士銀行新センター（1973） | ■プレジデント椿（1975）<br>■山善プレジデント椿（1975）<br>■竹橋合同ビル（1979） | ■川徳デパート（1980）<br>■新宿NSビル（1982） |
| 軽量コンクリート1種、2種<br>比重 γ＝1.6～1.9 | ●ホテルニューオータニ本館（1964） | ●富士銀行本店（1966）<br>●新京阪ビル（1966）<br>●岐阜市民会館（1967） | ●名古屋観光ホテル（1972）<br>●三菱ビルヂング（1973）<br>●ホテルニューオータニタワー（1974） | ●大生相互銀行本店（1978）<br>●シオノギ渋谷ビル（1979）<br>●仙台駅本屋（1977） | |
| 超軽量コンクリート<br>比重 γ＝1.5以下 | | | | | |
| 軽量気泡コンクリート | | | ●森永ビル（1974） | ●群馬ロイヤルホテル（1978）<br>●日証金本社ビル（1977） | ●横須賀市庁舎（1983）<br>●明治大学会館（1984） |
| 断熱材内蔵PCa版 | ●北海道電力北江別発電所（1962）<br>●日航整備原動力工場（1963） | ●東銀座総合ビルディング（1966）<br>●大阪マーチャンダイズマート（1969） | ●三菱倉庫ダイヤビル（1973）<br>●後楽園IPビル（1973）<br>●第二寝屋川電話局（1974） | ●ポーラ袋井工場（1976） | ●新宿センチュリーハイアット（1980） |
| 繊維補強コンクリート | | | | ●オーヤマ照明山形工場（1978） | ●宇部全日空ホテル（1982）<br>●第39メソニック森ビル<br>●イラクアルシャヒードモニュメント（1983）<br>●丸ビル外装改修（1983） |
| 技術の変遷 | ■日本建築学会「高層建築技術指針」（1964）層間変位①/300に対して脱落・破損してはならない<br>●リブコンの開発（1958）<br>●人口軽量骨材（メサライト）の認定化（1964） | ■等圧ジョイント（1966）<br>■旭硝子にて層間変位追従実験（1967）<br>■日本初の超高層・霞ヶ関ビル竣工（1968）<br>●断熱材内蔵によるPCa版の軽量化（1969）<br>●PCa板と湿式吹付耐火材の複合耐火被覆（1971） | ■超高層ビルに初めてPCaカーテンウォールを採用（1971）<br>■建設省告示109号施行（1971）帳壁は1/150の層間変位に対して脱落しないこと<br>●軽量CON.2種でのPCa版実施<br>●オートクレーブ軽量気泡PCa版実用化（1973） | ■PCCA「設計・性能・製造・施工」の各基準作成（1975）<br>■PCCA・技術規準説明会（1976）<br>●鹿島建設によるPC標準化ファスナー設定（1976）<br>■建設省告示109号改正（1978）<br>●建設省より「帳壁耐震構法マニュアル」の発刊（1979）<br>●耐アルカリガラス繊維・GRC二次製品技術導入（1976）<br>●薄型成型版（フェロクリート）実用化（1978）<br>●鋼繊維補強コンクリートの基礎・応用研究<br>■帳壁耐震マニュアル（1979） | ■建設省建築研究所「大型実験施設を利用した日米共同による耐震実験研究」（1981）<br>■アルミサッシュ打込みPCa板（1982）<br>●鉄骨フレーム補強SFRC版（YMストーンパネル）実用化（1981）<br>●ピッチ系炭素繊維を用いたCFRCの開発<br>●GPC汚れ防止工法の完成（1984） |

| 1985(昭和60)年 | 1990(平成2)年 | 1995(平成7)年 | 2000(平成12)年 | 2005(平成17)年 |
|---|---|---|---|---|
| ■大阪ヒルトンホテル(1986)<br>■シェラトン・グランデ・トウキョウベイホテル(1987)<br>■新神戸オリエンタルホテル(1988) | ■ホテルニューオータニタワー(1990)<br>■三菱重工本社ビル(1992) | | | |
| ■築地興和ビル(1986)<br>■東京住友ツインタワービル(1987)<br>■アーバンネット大手町ビル(1988)<br>■墨田区庁舎タウンホール(1989) | ■東京都新庁舎(1991)<br>■横浜銀行本店(1992)<br>■P&G本社(1992)<br>■梅田スカイビル(1993)<br>■新宿パークタワー(1994) | ■OAPタワーズ(1996)<br>■鹿児島県庁舎(1996)<br>■グランパーク(1996)<br>■茨城県庁舎(1998)<br>■JR東日本本社ビル(1998)<br>■学術総合センター(1999) | ■さいたま新都心合同庁舎(2000)<br>■NTT西日本神戸中央ビル(2000)<br>■リバティタワー(2000)<br>■大阪産業創造館(2000)<br>■マルイト札幌・ホテルモントレエーデルホフ札幌(2000)<br>■霞城セントラル(2000) | ■三菱商事丸の内新オフィスビル新築工事<br>■室町三井新館新築工事<br>■東京駅丸の内北口開発計画A工区 |
| | ■ホテルニューオータニ幕張(1993) | | ■リバティタワー(2000)<br>■元麻布ヒルズフォレストタワー(2002)<br>■東京宝塚ビル(2000) | |
| ●新宿エルタワー(1986) | ●大和銀行谷町ビル(1993) | | ■晴海アイランドトリトンスクエアオフィスタワーW(2000)<br>■六本木三丁目計画 | |
| | | ●茨城県庁舎(1998)<br>●国分寺ターミナルビル(1996)<br>●武蔵野研究開発センター(1998)<br>●JR恵比寿駅ビル(1995)<br>●群馬県公社ビル(1995)<br>●定山渓ビューホテル(1995)<br>●和歌山県立医科大学付属病院(1996)<br>●愛宕フォレストタワー(2000)<br>●青森県庁舎(1999)<br>●芝三丁目共同ビル(1999)<br>＊建物名称、竣工年については改めて確認要 | ●コラッツセふくしま(2002)<br>●六本木六丁目森ビル(H街区)(2000)<br>●六本木ヒルズレジデンスB(2001)<br>●JR貨物業務・商業棟(2001)<br>●目黒駅共同ビル(2000)<br>●セントラルビル(2001)<br>■丸の内ビルヂング(2002) | ●佐藤栄学園UECビル(2005)<br>●静岡区役所(2005)<br>●新光明寺(2005) |
| ●テーオーシーROXビル(1986)<br>●南森町共同ビル(1986)<br>●安田火災名古屋ビル(1989) | ●新川共同ビル(1990)<br>●金沢文庫(1990)<br>●大森NMビル(1991) | | | |
| | | | ■品川駅東口B-3地区ビル | |
| ●ARK森ビル(1986)<br>●伊勢丹本店改修(1986)<br>●東京日産渋谷ビル(1988) | ●日立シビックセンター(1990)<br>●大手町ファイナンシャルセンター(1992)<br>●P&G本社(1992)<br>●横浜銀行本店(1993)<br>●品川ツインズ別棟 | ●静岡県庁舎別館(1996)<br>■神戸ファッション美術館(1996)<br>■東京都豊島合同庁舎(1995)<br>●ハービスOSAKA(1997) | ●丸の内ビルヂング(2002)<br>●六本木ヒルズ森タワー(2003)<br>●東京宝塚ビル(2000)<br>●大阪三井物産ビル(2000)<br>●大同生命霞が関ビル(2003)<br>●松坂屋南館(2003) | |
| ■日本建築学会「JASS14カーテンウォール工事」制定(1985)<br>■非構造部材の耐震設計指針判定(1985) | | ■JASS14カーテンウォール工事改定(1996) | ■非構造部材の耐震設計施工指針改定(2003) | |
| ●SFRC版の実用化(1989) | ●超軽量人工骨材の開発<br>●常圧蒸気軽量気泡PCa版(リオコン)の実用化(1992) | ●比重γ=1.5以下の軽量PCa版の実用化<br><br>●軽量高流動コンクリート(トップクリート)の開発<br>■外装構法耐震マニュアル(1998) | | |

# 出典

○本書に掲載した内容で、出典を明記していない図面関係資料等は、建築専門雑誌等に発表されたものを参考に新たに描き起こした。それ以外の記述のない資料についてはPCSA協会会員各社の技術資料、提供資料などから補い作成した。

P.2/写真：東京女子大学礼拝堂内部階段
P6-7/同、外装PCaブロック／A.レーモンド設計(1938年),P7コピー：ANTONIN RAYMOND, An Autobiography,Charle E.Tuttle Co., Inc. of Tokyo,published in Kajima Institute Publishing,1973. より意訳転載。

## 「巻頭講演十対談」—21世紀の建築とPCa
写真1-8,図1-3/内藤廣建築設計事務所提供
図4,5/国土交通省資料より作成
図6/CAST-IRON ARCHITECTURE IN AMERICA, The Significance of James Bogardus,Margot Gayle and Carol Gayle, W.W.Norton & Company.より
写真9,11,12,図9/松村秀一氏提供
写真10,図7/アンジェロ・マンジャロッティ・スタジオ・ミラノ提供
写真13,14/PCSA協会提供

## The PCa Works（口絵）
P.24-25/扉写真：平塚市庁舎議事堂(1963年)編集部撮影
P.26-30,32,33-35,38,39,41-46,48,49/PCSA協会提供
P.31,36-37,40/日経BP社映像部撮影
P.47/桑原弘茂氏撮影

## 1,PCa外壁構法概史
写真1-4,6-13,23,50,51/松村秀一氏提供
写真5/Courtesy of The Museum of Modern Art,New York.Collections,Mies van der Rohe Archive,The Museum of Modern Art,N,Y.より
写真14 /H,Ward Jandl,Yesterday's House of Tomorrow,Innovative American Homes 1850 to 1950.
写真15,19,55,図7/Architectural Forum,February1940.
写真16,17/Architectural Record, April 1967.
写真18,31,図4/Architectural Record, September 1958.
写真20,22,26,28,29,33/清家 剛氏撮影
写真21,37,41,45,46,47,49/編集部撮影
写真24/Architectural Record, March 1962.
写真25/大成建設提供
写真27/Architectural Record, October l961.
写真30/Architectural Forum, August1960.
写真31/Architectural Record, July 1963.
写真32/ミナト建材提供
写真34/『コンクリートジャーナル』Vol.3,No.25,1965年11月号
写真35/Architectural Forum, May 1963.
写真36/Architectural Record, May 1963.
写真38/「RIBCON」ダイヤリブコン・パンフレット
写真39/Architectural Record, July 1962.
写真44/東京大学大学院工学系研究科松村研究室
写真/42,43,44/新建築社写真部撮影
写真48/彰国社　和木 通氏撮影
写真52/積水ハウス提供
写真53,54/Architectural Record, April 1967.
図1/『コンクリート工学』Vol.25,1978年3月号
図2/日本建築学会編『近代建築史図集』彰国社、昭和61年より
図3/Architectural Record, September 1958.
図4/Architectural Record, July 1963,
図6/Architectural Forum,October 1959.

## 2.黎明期のPCa建築
写真1,46,48,49/セカンドウインド撮影
図1/日本建築学会編　パンフレット『工業化戸建住宅・資料』彰国社,昭和58年より
写真3,6,9,20,24,25,27,36,40,41,42/編集部撮影
写真12,37,50/彰国社提供
写真4,7,11,15,17/村沢文雄氏撮影
写真8,39/ダイワ提供
写真10,21,28,38/大成建設提供
写真14,16/多比良敏雄氏撮影
写真18,31/村井 修氏撮影
写真2,5,19,22,23/追悼 外川貞頼『私のプレコン人生』(平成2年)より。ミナト建材提供
写真26/『建築界』Vol113,No.6,昭和38年
写真29,30/「RIBCON」ダイヤリブコン・パンフレットより
写真32,33,43,44,51/新建築社写真部撮影
写真34,35,45,47,52,53,54/「ショックベトン」カタログより。株式会社ショックベトン・ジヤパン提供

### ［証言］
扉P.85（写真は上段から下段へ）/上：「EXPO '70サウジアラビヤ館建設工事」「宝塚市庁舎建設工事・モックアップ取付けの様子」「日本相互銀行某支店」中：「大型曲面PCa版のストック風景」「八ヶ岳美術館・原村歴史民俗資料館建設工事における曲面屋根部分型枠」下：「広島平和記念公園・原爆の子製作風景」「戦後初期のPCaコンクリートによる部材の取付けの様子」「PCaコンクリートによる塀」「広島平和記念公園・原爆の子完成（昭和33年）」以上、ミナト建材より
P.86,87/東京大学大学院工学系研究科松村研提供
P.88,89/追悼 外川貞頼『私のプレコン人生』(平成2年)より、ミナト建材提供
p.90,91/「RIBCON」ダイヤリブコン・パンフレットより
P.92/特詩庁・実用新案公告第71466号資料（大正11年）より
P.93/高橋カーテンウォール工業提供
P.94-97/『SCHOKBETON』写真集より。ショックベトン・ジヤパン提供

## 3.PCaカーテンウォール技術の変遷
### 1. 設計技術
### ○層間変位への対応
写真1/清家 剛氏撮影
写真2/PCSA協会提供
写真1,2/シショックベトン・ジヤパン提供
写真3,4/ダイワ提供

### ○設計仕様と日米共同実大試験
図1-4/ショックベトン・ジヤパン提供
図5,表1,2/PCSA協会提供
図6-10/PCSA協会提供

### 資料1
P.106-110/写真1-10,表1,図1,2/東京大学坂本・松村研究室、PCSA協会『平成7年兵庫県南部地震PCカーテンウォール被害調査報告書』第2報より

### 2. コンクリート仕上げ技術
### 2.1 素材の軽量化
写真1/編集部撮影
写真2,3,5,7/新建築社写真部撮影
写真4/大成建設資料より
写真6,8/追悼 外川貞頼『私のプレコン人生』より。ミナト建材提供

### 2.2 打放し・塗装・礙石仕上げ
写真1/村沢文雄撮影
写真2,3/編集部撮影
写真4,5,6,7,11/ショックベトン・ジヤパン提供
写真8/ダイワ提供
写真9/新建築社写真部撮影
写真10/追悼・外川貞頼『私のプレコン人生』より。ミナト建材提供

### 2.3 陶磁器質タイル
写真1/編集部撮影
写真2/大成建設提供
写真3,4,5,6,8,図6/ダイワ提供
写真7/織部製陶提供

### 2.4 石を打込む技術
写真1/清家 剛氏提供
写真2,3/セカンドウインド撮影
写真4/ショックベトン・ジヤパン提供

## 3. 防水・気密技術
### 3.1 ガスケット
写真1/ダイワ提供
写真2/新建築社写真部撮影

### 3.2 シーリング材
表1/『建築用シーリング材ハンドブック』日本シーリング材工業会、2004年度より
写真3,5/編集部撮影
写真4/鈴木賢一氏提供

### 3.3 オープンジョイント（等圧目地）
写真6,9/株式会社ダイワ提供
写真7,図7/日本建築学会編　パンフレット『カーテンウォールのオープンジョイント』彰国社,昭和62年より
写真8/編集部撮影
写真10/新建築社写真部撮影

## Column 1- 4
### Column 1—PCaの未来に向かって
写真1,3,5,6,7/PCSA協会提供
写真2,4/編集部撮影
### Column 2—PCaの施工技術
写真1.2.5-7/相場新之輔,写真3,4/富士セメント工業,図1-8/OTX、YKK AP提供
### Column 3—PCaヘタイルを打込む技術
図1/日本建築学会,JASS 5「鉄筋コンクリート工事」より試験/写真1-8,図4-5/INAX広告宣伝部提供
### Column 4—PCaへ本石を打込む技術
写真1-7/折戸嗣夫氏提供
写真8/彰国社　和木 通氏撮影

## 4. PCaデザインの可能性
扉写真/東京駅丸の内北口街区「丸の内オアゾ」周辺からの見上げ
○最新施工例／主要PCaディテール：
図作成/東京大学大学院新領域創成科学研究科環境学専攻 清家研究室。写真/PCSA協会提供

### 資料2
【年表1】仕上げ材の変遷
【年表2】層間変位への対応／素材の軽量化
資料：PCSA協会提供

## ファサードをつくる

PCaコンクリート技術と変遷

●

2005年9月30日　第1版　発行

監修……………松村秀一・清家　剛
企画・編著……プレコンシステム協会『ファサードをつくる』編纂委員会
発行……………プレコンシステム協会
　　　　　　　〒103-0027 東京都中央区日本橋3-7-13 お起奈ビル3階
　　　　　　　tel.（03）3273-6337／fax.（03）3273-6338
　　　　　　　http://www.precon-system.info/
　　　　　　　©2005年　有限責任中間法人プレコンシステム協会

○

発売……………株式会社彰国社
　　　　　　　〒160-0002 東京都新宿区坂町25番地
　　　　　　　tel.（03）3359-3231（大代表）／fax.（03）3357-3961
　　　　　　　振替口座：00160-2-173401
　　　　　　　ISBN 4-395-51092-2　C3052
　　　　　　　http://www.shokokusha.co.jp

制作……………有限会社ベクトル
編集・装丁……吉川盛一十有限会社ベクトル